PETER BROCK

Blutsand

TOD IM SANDKASTEN Auf einem Spielplatz im Berliner Stadtteil Prenzlauer Berg wird ein dreijähriger Junge erschossen. Aus der Ferne, mit einem Präzisionsgewehr. Kommissar Kurt Reiber findet weder Motiv noch Täter. Als zwei Wochen später ein kleines Mädchen auf demselben Platz auf die gleiche Weise stirbt, verwandelt sich die Angst der Anwohner in Panik. Eltern gründen eine Bürgerwehr. Der Taten verdächtig ist ein Linksradikaler, der gegen Immobilieninvestoren im Kiez kämpft, und ein aktenkundiger Kinderhasser. Beide tauchen unter. Dafür taucht ein Erpresser auf. Eine Million Euro will er vom Land Berlin, sonst, so droht er, würden weitere Kinder sterben. Es ist ein Wettlauf mit der Zeit, der nicht zu gewinnen ist. Reiber kann weitere Opfer zunächst nicht verhindern. Aber schließlich kommt er dem Mörder auf die Spur – und stellt ihn auf seine ganz eigene Weise. Ein ungewöhnlicher Berlin-Krimi, der unter die Haut geht – mit aktuellen Bezügen und unvorhersehbaren Wendungen. Spannend bis zum Schluss.

Peter Brock, 1966 in Pforzheim geboren, studierte nach dem Volontariat Journalistik mit den Nebenfächern Jura und Soziologie in München, arbeitete für die Süddeutsche Zeitung und den SPIEGEL, reiste als Gerichtsreporter für die Berliner Zeitung durch Deutschland und war stellvertretender Chef des Berlin-Ressorts der Berliner Zeitung. Er hat über spektakuläre Kriminalfälle geschrieben und jahrelang in Berlin recherchiert. Er kennt Berlins Kieze und die Verbrechen, die zu ihnen passen. Darauf aufbauend entwickelt er seine Kurzgeschichten und Krimis. Gemeinsam mit Felix Huby hat er für »Großstadtrevier« geschrieben. »Blutsand« ist sein zweiter Kriminalroman. Peter Brock ist verheiratet, Vater eines Sohnes, lebt in Berlin und arbeitet als Redakteur.

PETER BROCK

Blutsand

Kriminalroman

GMEINER SPANNUNG

Besuchen Sie uns im Internet:
www.gmeiner-verlag.de

Im Ehnried 5, 88605 Meßkirch
Telefon 07575/2095-0
info@gmeiner-verlag.de

1. Auflage 2016

Lektorat: Claudia Senghaas, Kirchardt
Herstellung: Mirjam Hecht
Umschlaggestaltung: U.O.R.G. Lutz Eberle, Stuttgart
unter Verwendung eines Fotos von: © jock+scott / photocase.de
Druck: CPI books GmbH, Leck
Printed in Germany
ISBN 978-3-8392-1942-3

Personen und Handlung sind frei erfunden.
Ähnlichkeiten mit lebenden oder toten Personen
sind rein zufällig und nicht beabsichtigt.

INHALT

WOHNZIMMER-GEDANKEN I

Er weiß, um was es hier geht. Das ist gut so. Sonst würde er seinen Grauburgunder vom Kaiserstuhl sicher schweren Herzens stehen lassen. Würde vier Euro auf den Tisch legen und dorthin gehen, wo alle hingehen. Sofort würde er einer von vielen sein. Würde zur Masse der Schaulustigen gehören. Diese Masse steht vor ihm. Keine zwei Bistrotischbreiten entfernt an der Bordsteinkante der Lettestraße. Er sieht nur Rücken. Rücken von wichtigen Anwälten und visionären Dokumentarfilmern, Rücken von Studentinnen, Spätgebärenden und Selbstverwirklichten. Die Menschen hier in Prenzlauer Berg bilden den »Lebendigen Mythos Berlins«. Das hat er gerade gelesen, drei Häuser weiter im Schaufenster eines Maklerbüros. Üblicherweise lebt man ja auch recht beschaulich in diesem Premiumsegment Berliner Innenstadtkieze, denkt er. Es passiert nichts. Normalerweise. Und wenn doch, dann nach Drehbuch. Der »Sommer vorm Balkon« spielte schräg gegenüber. Aber das hier – er weiß es ganz genau – das sind keine Dreharbeiten. Auch wenn die beiden Mütter, die sich trotz des Trubels auf dem Platz am Nachbartisch niedergelassen haben, genau das noch immer glauben wollen. Sie fragen sich gegenseitig über ihre Milchkaffeeschüsseln hinweg, welcher Fernsehkrimi hier wohl gedreht wird. Er hat sie gefressen, Frauen wie diese. Versorgungsfregatten, von denen es hier so viele gibt. Selbstbewusste Mütter, die, ohne über die passende Fahrpraxis zu verfügen, tagein tagaus mit ihren Wirsindwichtig-Bugaboo-Kinderwagen inklusive angebautem Becherhalter für den Chai Latte auf Biokarottenpirsch und Sojamilchjagd gehen. Gut, dass heute Sonntag ist. Da haben die

Bioläden zu. Dann sind weniger unterwegs. Die Gefahr, sich blaue Flecken an den Schienbeinen zuzuziehen, sinkt drastisch. Es ist wie das Lkw-Fahrverbot an Sonn- und Feiertagen auf Autobahnen. Wie kam er nur auf diesen Gedanken. Vielleicht waren es doch ein, zwei Grauburgunder zu viel.

Egal. Nun hat er es jedenfalls hinter sich. War ja ganz schön was vorzubereiten gewesen. Und dann die Angst, dass etwas schiefgeht. Oder dass er es am Schluss doch nicht übers Herz bringt. Er hat so etwas noch nie zuvor getan. Die meisten Menschen machen das nie in ihrem Leben. Es ist ja auch furchtbar. Verstößt gegen das fundamentalste Gebot. Aber für ihn war es kein Problem. Komisch eigentlich. Er wundert sich selbst. Noch immer kein einziger Gewissensbiss, kein Weinkrampf, keine Verzweiflung, die ihn dazu triebe, sich der Polizei zu stellen. Im Gegenteil. Es war befreiend für ihn, abzudrücken. Ein Ventil für diesen ganzen Hass, gesteht er sich ein. Er hat sich gerächt. Das stimmt ihn zufrieden. Nun kann er sich auch ein paar Gläschen genehmigen. Ihn wird keiner verdächtigen. Wie auch.

Eine der beiden Frauen am Nachbartisch lächelt ihn an. Sie hat gerade ihre Tasse abgesetzt, ihre Oberlippe wird von einem feinen Bart aus Milchschaum verziert. Sie merkt es nicht. Sie lächelt, als wäre sie 15 Jahre jünger, 15 Kilogramm leichter, als hätte sie weder Mann noch Kind noch Eigentumswohnung; aber was ihn am meisten stört, sie lächelt so, als denke sie, er hätte etwas übrig für sie. Er! Für sie! Wenn die wüsste, denkt er, was er von ihr hält. Nichts! Und wenn sie wüsste, dass er Auslöser all des Schreckens und all der Tränen hier war! Schreiend aufspringen würde sie, würde über ihr braun-pinkfarbenes Kindergefährt purzeln und auf allen Vieren neben ihrem Balg um Hilfe brüllen. Er nimmt noch einen Schluck Grauburgunder. Die beiden Frauen, da ist er sich sicher, haben wirklich keine Ahnung, sie reden noch immer über die »Filmarbeiten«

auf dem Helmholtzplatz vor ihnen. Die merken nicht, dass statt der üblichen Filmcatering-Wagen und Maskenbildner-Wohnmobile heute hier nur Polizeiautos stehen – Kombis der Kriminaltechnik, Busse der Bereitschaftspolizei, unauffällige Wagen der Kripo und seit gut zehn Minuten auch Übertragungswagen von Fernsehsendern. Spätestens das, denkt er, müsste doch auch den beiden Frauen klar gemacht haben, dass es ernst ist. Aber sie ignorieren das. Sie bemerken auch nicht, dass der Notarztwagen und die beiden Rettungswagen wieder ohne Blaulicht abrücken und neben ihnen in die Schliemannstraße einbiegen.

Zu retten gab es ja auch nichts mehr. Er hätte es der Polizei gleich sagen können. Schließlich kann er zielen. Und das Gewehr war wirklich top. Dafür muss er sich bei Dimitrij unbedingt nochmals bedanken. Auch das Zielfernrohr, erste Sahne. Gut, aber das alles konnten die Polizisten ja nicht wissen, die mussten ja erst einmal den Rettungsdienst schicken. Der Notarzt wird nicht umsonst gekommen sein, sicher hat er den Tod offiziell festgestellt und der Mutter eine Beruhigungsspritze verpasst. Sie wird jahrelang nicht drüber hinwegkommen. Ihr ganzes Leben lang wohl nicht. Aber er hat kein Mitleid. Er nimmt noch einen Schluck Grauburgunder. Gleich wird einer dieser grasgrünen Transporter der Rechtsmedizin kommen. Auf den wartet er noch. Das nimmt er sich vor, dann wird er weiter ziehen, vielleicht noch was Leichtes essen gehen. Vielleicht beim Vietnamesen »Happy Asia« an der Danziger Straße. Zur Abendschau will er zu Hause sein. Sie werden darüber berichten. Das will er sehen. Noch nie war er im Fernsehen. Gut, heute wird er es auch nicht sein. Aber immerhin sein Werk. Und wissen – wissen werden diese Journalisten und Polizisten nichts. Gar nichts. Das freut ihn. Nur er weiß, was passiert ist. Sonst keiner. Und es wird auch keiner rausbekommen – wie auch? Da ist er sich sicher. Ein gutes Gefühl. Er bestellt noch einen Grauburgunder.

TOD AM SONNTAGVORMITTAG

»Was? – Ein Dreijähriger? Erschossen?!«

Reiber konnte es nicht glauben. Unwirsch raunzte er seine Nachfrage ins Handy. Er hatte mal wieder seine Freisprecheinrichtung nicht aktiviert. Nachdem es in seiner linken Hosentasche vibriert hatte, musste er leichte Verrenkungen bei 180 auf der linken Spur vollführen, um ans Telefon zu gelangen, ohne dabei den Verkehr ganz aus den Augen zu lassen. Und vor allem, ohne Leitplanke und Seitenstreifen aus dem Blick zu verlieren. Denn hier galt Tempo 120, und er hatte schon drei Punkte. Also war es entscheidend, Radarfallen rechtzeitig auszumachen. Vielleicht würden seine Besuche beim Fitnesscenter eines Tages ja doch noch Wirkung zeigen und er könnte eleganter das Handy aus der Hose fischen, oder er sollte – wie Anna ihm oft genug gesagt hat – mal weniger Bier trinken. Oder er kaufte sich einfach mal weitere Jeans. Aber wenn das mit dem Dreijährigen stimmte und das kein durchgeknallter Zwölfjähriger mit der Waffe seines Vaters war, der nun schon beim Kindernotdienst sitzt und heult, dann wird der Fall einiges an Zeit in Anspruch nehmen. Dann wird er nicht nur den Jeanskauf verschieben müssen. Heute Abend, er hatte es Anna versprochen, wollte er für sie Rucolasalat mit gegrilltem Lammrücken machen und ihr bei ’nem Glas Cabernet Sauvignon erklären, dass er es sich noch einmal überlegt habe, dass er aber dabei bleibe, dass er nicht der Richtige sei fürs Zusammenziehen, für die Familienplanung. Lange hatte er sich gedrückt vor diesem Gespräch. Aber heute Morgen, als er auf der Terrasse des Weinguts seines Bruders in Maikammer in der Pfalz zum Frühstück feinen Weißburgunder-Sekt getrunken hatte, da hat er sich fest vorgenommen, das nun hinter sich zu bringen. Heute. Einmal musste es ja sein. Sogar ein paar Sätze hatte er sich zurechtgelegt. Dann war er in Richtung Berlin aufgebrochen. Freilich später als geplant.

»Tatort Helmholtzplatz. Das Kind war auf der Stelle tot. Nur ein Schuss … Aber was erzähl ich das, du hast doch Bereitschaft«, tönte die Stimme von Jürgen Muschwitz aus dem Autolautsprecher. Inzwischen hatte Reiber die Freisprechvorrichtung in Gang gebracht.

»Bin ja gleich da. Und mit was wurde geschossen? Und wer …«

»Mit der Lösung des Falls wollten wir eigentlich auf dich warten. Aber war wohl einer mit einem Gewehr … Sag mal, wo steckst du überhaupt, wir haben vorhin schon versucht, dich anzurufen. Wischnewski auch.«

»Sorry. Das muss am Telefon liegen, das spinnt manchmal. Ich muss endlich mal ein neues kaufen.«

Das hatte ihm gerade noch gefehlt. Wischnewski wollte ihn sprechen! Ausgerechnet heute musste so etwas passieren. Dabei hatte er doch mit Gerd ausgemacht, dass er die Lage ruhig hält, bis er am späten Nachmittag da ist. Die Wahrscheinlichkeit, dass Sonntagvormittag in Berlin jemand umgebracht wird, ist ja auch wirklich gering. Und hätte nur ein eifersüchtiger Trinker seine spätheimkehrende Frau erwürgt oder irgendein eifersüchtiger oder beleidigter Türke einen Araber in der Soldiner Straße oder Sonnenallee abgestochen, keiner hätte gemerkt, dass Gerd erst einmal mit den Ermittlungen anfängt, bevor er kommt. Es hätte alles bestens funktioniert, wenn nur nicht so ein Verrückter auf Kinder geballert hätte. Aber wer konnte das schon ahnen. So etwas hatte es ja noch nie gegeben. Verständlich, dass sich in so einem Fall Wischnewski, der Chef aller Mordkommissionen, höchstpersönlich mit seinem ganzen Zweizentnergewicht zur Keithstraße bequemte. Dort hatte Wischnewski dann natürlich gemerkt, dass er, Kurt Reiber, mit seiner dritten Mordkommission im Dienstplan stand und er nicht da war. Klar, dass Wischnewski ihn nun suchte. Mist.

»Also wo bist du?«

Wischnewski war das eine Unangenhme. Das andere war dieser Muschwitz. Ausgerechnet der musste ihn anrufen. Warum nicht Gerd? Fünf Kommissare hatte er. Aber Muschwitz musste ihn anrufen. Das ärgerte Reiber. Der eifrigste seiner Untergebenen, der damals überzeugt davon gewesen war, die Leitung der Dritten übertragen zu bekommen. Der hatte es Reiber bis heute nicht verziehen, dass er als Jüngerer Chef wurde. Seither sammelte Muschwitz eifrig Argumente, die beweisen sollten, dass die Entscheidung falsch gewesen war, Reiber zu befördern. Heute hatte er ihm mal wieder so ein Argument geliefert. Wahrscheinlich schrieb er an seinen langweiligen Feierabenden zu Hause Dossiers wie damals die Stasi. In seinem Ärger sah Reiber locker drüber hinweg, dass Muschwitz gar nicht aus der DDR kam und seine Feierabende auch sicher nicht langweilig waren. Schließlich war Muschwitz Vorsitzender eines Modelleisenbahnvereins.

»Bin gleich da.« Reiber atmete noch mal tief durch, bevor er weiter sprach, um sich den Ärger nicht so anhören zu lassen »Sind denn Spurensicherung und Gerichtsmedizin schon bei der Arbeit?«

»Klar, alle, wir warten nur auf dich.«

»Okay, okay, okay. Hör zu: Mir kam etwas dazwischen heut. Verstehst du? Was Privates. Ich komme ja. Aber es dauert noch ’nen Moment. Du machst das doch gut so lang – okay?«

»Wie du meinst. Du bist der Chef. Klar, ich hab schon getan, was geht, von uns sind alle da, und vier Hundertschaften kommen zum Durchsuchen der Häuser. Das geht schon. Aber du – also du bist doch in Berlin, oder?«

»Ja klar, bin ich. Also ich geb Gas.«

Kurt Reiber war kurz vor dem Autobahndreieck Potsdam. Das würde Ärger geben, da war er sich sicher. Und er hatte wahrlich keine Lust, noch einen Eintrag in seine Personalakte zu bekommen, wie damals, als er ohne Genehmigung der Pressestelle so einer Schülerzeitung ein Interview gab und sich für die Freigabe aller Drogen aussprach.

Aber was sagte er immer zu seiner Anna, man muss die Dinge positiv sehen. Eben. Selbst ein Kindermord hatte etwas Gutes, dachte er nun, um sich sogleich für diesen Gedanken selbst zu rügen. Immerhin konnte er nun das neue LED-Blaulicht ausprobieren und brauchte sich nicht mehr ums Tempolimit zu scheren. Es musste ihn auch nicht mehr kümmern, dass er schon Sekt getrunken hatte. Wer würde ihn schon kontrollieren wollen: ihn, den Chef einer Mordkommission im Einsatz. Sein sich selbst auferlegtes Gespräch mit Anna konnte er auch guten Gewissens verschieben. Er beschleunigte mit seinem Audi S3 Sportback auf über 200. Noch schnell die SMS an Anna schreiben, das erledigte Reiber elegant mit einer Hand, dann hatte er erst einmal seine Ruhe. Er liebte es, alleine im Auto zu sitzen und einfach nur zu fahren. Allerdings war er, um korrekt zu sein, gar nicht alleine. Er hatte – wie meistens – Juliane dabei. Aber sie zählte für ihn nicht als jemand anderes. Sie gehörte zu ihm, so fest hatte er sie ins Herz geschlossen – seit dem ersten Tag, als er sie vor zwei Jahren zum ersten Mal gesehen hatte.

»Halt, nicht so schnell … Hier können Sie nicht durch. Und Hunde dürfen sowieso nicht auf den Platz.«

Das hatte Reiber gerade noch gefehlt. Einer der jungen

Übereifrigen. Die Polizeiführung bemühte sich mit allerhand Aktionen, mehr Migranten für den Dienst anzuwerben. Reiber fand das prima. Aber er fragte sich, wann sie endlich eine Kampagne startete, um Bewerber mit mehr Intelligenz und Gelassenheit zu rekrutieren, solche vielleicht, die sich zusammenreimen konnten, dass jemand, der mit Blaulicht auf dem Dach in eine gesperrte Straße hineinfährt, höchstwahrscheinlich keiner ist, der mit seinem Hund nur mal Gassi gehen will. Er schwitzte, es war ein geradezu hochsommerlicher Sonntag Anfang Mai. So richtig bemerkte er das erst jetzt, als er vor dem jungen Kollegen stand. Beim Aussteigen aus dem klimatisierten Wagen hatte er sich das Pistolenhalfter übers schwarze Hemd gezogen und ein graues Sakko drüber. Nun war ihm eindeutig zu warm. Er hasste es, wenn er merkte, wie sich der Schweiß auf seiner Kopfhaut unter den auf sechs Millimeter gestutzten Haaren einen Weg nach unten suchte. Es gab Situationen, da konnte er den Schweiß nicht immerzu mit dem Stofftaschentuch, das er stets dabei hatte, abtupfen. Situationen, in denen so etwas wirkte, als stehe er unter Druck oder sei nervös. Genau so wollte Reiber vor dem Schnösel in Uniform nun nicht erscheinen. Er holte seinen Dienstausweise aus der Hemdtasche.

»Kurt Reiber, dritte Mordkommission. Ich leite hier die Ermittlungen. Und das ist nicht irgendein Hund, das ist Juliane.«

»'tschuldigung. Wusste ich nicht, Herr Hauptkommissar.«

Jetzt auch noch so eine unterwürfige Antwort. Der Kollege gefiel ihm nicht, trotzdem blieb er freundlich und ging weiter zum Spielplatz, auf dem es nur so von seinen Leuten und den Kollegen von der Spurensicherung wimmelte.

»Endlich, da bist du ja! Wir haben extra für dich die Leiche liegen lassen.« Muschwitz war in seinem Element.

So ein Gschaftlhuber, dachte Reiber, der es stets vermied, dieses Wort in Berlin laut auszusprechen, hätte es doch sein Vorleben in München verraten. Und dass er dort mal Soziologie studiert hatte, darauf mochte Reiber nicht angesprochen werden.

»Tut mir leid. Ging nicht schneller. Wo sind die Eltern?«

»Nur die Mutter, Melanie Keinen, war mit auf dem Spielplatz. Sie hatte zunächst gar nicht bemerkt, dass ein Schuss gefallen war. Ihr Sohn Felix war auf der Rutsche und blieb dann, als er unten ankam, einfach liegen …«

»… das kann sie mir dann ja erzählen, wo ist sie?«, Reiber war ungeduldig.

»Steht unter Schock. Sie erzählte uns alles zunächst so, als sei es irgendein Film, als sei das gar nicht ihr Kind, dann klappte sie zusammen. Jetzt ist sie im ›Virchow‹.«

»Vernehmungsfähig?«

»Nein, sagt der Arzt.«

»Und der Vater?«

»Die Eltern sind geschieden. Dieter wollte den Mann ausfindig machen, weiß noch nicht, ob wir ihn haben.«

»Woher kam der Schuss?«

»Das wissen wir noch nicht. Von Weitem wohl, vielleicht von 'nem Dach, die Direktionshundertschaften durchkämmen die Häuser. Und wir befragen natürlich alle Anwohner. Aber bislang nichts.«

»Gut, so viele Wohnungen und Dachgeschosse kommen ja nicht infrage. Die Bäume sind schon ganz schön dicht zugewachsen … Also erst mal weitermachen!«

Reiber beendete das Gespräch mit einem kurzen Nicken.

Man konnte halten von ihm, was man wollte, und Reiber hielt nichts von ihm. Trotzdem, ein guter Polizist war Muschwitz.

Freundlich die Kollegen grüßend, ging er zu dem hölzernen Piratenschiff, das stolz in der Mitte des Spielplatzes stand. Von der Reling am Bug konnte man mit einer Rutsche direkt im Buddelkasten landen – blutrot hatte sich der Sand darin gefärbt. Der kleine Körper des Opfers lag etwas daneben. Neben dem toten Kind, das schon durch eine Plane abgedeckt war, lehnte Cordula Dellmann am Piratenschiff. Die Rechtsmedizinerin war längst fertig mit ihrer Arbeit. Sie schaute gedankenverloren in die Bäume. In ihren engen Jeans und dem knappen orange-braunen Top im 70er-Jahre-Stil passte sie nicht so recht in die Welt der eifrigen Ermittler mit ärmellosen Westen und der Spurensucher in ihren weißen Overalls. Wie ein für den Spielplatz zu groß geratenes Mädchen sah sie aus, ein sehr hübsches, mit langen schwarzen Haaren. Anfangs hatte Reiber gedacht, sie wäre eine Frau für ihn. Wäre sie vielleicht auch immer noch. Andererseits – er mochte Klaus Lage nicht. Er glaubte nicht daran, dass es nach der tausendsten Berührung noch Zoom machen kann. Und eine gute Freundin zu haben, ist auch viel wert. Jetzt, das sah er schon von Weitem, war Cordula vor allem eine traurige Freundin. Selbst die wenig ansehnliche Wasserleiche am Urbanhafen, wo er sie zuletzt getroffen hatte, hatte ihr die Stimmung nicht vermiesen können und auch nicht ihre Lust auf ein Feierabendbier, das sie danach gemeinsam in der Ankerklause getrunken hatten. Aber heute, er spürte das, heute war etwas anders.

»Kurt?«

»Hallo, Cordula!« Reiber sah, dass sie sich Tränen aus den Augen gewischt hatte.

»Du kommst jetzt erst?«

»Ich war noch in der Pfalz heute Morgen, bei meinem Bruder, wir hatten gestern Familientreffen, ich dachte, hier vermisst mich eh niemand …«

»Der war drei. Weißt du? Drei!« Sie schien ihm gar nicht zugehört zu haben.

»Ja …«

»Ich glaub, ich kann das nicht mehr …«

»Cordula, was ist?«

»Der Kleine hier, das ist doch ein Kind. Das geht doch nicht.«

»Ja, das ist totale Scheiße. Aber Cordula, das ist unser Job. Soll ich dich nach Hause fahren lassen?«

»Eben, ich glaub der Job … ich glaub, das geht nicht mehr …«

»Cordula, ich versteh dich, aber … Also lass uns später drüber reden, nicht hier.«

Reiber merkte mal wieder, er war wahrlich kein Held des therapeutischen oder tröstenden Gesprächs. Immerhin hatte er wie von selbst den Arm um Cordula gelegt. Oft hatte er das schon getan, abends, wenn sie aus waren. Aber nicht im Dienst. Sollten die Kollegen doch denken, was sie wollten. Cordula ging es schlecht. Das hatte Reiber so noch nie erlebt. Cordula schnäuzte in ein Papiertaschentuch, schob seinen Arm weg und schüttelte sich ein klein wenig – Reiber kannte das von Juliane, die machte das auch, wenn sie von einem Regenspaziergang heimkamen.

»Gut, dass du da bist. Tut mir leid, das war völlig unprofessionell. Ist mir echt peinlich. Aber weißt du, das hier, das hatte ich noch nie. Ein totes Kind, nicht zu Tode geprügelt, nicht vom Betonmischer überrollt, nein, abgeknallt vom Scharfschützen wie bei der Jagd, wie im Krieg …«

Reiber merkte, dass sich Cordula wieder fing, er fragte deshalb bewusst nur noch dienstlich weiter.

»Ist das denn sicher mit dem Scharfschützengewehr?«

»Kannst dir ja anschauen. Das Projektil ging durch. Nur ein Schuss. Vorne rein ins Herz und hinten, naja hinten blieb dann nicht mehr viel übrig. Das gab der Mutter dann den Rest. Sie hatte wohl zunächst gar nicht gesehen, was ihrem Sohn fehlte, er lag auf dem Rücken, sie hat ihn hochgehoben und dann in die Ausschusswunde gegriffen, also da war ja nichts mehr …«

»Sie ist in der Klinik, hörte ich. Und das Projektil?«

»Das kann dir ja Gerd erklären, aber er hat mir gesagt es passt zu einem russischen Scharfschützengewehr, das auch im Balkankrieg benutzt wurde. Willst du den Kleinen noch sehen? Die Jungs mit dem Wagen warten schon.«

»Na gut.«

Cordula hatte die Plane noch nicht ganz aufgezogen, da bereute es Reiber schon, dass er gesagt hatte, er wolle die Leiche sehen. So ein süßer kleiner Junge, so ein friedliches Gesicht. Reiber musste sich beherrschen. Er nahm Juliane auf den Arm. So, als wollte er sie abhalten von der Leiche. In Wirklichkeit musste er einfach etwas tun. Und er brauchte jemanden oder etwas, an dem er sich festhalten konnte. Einen Moment länger auf das tote Kind schauen, und auch er hätte ein Taschentuch benötigt. Nun strich er kurz über den kleinen zarten Mopskörper auf seinem Arm. Das tat gut. Er nickte den Helfern der Rechtsmedizin zu, die schon darauf warteten, den Jungen in den grauen Fiberglassarg zu heben.

Reiber wollte Cordula noch verabschieden. Aber sie war schon auf dem Weg Richtung Lychener Straße. Er hob die Hand zum Abschied. Sie winkte – und sie lächelte wieder. Reiber war froh, das zu sehen.

Das Wichtigste, dachte er, war nun herauszufinden, warum es ausgerechnet diesen Kleinen getroffen hatte. Warum sich ein Scharfschütze auf einem Dach oder an einem Fenster mitten in Prenzlauer Berg positioniert, um ein Kind regelrecht hinzurichten. Da musste doch etwas dahinter stecken, dachte Reiber. Mafia, Erpressung oder so. Und wenn es doch gar keinen richtigen Grund für den Mord ausgerechnet an dem Jungen gab, wenn es ein verrückter Sniper war wie 2002 in Washington D.C.? Reiber wollte daran gar nicht denken, denn das hieße, es gäbe noch weitere Morde in Berlin. Er sah zu den Fernsehreportern, die an der Ecke standen und mit ernster Miene nichtssagende Aufsager in die Kameras sprachen. Wenn das eine Serie werden würde, Reiber war sich da sicher, dann kämen in der Stadt wieder die Themen in die Diskussion, die er so sehr hasste – angefangen von der Todesstrafe, die gegen den Sniper von Washington ja schon vollstreckt worden war, bis hin zur Frage einer Bürgerwehr und der Forderung nach einem Mehr an Polizei auf der Straße.

»Hey, Kurt, schön, dass du auch mal vorbeischaust!«

Gerd Stegner war ein Kollege, wie ihn Reiber schätzte. Gerd machte einen prima Job, war aber nicht so übereifrig wie Muschwitz, außerdem hatte er Humor. Privat allerdings konnte Reiber, der ein Genussmensch war, mit dem hageren Mittfünfziger, der kaum Alkohol trank, stets auf gesunde Ernährung achtete, in einer angemieteten Remise Vogelspinnen züchtete und in aller Welt Marathonläufe absolvierte, nicht so viel anfangen. Trotzdem, die beiden mochten sich. Deshalb hatte er auch Gerd gebeten, ihm den Rücken frei zu halten, falls er später kommen sollte.

»Wie heißt denn der Film, der hier gedreht wird?«, fragte Reiber. Damit versuchte er zu überspielen, dass ihm dieser Fall hier ganz schön nahe ging.

»Wird so 'ne amerikanische Serie. Nichts fürs Vorabendprogramm. ›Profikiller auf Berlins Dächern‹ heißt der Arbeitstitel.« Gerd verstand ihn gut.

»Bist du sicher, es war ein Profi?«

»Naja, der hat wohl mit einer ›Dragunow‹ geschossen. Ein russisches Scharfschützengewehr, das es seit den 60er-Jahren gibt. War in allen Warschauer Pakt Staaten bei den

Armeen im Einsatz und auch im Balkankrieg. Wollt dir das vorhin schon sagen, aber hier war der Teufel los … deshalb, tut mir leid, hat Muschwitz dich angerufen.«

»Schon okay. Bist du jetzt schon ganz sicher, was die Waffe angeht?«

»Wir haben das Geschoss gefunden. Kaliber 7,62 x 54 mm. Äußerst selten. Damit schießen zwar auch die Kalaschnikow und andere Maschinengewehre. Aber so ein Ding war es hier nicht. Das einzige Scharfschützengewehr, das ich kenne, das diese Munition verwendet, ist die ›Dragunow‹. Die wurde auch in Polen und China und so in Lizenz gebaut, dann aber oft mit einem anderen Kaliber. Wie gesagt, dieses hier ist selten. Kann eigentlich nur 'ne alte Dragunow gewesen sein.«

Reiber staunte mal wieder über Gerds Wissen – eigentlich wäre er in der Kriminaltechnik besser aufgehoben gewesen mit seinem Faible für Technik, aber Reiber war froh, so jemanden in seiner Kommission zu haben.

»Hm, wer geht bloß mit einem Scharfschützengewehr aufs Dach oder ans Fenster, um ein Kind umzubringen? Und so einfach kriegt man die Dinger doch auch nicht.«

»Eben. Ich kann mir auch keinen Reim drauf machen. Jedenfalls muss es ein guter Schütze gewesen sein.«

»Das war's dann wohl mit den Feierabenden im Biergarten. Die Waffe unterliegt doch sicher dem Kriegswaffenkontrollgesetz, wer weiß, mit wem wir es hier zu tun haben. So ein Ex-Söldner auf Rachefeldzug oder so, na danke!«

»Überleg dir schon mal, was du den Jungs von der Presse sagst«, erwiderte Gerd und deutete mit einer Kopfbewegung in Richtung Raumerstraße, wo es einem Reporter gelungen war, durch die Absperrung zu kommen.

Reiber kannte ihn längst. Eigentlich ein netter Typ.

»Du weißt, du darfst hier nicht sein, und ich sag nichts«,

begrüßte ihn Reiber, machte aber auch keine Anstalten, ihn wieder hinter die Absperrung zu verbannen.

»Klaro, grüß dich, Kurt«, erwiderte Jörg Schiebitz, der schon Polizeireporter war, als Reiber noch die Hauptseminare in empirischer Sozialforschung schwänzte, um mit Kommunikationswissenschaftsstudentinnen im Englischen Garten in der Sonne zu sitzen.

»Sei nicht bös, Jörg, aber heut kann ich echt nicht … kann dir nix sagen.«

»Ach komm, dass der kleine Felix erschossen wurde, wissen wir auch. Und dass die Mutter im ›Virchow‹ liegt. Aber stimmt das denn, dass der Vater auf der Flucht ist?«

Reiber wusste, das war ein alter Trick von den Reportern. Einfach mal etwas behaupten, was sein könnte, und abwarten, wie man reagierte.

»Tja, dann weißt du ja schon alles. Nur das mit der Flucht, das würd ich mal nicht so hoch hängen.«

»Die Polizei ermittelt in alle Richtungen, wie immer, nicht wahr?«, Jörg grinste.

»Schon, aber im Ernst, wir sind noch dermaßen am Anfang …«

»Aber wer kriegt heute schon so einfach ein Scharfschützengewehr? Das muss sich einer ganz schön was kosten lassen.«

»Wie kommst du darauf, dass es ein Scharfschützengewehr war?«

»Ach komm. Musst ja nur nicken. War sicher ein russisches …?«

Reiber mochte Jörg, den man dank seiner gemütlichen Ausstrahlung und Leibesfülle eher für einen Eckkneipenwirt halten würde als für einen hartnäckigen Polizeireporter. Schiebitz setzte diese Tarnung beim »Witwenschütteln«, also beim Ausquetschen von Hinterbliebenen, stets erfolgreich ein. Jörg hatte Reiber schon öfter mal einen Gefallen getan, wenn dieser eine Geschichte in der Presse lancieren wollte, um die lahme Polizeiführung auf Trab zu bringen.

»Hiermit nicke ich. Mach's gut, Jörg.«

Schiebitz bückte sich, streichelte Juliane kurz übers Köpfchen, gab ihr ein Leckerli, das er immer extra für sie dabei hatte, und ging dann wieder Richtung Absperrung.

Reiber wollte unbedingt noch mit Zeugen reden – wer Aussagen aus erster Hand bekam, hatte immer einen Vorsprung beim Ermitteln. Diesen Vorsprung wollte er nicht den anderen überlassen. Er ging über den Platz, dorthin, wo seine Kollegen in einem Mercedes Sprinter ein provisorisches Büro eingerichtet hatten. An so einem schönen Abend war der Helmholtzplatz üblicherweise bevölkert von spielenden Kindern, plaudernden Müttern, Studenten mit Bierflaschen und auch noch von ein paar der Trinker, die dort früher ihr Zuhause gehabt hatten. Heute war alles anders. Der Platz gesperrt, nur Beamte unterwegs. Reiber, der sich schon ab und zu auf dem Platz mit Freunden getroffen hatte, spürte die Veränderung. Es war eine Angst machende, etwas verbergende Ruhe, eine, die das frühsommerliche Treiben jäh unterbrach. Eine, die nicht gewollt war. Ebenso wenig gewollt, wie die Beamten in Uniform und Zivil, die Haus um Haus, Aufgang um Aufgang die Wohnungen inspizieren sollten, von denen aus hätte geschossen werden können. Sie trafen nicht immer auf Verständnis bei den Mietern der meist schick sanierten Häuser.

»Die lassen sich von Google und Facebook ausspionieren und stellen freiwillig Essgewohnheiten, Lieblingsserien und Körpergröße ins Internet, aber wenn wir wegen eines Mordes mal vorbeischauen wollen, dann reden die was von ›Unverletzlichkeit der Wohnung‹ und ›Schnüffelstaat‹«, erregte sich ein Kollege, den Reiber auf dem Weg zum Bürobus traf.

»Verstehe, ist kein leichter Job für Sie heute. Aber wir müssen eben alle, wirklich alle Wohnungen überprüfen, von wo aus der Schuss gekommen sein könnte«, sagte Reiber, »und Sie notieren sich jede Wohnung, in die Sie nicht reingekommen sind. Für die holen wir uns einen Durchsuchungsbeschluss!«

Die Schaulustigen hatten sich inzwischen größtenteils verzogen, sie saßen nun in den »Schankvorgärten«, wie Straßencafés in Berlin offiziell hießen. Dort ließ es sich trefflich spekulieren über Täter und Motive.

Oberkommissarin Britta Schöning stand vor dem Sprinter. Sie schrieb eine SMS. Wahrscheinlich teilte sie nun ihrem Liebsten mit, dass es mit ihnen beiden nichts würde an dem Abend. Das tat Reiber leid. Sein Typ allerdings war Britta nicht – zu klein, zu kompakt, zu burschikos für ihn. Trotzdem, er mochte Britta sehr. Sie war eine Frau, über die sein Vater gesagt hätte, mit der kann man Pferde stehlen. Sie hatte noch kurz vor der Wende in der DDR gelernt und dann im Westen Karriere gemacht. Bald würde sie zur Hauptkommissarin befördert, da war er sich sicher. Er setzte sich dafür ein. Sie war eine seiner besten jungen Mitarbeiterinnen. Prädikat besonders wertvoll, weil zickfrei. Sie freute sich, ihn zu sehen, und hörte sofort mit dem Tippen auf ihrem Smartphone auf.

»Ich hab ja schon gedacht, du lässt uns hier allein.«

»Ach Britta, sei nicht bös … aber …«

»Schon gut. Also kurz der Stand. Den Vater des Opfers haben wir immer noch nicht erreicht. Jetzt hat das Muschwitz von Dieter übernommen. Die Mutter ist noch nicht vernehmungsfähig, ich hab soeben mit dem Arzt gesprochen. Geschwister gibt es nicht. Der Großvater lebt in Hohenschönhausen. Kollegen sind zu ihm unterwegs. Die anderen Zeugen, eigentlich alles Mütter, sind da drüben an der Lettestraße in dem Kinderladen, sie werden vom psychologischen Dienst und von einem Notfallseelsorger betreut.«

»Prima, Britta, danke. Könnte der Vater dahinterstecken?«, Reiber dachte an das von Schiebitz aufgebrachte Gerücht. »Wenn der nun untergetaucht ist?«

»Glaub ich nicht, die Mütter hier sagen alle, dass es ein ganz Lieber sei, weißt du, so ein Ökowessiprenzlberger, der in einer Agentur für erneuerbare Energien arbeitet und immer Fahrrad fährt. Aber gut, wer weiß ...«

»Okay. Trommelst du bitte nachher alle zusammen? Wenn wir hier fertig sind, müssen wir das durchsprechen – um zehn im Kommissariat. Und gibt's was Neues von den Wohnungsdurchsuchungen?«

»Noch nichts, aber wir haben schon fast alle Hausmeister erreicht, um auf die Dächer zu kommen. Bislang allerdings überall Fehlanzeige.«

»War zu befürchten, wenn das wirklich ein Profi war ...«

»Aber warum ein Profi? Nur wegen der Waffe? Kann ich mir nicht vorstellen. Felix' Mutter arbeitet seit der Trennung ein paar Stunden als Assistentin bei so einer Immobilienfirma, der Opa scheint auch nicht reich, und der Vater ist sicher auch keiner, den man erpresst oder mit dem man Waffengeschäfte im Nahen Osten macht, Prostituierte aus der Ukraine holt oder Drogen aus Südamerika importiert.«

»Hey, du bist ja heute in deinem Element«, bemerkte Reiber.

»Naja. Aber echt jetzt mal. Ist doch verrückt. So ein Mord hier. Da passt doch gar nichts zusammen.«

»Irgendein Motiv muss es geben. Es macht doch niemand diesen Riesenaufwand, um wahllos ein Kind zu erschießen.«

»Wenn doch, haben wir ein Riesenproblem.«

»Da hast du recht. Ich geh mal zu den traumatisierten Müttern.«

»Wir haben schon alle Aussagen von denen. Aber klar kannst mit denen noch mal reden. Nur nimm Juliane nicht mit. Das ist da so ein Kinderladen mit Schuhe ausziehen und Hundeverbot und so.« Britta tippte nun wieder weiter an ihrer SMS während sie redete.

»Kann ich sie bei dir lassen?«

»Gern.«

»Sie bräuchte noch was zu trinken.«

So, als ob sie es verstanden hätte, schaute Juliane zu Britta hoch, rümpfte das eingedrückte Näschen und wedelte mit dem geringelten Schwanz.

»Wir kommen schon klar, nicht wahr? Der Freundin des Chefs soll's doch gut gehen.«

Juliane stieß mit ihrer stumpfen Nase gegen Brittas Waden. Britta nahm sie auf den Arm. Reiber zwickte seine schwarze Mopsdame in die drei Fältchen an ihrer Schulter, dann ließ er die beiden allein. Wenn Britta, die ja erst Anfang 30 war, im Alter ein wenig zulegen würde, hätte sie womöglich auch solche Falten unterm Kinn. Reiber, der sonst keine dicken Frauen mochte, fand die Vorstellung lustig.

Reiber genoss es, auf dem Weg zum Kinderladen einen Moment durchatmen zu können. Die Luft war etwas kühler geworden. Vielleicht sollte er Anna auch eine SMS schicken. Er schaute, ob sie geantwortet hatte. Und tatsächlich:

»Ach, du Armer. Ist ja schrecklich. Viel Erfolg und lass dich nicht stressen, hddl«

Er hasste es, wenn eine erwachsene Frau – Anna war immerhin 31 und als Anwältin beim Landgericht zugelassen – solche kindischen Abkürzungen schrieb wie sie Pubertierende benutzten. Aber dass die Abkürzung »hab dich doll lieb« hieß, das wusste er, und es freute ihn trotz allem. Sie, dachte er, wusste sicher nicht, was er ihr heute Abend eigentlich hätte sagen wollen. Das, was er, Kurt Reiber, der typisch männliche Beziehungskonfliktvermeider, schon mehrfach mit seinen verquasten Worten erklärt hatte, nämlich, dass er nicht der Mann fürs Leben für sie sei. Damit freilich hatte er stets nur gemeint, dass sie nicht die Richtige für *ihn* war. Sie hatte darauf bestanden, dass er sich das noch einmal überlegen sollte. Er hatte zugestimmt. Aber nicht überlegt. Wenn er sich doch umentschiede, dachte Reiber, als er an der Kneipe mit Namen »Wohnzimmer« an der Ecke Lette- und Schliemannstraße vorbeikam, würde er wohl eines Tages eine Frau zu Hause haben, die den gemeinsamen Nachwuchs in so einem braun-pink-farbenen Kinderwagen spazieren führte wie diese Mutter, die dort am Tisch saß. Das wollte er nicht. Nicht mit Anna. Als er stehen blieb, um Anna eine SMS zu schreiben, lächelte ihn diese Frau an. Reiber fühlte sich geschmeichelt, lächelte zurück, bewies aber sogleich, dass man auch im Weitergehen SMS tippen kann.

»Danke. Alles kompliziert. Echt schlimmer Fall. Schlaf schön. Kuss«, tippte er.

Übersehen konnte Reiber den Kinderladen nicht – das Schaufenster war mit aus buntem Papier ausgeschnittenen Häschen und Blumen beklebt. An der zweiten Tür nach dem Windfang stand tatsächlich, dass man die Schuhe ausziehen möge, dass Hunde unerwünscht seien, dass in dieser Einrichtung Ökostrom verwendet werde, dass das Essen ausschließlich aus biologischen Zutaten bestehe und dass es sich um eine süßigkeitsfreie Zone handle. Reiber wollte sich nicht auf unnötige Diskussionen einlassen, brav schnürte er – obwohl er es eigentlich hasste, sich in fremden Wohnungen halb zu entkleiden – seine Schuhe auf. Als er eintrat, war eines sofort klar: Er würde am liebsten auf der Stelle kehrt machen. Er hatte bei diesem Spiel die schlechteste aller Karten gezogen. Die Frauen – und es waren bis auf den Notfallseelsorger nur Frauen im Raum – würden zu Recht sagen, dass sie das Ganze schon einmal erzählt hatten und nicht noch mal beim Schildern des Schrecklichen alles erneut durchleben wollten. Der

Pfarrer würde den Frauen sicher verständnisvoll beipflichten, und die beiden Polizeipsychologinnen, die ihn just in diesem Moment mit einem Nicken grüßten, würden es auch so sehen. Er ahnte genau, wie alles schief gehen würde. Reiber räusperte sich. Die Frauen, die in einzelnen Grüppchen um die Tische saßen, während die Kinder nebenan im Spielzimmer waren, schauten auf.

»Entschuldigen Sie die Störung, mein Name ist Kurt Reiber, ich leite die Ermittlungen hier.« Reiber angelte seinen Dienstausweis aus der Hemdtasche und hob ihn kurz hoch, obwohl er wusste, dass das lächerlich aussehen würde. »Ich weiß, Sie haben schon mit meinen Kollegen gesprochen. Ich weiß, Sie stehen nach diesem fürchterlichen Ereignis sicher unter Schock. Und glauben Sie mir, ich würde es Ihnen gerne ersparen, nochmals über das Geschehene zu reden. Aber wir, also, ich habe noch ein paar Fragen.«

Reiber, der kein Held war, wenn es darum ging, frei zu sprechen und trotz seiner 41 Jahre dabei oft noch rot wurde wie ein Gymnasiast bei seinem ersten Referat, war einigermaßen stolz auf sich, das so gut hinbekommen zu haben.

»Selbstverständlich. Wir wollen ja auch alle, dass dieser Unmensch so schnell wie möglich gefasst wird«, antwortete eine Frau mit brünetter Kurzhaarfrisur, die in einem rosafarbenen Leinenkleid direkt vor Reiber saß. Sonst sagte niemand etwas.

»Danke für Ihr Verständnis«, sagte Reiber in die Stille zu der Rosaroten, »wollen wir hier reden, oder gibt es nebenan ein Zimmer, wo wir …«

»Wir können ins Büro gehen«, schlug sie vor und stand auch schon auf.

Erst jetzt sah Reiber, wie groß sie war. Größer als er. Und sehr schlank, fast dünn. Zu ihrem Kleid, das durchs Sitzen reichlich verknittert war und dadurch kürzer wurde und mehr von ihren gebräunten Beinen freilegte als gedacht, trug sie weiße Sneakers. Keine Strümpfe, keinen Schmuck. Reiber folgte ihr ins Nebenzimmer, wo sich die Frau wie selbstverständlich hinter den Schreibtisch setzte, Reiber nahm den Stuhl davor. Sie fing sofort mit dem Gespräch an, während Reiber noch in seiner Sakkotasche nach einem Notizblock kramte.

»Also ich bin Silke Scheible-Meinhorst. Die Leiterin hier.«

»Aha – also im Kinderladen.«

»Ja genau. Felix war auch bei uns. Schrecklich.« Sie nahm ein Papiertaschentuch zu Hilfe, um den Schaden zu begrenzen, den ihre Tränenflüssigkeit auf dem Make up, das sie perfekt aufgelegt hatte, anrichten könnte. Reiber hatte den Eindruck, dass sie nicht allzu sehr trauerte. »Er war so ein süßer Junge und hatte so ein gutes Sozialverhalten.«

»Aha…«

»… ja, darauf achten wir hier sehr. Sind ja auch alles Kinder aus Bildungshaushalten sozusagen, wissen Sie. Früher bei meiner Ausbildung während des Studiums, da hab ich ja in Wedding und …«

Alles Bionaden-Spießer, dachte Reiber, wollen links und progressiv sein, wollen im Großstadtkiez leben, haben in Wirklichkeit aber eine Mischung aus Akademikerdünkel und kleinstädtischer Reihenhausmentalität bewahrt, fühlen sich als was Besseres und glauben, sie könnten sich hier ihre heile Welt basteln. Sicher war diese Frau auch eine von denen gewesen, die wegen des Lärms am Samstagmorgen gegen den Markt am Kollwitzplatz gestänkert hatten. Inzwischen hatten sie ja erreicht, dass die Händler erst um 8.30 Uhr aufbauen durften, damit sie den Schönheitsschlaf der Anwohner nicht störten. Reiber versuchte, sich seine Antipathie nicht anmerken zu lassen.

»Ja, verstehe …«

»Schön, wissen Sie, viele verstehen das ja falsch. Aber …« Sie lächelte ihn an. Reiber stellte fest, dass sie ihren Lippenstift, so akkurat wie der aufgetragen war, sicher regelmäßig nachzog, selbst an so einem Tag. »… wir wollen ja das Beste für unsere Kinder.«

»Sicher«, nun übernahm Reiber die Gesprächsführung. »Ich will nicht unhöflich sein, aber können wir zu heute Nachmittag zurückkehren? Waren Sie auch auf dem Spielplatz? Können Sie mir sagen, was Sie beobachtet haben?«

»Nein, nein, ich war nicht auf dem Platz, ich war hier, wir wollten den Plan für unsere vegane Kinderkochgruppe vorbereiten und …«

Reiber unterbrach sie erneut. Da hatte er sich ja wohl genau die Falsche ausgesucht. »Gut, Sie haben also nichts gesehen. Können Sie mir etwas zu Felix und vor allem zu seinen Eltern, Melanie und Sven Keinen, erzählen?«

»Also Melanie, die kenn ich ja gut, das ist eine Supernette, und Sven, ihr Ex, eigentlich auch. Supernett. Sie hatten nur Felix gemeinsam. Und dann hat sich Sven, naja wie sagt man so schön, neu orientiert und dann neu liiert. Aber das ging nicht lange gut. War einfach so eine Art Ablösebeziehung. Hab ich Melanie gleich gesagt. Sie wissen, was ich meine? Er wollte sich lösen, kam nicht los und brauchte dann so eine Bestätigung, dass er als Mann auch für andere Frauen …«

»Verstehe«, Reiber bereute aufrichtig, mit ihr ein Gespräch angefangen zu haben. Allein das Kleid, diese Farbe, das hätte ihm eine Warnung sein sollen. Nun war es zu spät.

»Jetzt lebt Sven allein. Er leidet ganz schön unter der Trennung, hab ich gehört. Manche Männer stellen sich aber auch an. Naja, zurücknehmen will Melanie ihn jedenfalls nicht. Kann ich gut verstehen. Hat sie auch nicht nötig. Klar, war supernett, sagte ich ja. Aber der konnte ihr nicht das Wasser reichen. Und hier findet sich ja immer was … Und Melanie ist ja auch eine grazile, eine attraktive Person. Sie haben sicher mit ihr gesprochen …«

»… ja, äh nein, also gut Frau, äh, Scheibe-Fein…«

»Scheible-Meinhorst, mein Mann hat das Wohnaccessoir-Geschäft hier gleich um die Ecke an der …«

»Jaja, klar, also Frau Scheible-Meinhorst, Sie haben mir sehr geholfen.«

»Aber Sie fragen ja gar nicht, wer für mich als Täter in Betracht kommt. Das fragen die Kommissare im Fernsehen doch immer. Oder wissen Sie es schon?« Sie wartete auf keine Antwort, sondern fuhr fort. »Für mich ist die Sache klar, der Täter kann nur aus einer ganz bestimmten Ecke kommen. Wissen Sie, diese Großkonzerne, diese Immobilienhaie, denen sind Kinder doch ein Dorn im Auge. Jedes Geschäft zahlt doch mehr Miete als ein Kinderladen. Und dann die Gastromafia, in diese Richtung müssen Sie mal ermitteln, die ganzen Restaurants und Bars hier, die gehören nur ein paar Familien. Alle mit Migrationshintergrund. Und wer Kinder hat, hat nicht mehr so viel Zeit und Geld zum Ausgehen. Also die könnten auch dahinterstecken. Die wollen uns vertreiben. Vielleicht so eine konzertierte Aktion. Aber vielleicht ist es ja sogar eine richtige große Verschwörung. Von früher. Wissen Sie? Sie kommen ja nicht aus dem Osten. Oder?«

Wieder redete sie weiter, ohne auf eine Antwort zu warten. Reiber fühlte sich wie unter der Schwalldusche nach der Sauna.

»Also da hängen manchmal so Zettel an Laternenpfählen, dass der Kiez schwabenfrei werden soll. Das meinen manche ja lustig. Aber sicher gibt es da noch Seilschaften von früher, die alle Wessis raushaben wollen. Nun fangen diese Typen womöglich mit den Kindern an. Das kann doch sein? Das ist dann Terror, der Beginn einer richtiggehenden Vertreibung! Da werden wir uns wehren müssen. Wer weiß, wie das weitergeht!«

Silke Scheible-Meinhorst redete sich in Rage. Reiber war sich sicher, die Dame war kein Fall für die Polizeipsychologinnen, sondern eher für den sozialpsychiatrischen Dienst. Zuerst hatte er noch ernsthaft antworten gewollt, dass ja erst die kinderreichen Familien den Kiez so lebenswert machten, dass sie für den Umsatz sorgten in Bioläden und Cafés, und dass sie es auch sind, die teure Wohnungen mieteten, dass Immobilienmakler normalerweise keine Kinder erschießen und dass Stasi-Seilschaften auch nicht gerade die Bundesrepublik bedrohen. Aber er ließ es sein.

»Da mögen Sie recht haben. Dann ist es besser, unsere Abteilung OK übernimmt den Fall.«

»Wie?«

»Na die Spezialisten für Organisierte Kriminalität. Ich brauch nur noch schnell 'ne Augenzeugin fürs Protokoll, dann bin ich weg. Sie verstehen.«

Mit diesen flapsig-frechen Worten flüchtete Reiber aus dem Büro zurück in den Raum mit den anderen Frauen. Er fragte eine der Psychologinnen, die an der Kaffeemaschine mit Aufdruck »Fairtrade-Kaffee aus Bio-Anbau« stand, ob sie ihm eine Zeugin empfehlen könne. Sie deutete mit dem Kopf auf eine Frau Ende 20 mit Dreiviertel-Jeans und einem verwaschenen T-Shirt mit Brandt-Zwieback-Werbeaufdruck, die etwas abseits saß. Reiber ging zu ihr, fragte, ob er sich kurz zu ihr setzen dürfe. Sie nickte.

»Sie haben also alles mit angesehen?«

Die Frau nickte ein zweites Mal.

»Wären Sie so nett, und würden mir es noch einmal erzählen?«

Nun sah Reiber, wie Silke Scheible-Meinhorst aus dem Büro zurückkam, sie zupfte sich ihr Kleid zurecht, warf ihm einen strengen Blick zu und stellte sich dann zu der Psychologin. Reiber hörte die Worte »organisieren« und »selbst in die Hand nehmen«. Es schwante ihm Unangenehmes, aber er wollte sich jetzt auf seine neue Gesprächspartnerin konzentrieren. Die Zeugin sagte immer noch nichts. Sie hatte einen kleinen Plüschmaulwurf in der Hand, den sie zwischen ihren Fingern knetete. Unter ihren Fingernägeln bemerkte Reiber Sand. Sicher hatte sie mit den Kindern gebuddelt.

»Ich kann und will Sie ja nicht zwingen. Aber ich wäre Ihnen sehr dankbar, wenn Sie einfach erzählen könnten, was Sie gesehen haben …«

»Also gut.« Sie wischte sich mit dem Handrücken über ihre Augen. Rücksicht auf Make up musste sie nicht nehmen. Reiber reichte ihr aus seiner Sakkotasche ein ungebügeltes Stofftaschentuch.

»Das ist sauber, Ehrenwort …«

Er merkte, wie sie staunte, ein Stofftaschentuch angeboten zu bekommen. Sie lächelte, schüttelte den Kopf. »Danke, es geht schon so … Also ich war mit Jannik auf dem Spielplatz. Mein Sohn. Er ist ein bisschen älter als Felix … also als Felix war.« Sie schluckte. »Jannik wird bald vier. Die beiden haben erst im Sandkasten gebuddelt, ich hab den beiden geholfen, 'ne Burg zu bauen. Dann saß ich auf der Bank bei Melanie. Es war alles wie immer. Sie wollte ihren Krimi zu Ende lesen. Und ich hab gesagt, ich pass auf. Dann rutschten die beiden. Es waren ja viele Kinder da. Und dann … Also ich hab erst gar nichts gemerkt. Felix ist als Erster gerutscht. Jannik stand noch oben. Felix ist im Sitzen runtergerutscht und unten einfach im Sand liegen geblieben. Auf dem Rücken. Jannik hat noch gerufen, er solle die Bahn freimachen. Aber Felix hat sich nicht gerührt. Ich dachte zunächst, er macht Spaß, will die anderen ärgern. Dann bin ich doch aufgestanden, um nachzusehen. Melanie hat das gemerkt. Sie war schneller.

Sie hat ihn hochgehoben … Und dann, dann war da überall Blut … Nur eine Minute später hätte es Jannik getroffen …«

Nun konnte sie die Tränen nicht mehr zurückhalten. Sie nahm das erneut still von Reiber offerierte Taschentuch an. Er wartete geduldig mit der Nachfrage.

»Eines noch, haben Sie einen Schuss gehört?«

»Eigentlich nicht. Also im Nachhinein war mir klar, dass da ein Schuss gewesen sein musste. Ja sicher, ich hab auch etwas gehört. Aber das war nicht so laut. Irgendwas ist hier ja immer, 'ne Fehlzündung an 'nem Bike oder so. Also, dass das ein Schuss war, hatte, glaub ich, keiner gedacht.«

»Woher der Schuss kam, haben Sie da eine Vorstellung?«

»Nein …«, sie überlegte kurz, »nein, also wir waren dann ja alle total aufgeregt. Melanie schrie nur. Ich habe die Polizei angerufen. Manche warfen sich auf den Boden, weil sie dachten, der schießt wieder. Ich glaub, der Schuss kam von oben.«

»Danke, vielen Dank. Das hilft uns schon. Verraten Sie mir noch Ihren Namen, falls ich noch mal eine Frage habe?«

»Klar, Sandra. Also Sandra Faller. Wollen Sie auch meine Nummer?«

Reiber nickte und notierte die Handynummer. Wenn es nicht dienstlich und vor allem so traurig gewesen wäre, er hätte sicher noch eine dumme Bemerkung gemacht, von wegen, ob sie ihre Nummer immer so freizügig weitergebe. Stattdessen gab er ihr artig, wie es sich gehörte, seine Visitenkarte und verabschiedete sich.

»Ihr Taschentuch!«, sagte sie und hielt es ihm hin.

»Sie brauchen das jetzt dringender. Behalten Sie's.«

Reiber beschloss, damit seine Befragungen in dem Kinderladen zu beenden. Seine Kollegen hatten ja sowieso schon alle Aussagen protokolliert. Er glaubte nicht, hier zwischen Bauklötzchen mit ablutschfester Biofarbe und den Dinkelcroissants, die Silke Scheible-Meinhorst gerade hereinbrachte, einen Hinweis aufs Motiv zu finden. Es sei denn, er freundete sich mit den Verschwörungstheorien dieser Rosaroten an und ermittelte fortan gegen das internationale Großkapital oder gegen Mielkes Hinterlassenschaften. Damit könnte er dann womöglich seinem »Plan B« näherkommen – nämlich »dauerhaft dienstunfähig« geschrieben zu werden, und Zeit zu haben, eine Weinbar zu eröffnen.

TRAUER AM TRESEN

Auf dem Weg ins Büro hatte er noch schnell an der Prenzlauer Allee einen Döner gegessen. Er war zwar angeblich aus bestem Neuland-Fleisch. Trotzdem hatte er nun das Gefühl, die Mahlzeit drücke ihn besonders schwer in den ungepolsterten Konferenzstuhl – und das, obwohl Juliane einen Teil davon abbekommen hatte. Er hätte nur das Bier, das er sich zum Döner verkniffen hatte, trinken sollen, dann wäre es ihm jetzt leichter gefallen, so manchen Ausführungen der Kollegen zu folgen. Vieles, dachte Reiber, konnte man mit einem Wort sagen: nichts. Sie hatten keine Patronenhülse irgendwo am Fenster gefunden, kein Scharfschützenversteck auf einem Dachboden und schon gar keinen Verdächtigen. Trotzdem war es üblich, dass jeder ausführlichst berichtete, was er bei seinem Einsatz erlebt hatte, was er über ein mögliches Motiv dachte, und welche Vermutungen ihn umtrieben. Durch dieses Brainstorming waren sie schon manches Mal auf eine heiße Spur gekommen. Aber Reiber war das Gequatsche oft zu viel. Heute war er noch ungeduldiger als sonst. Mit einem kurz eingeworfenen »Gut, gut« drängte er die berichtenden Kollegen immer wieder zur Eile. Als Vorletzter war Muschwitz an der Reihe.

»Neue Erkenntnisse, die zu dem Täter führen könnten, habe ich auch nicht«, mit diesen Worten fing Jürgen Muschwitz an, Reibers Geduld zu strapazieren. Dann aber sagte er etwas, das nicht nur Reiber veranlasste, den gerade in die Hand genommenen Kaffeebecher wieder hinzustellen, sondern das auch alle andere aufmerksam werden ließ.

»Ich habe mit dem Vater des toten Kindes gesprochen. Er

kam gerade nach Hause, wohnt an der Greifswalder Straße, nicht weit vom Tatort. Er sei den ganzen Tag mit dem Fahrrad unterwegs gewesen, in Köpenick, am Kleinen Müggelsee und in Grünau …«

»… und«, unterbrach ihn Reiber, »wie hat er den Tod aufgenommen? Hat er ein Alibi?« Er war verärgert, weil Muschwitz dem Vater die Todesnachricht überbracht hatte, ohne ihn zu informieren. Allerdings hatte ihm ja Britta schon zuvor gesagt gehabt, dass Muschwitz am Vater dran bleiben würde.

»Also der Reihe nach«, fuhr Muschwitz fort, »Der Vater war gefasster, als ich gedacht hatte. Dann aber wurde er sehr wütend, offenbar auf seine Ex-Frau, dass die nicht besser auf Felix aufgepasst hatte. Er wollte gleich zu ihr in die Klinik. Aber das hab ich verhindert. Und die Kollegen, die dort Wache schieben, hab ich informiert.«

»Gut, gut, und sein Alibi?«

»Das wird schwer werden, denn er war so durcheinander, dass er nicht mehr genau wusste, wann er wo war. Ich hab ihn für morgen hierherbestellt, damit er noch mal die Radtour genau rekapitulieren kann.«

»Aber warum sollte er einen Grund haben, sein eigenes Kind umzubringen?«; fragte Gerd. »Der ist doch gestraft genug, müssen wir den auch noch quälen?«

»Auf jeden Fall sollten wir das«, warf nun Britta ein, die sofort von Muschwitz unterbrochen wurde.

»Ich war noch nicht fertig.«

»Ja sicher«, schlichtete Reiber, »aber Britta, sag, isses was Wichtiges?«

»Allerdings. Gegen den Vater von Felix wurde schon ermittelt.«

»Was?«, entfuhr es Muschwitz in einer für ihn ungewöhnlichen Lautstärke.

»Ja, er ist nicht nur der softe Öko. Gegen seine Frau soll er nach der Trennung ausfallend und gewalttätig geworden sein und dann hat er ihr sogar gedroht, wenn sie ihn nicht zurücknehme, werde sie ihres Lebens nie mehr froh.«

»Warum erfahr ich das jetzt erst?«, Reibers Stimme klang schneidend, »Das hätte doch die allererste Abfrage heute Nachmittag schon ergeben müssen. Also, Dieter?«

Dieter Keppler, der klein gewachsene leicht übergewichtige Anfangvierziger, Typ Durchschnittsbeamter mit Halbglatze und Kinnbärtchen, eigentlich ein äußerst gewissenhafter Mann, hatte die Aufgabe, bei Morden vom Kommissariat aus oder neuerdings auch von unterwegs aus dem Sprinter per Datenabfrage, Intra- und Internet sofort alles über die Beteiligten herauszubekommen. Reiber war verärgert, dass das dieses Mal nicht geklappt hatte.

»Da war nichts. Tut mir leid. Kein Eintrag, kein Ermittlungsverfahren … Ich weiß nicht, woher du das hast, Britta.« Dieter fühlte sich getroffen, war sich aber offenbar keiner Schuld bewusst. Nun richteten alle ihre Blicke auf Britta, nur Reiber nickte noch kurz und freundlich Dieter zu. Er hatte ihn mit seiner scharfen Tonlage nicht kränken wollen. Reiber wusste, Dieter war, auch wenn er nicht so aussah, empfindlich. Er hatte alles andere als ein dickes Fell unter seinen unmodischen Hemden. Selbst in so einer Kollegenrunde mochte er es nicht, das Wort zu ergreifen und im Mittelpunkt zu stehen. Er ging zwar einmal wöchentlich zu den Proben des Pop-Chors, bei dem er Abba- und Beatles-Titel einstudierte, aber bei den Auftritten, da war er nie dabei.

»Ich habe das von einem Freund, mit dem ich auf der Polizeischule war«, erklärte nun Britta, »Der ist jetzt in der Direktion 1 beim Abschnitt 15, Eberswalder Straße. Ich traf den heute Abend auf dem Rückweg, er war noch mit der

Absperrung an der Raumerstraße beschäftigt. Als er erfuhr, wer das tote Kind ist, hat er mir die Geschichte erzählt.«

»Und warum gibt es darüber keinen Eintrag, keine Akten?« Reiber klang verärgert.

»Naja, er sagte, das sei nicht so offiziell gewesen.«

»Wie?«

»Melanie Keinen hatte schon vor einiger Zeit die Polizei gerufen. Marc, also das ist der Polizist, kam dann mit 'nem Kollegen und hat den Ex-Mann aus der Wohnung gebracht und einen Platzverweis ausgesprochen. Aber die Keinen wollte keine Anzeige erstatten. Auch beim zweiten Einsatz nicht. Und dann hat sie Marc gebeten, die Sache nicht zu verfolgen, sie hatte Angst, dass ihr Ex sonst noch aggressiver würde. Und Marc, naja, der hat das halt gemacht …«

»Na super, und dafür hat sie jetzt ein Kind weniger.«

Die Blicke, die Reiber in diesem Moment trafen, sagten ihm, dass er mit dieser flapsigen Bemerkung zu weit gegangen war.

»Also war nicht so gemeint«, ruderte Reiber zurück. »Jedenfalls dieser Marc, Britta, mit dem will ich reden, heute noch. Ist der noch im Dienst?«

»Ja, aber er hat es ja nur gut gemeint.«

»Da fahren wir gleich hin. Sorg dafür, dass er nicht auf Streife ist. Und dann will ich die Adresse von dem Vater haben.«

»Wenn es nichts Wichtiges mehr gibt, fahren wir los. Britta, ich möchte, dass du mitkommst. Die anderen können Feierabend machen. Morgen um acht ist Frühbesprechung.«

Dass er nun nicht dabei sein durfte, sondern Reiber mit Britta fuhr, das wurmte Muschwitz. Andere hätten sich über den Feierabend gefreut, Muschwitz aber nicht, er war ein Jagdhund. Genau deshalb wollte Reiber ihn nicht dabei haben. Dessen übereifrige Art nervte ihn. Außerdem war ihm Muschwitz zu ernst, zu humorfrei. Auch wenn er Muschwitz und dessen Eifer schon manche Lösung eines Falls zu verdanken hatte, Britta war ihm lieber.

»Wir können mit meinem fahren, ich bring dich dann heim«, bot Reiber Britta an. Kurz darauf saßen sie zu dritt – Britta hatte die sich eingekringelte Juliane auf dem Schoß – im Wagen von Reiber.

»So jetzt mal raus mit der Sprache, ich hab gemerkt, du hast vorhin nicht alles gesagt, was ist da mit Marc?«

»Wollte das nicht vor allen so ausbreiten. Der Marc ist wirklich okay, wir kennen uns schon lange und …«

Reiber war die Erklärung schon wieder zu ausufernd. Aber es war Britta. Es war wichtig. Er beherrschte sich.

»…also deshalb hab ich ihm versprochen, das für mich zu behalten. Aber jetzt … Also ich sage es dir. Marc hat sich bei dem ersten Einsatz in Melanie Keinen verguckt. Die beiden hatten dann ein Verhältnis. Auch deshalb hatte er die Einsätze nicht vermerkt. Manchmal fuhr er wohl auch nur so alleine hin, im Dienst, also auf Streife. Und die beiden wollten auch nicht, dass der Ex-Mann Rabatz macht oder eine Beschwerde gegen Marc einreicht.«

»Verstehe, wenn der Bulle zweimal klingelt.«

»Du nun wieder! Die Affäre ist seit Monaten zu Ende.«

»Und als Rache, weil sie mit ihm Schluss gemacht hat, hat er dann mit 'nem Scharfschützengewehr Felix umgelegt …«

Britta kraulte Juliane: »Wie hältst du es nur aus mit einem Herrchen, das solche zynischen Sprüche macht?«

»Gut hält sie das aus. Juliane ist da anders als andere Frauen«, entgegnete Reiber. »Und warum war nun Schluss zwischen den beiden?«

»Wie das halt so ist. Sie hat ihn vor die Wahl gestellt, hat gesagt, er muss sich entscheiden.«

»Du meinst, Marc ist verheiratet?

»Jaja, klar.«

»Ach, und das alles hat er dir vorhin über die Polizeiabsperrung hinweg erzählt?«

»Nein, die Geschichte mit der Affäre und so, die kannte ich ja längst, wir treffen uns ab und zu.«

»Du also auch?«

»Ach was, ich hab nichts mit Marc. Ich wusste nur von seinem Verhältnis, den Namen allerdings kannte ich nicht. Ich wusste nicht, dass es die Mutter von Felix war.«

Sie schwiegen einen Moment. Reiber holte das Blaulicht, das er vorhin unter seinen Sitz gelegt hatte, wieder hervor und pappte es aufs Dach. Britta schaute ihn fragend an.

»Auf den leeren Straßen kann man mit 50 oder 60 nicht durch den Tiergarten fahren. Das macht keinen Spaß.«

Als sie so schnell am Holocaust Mahnmal von der Ebert- in die Behrenstraße einbogen, dass Britta Juliane festhalten musste, beendete Reiber sein Nachdenken und ließ Britta am Ergebnis teilhaben:

»Ich glaub, deinen Marc brauchen wir gar nicht. Das sorgt nur für Unruhe im Abschnitt, wenn wir da aufkreuzen. Du weißt eh mehr, als er mir erzählen würde. Lass uns gleich zu dem Vater fahren. Wenn er es war, hat er hoffentlich noch Schmauchspuren an der Hand.«

»Okay. Soll ich 'ne Streife anfordern zur Verstärkung.«

»'ne Streife? Zur Festnahme eines Verdächtigen, bei dem der begründete Verdacht besteht, dass er eine Schusswaffe in seinem Besitz hat? Da ist das SEK hinzuzuziehen.«

Reiber zitierte die Verordnung so perfekt, dass Britta glaubte, er würde wirklich das Sondereinsatzkommando alarmieren wollen. Er sah das an ihrem ernsten Gesicht und lachte: »Ach was, das kriegen wir zwei schon alleine hin. Außerdem glaub ich ja gar nicht, dass er es war.«

Reiber wollte, nachdem er am Tatort schon zu spät gekommen war, sich nicht nachsagen lassen, irgendetwas übersehen zu haben. Er wusste, er stand nun unter besonderer Beobachtung von Wischnewski. Der hatte sich gar nicht mehr bei ihm gemeldet, das wunderte Reiber. Sicher würde er morgen früh halb acht im Büro anrufen und erwarten, dass Reiber da war. Das kannte er schon, das war bei allen wichtigen Fällen so. Und er würde da sein. Erst mal aber gab er Gas, zischte vorbei an den vielen Radfahrern auf der Greifswalder Straße – alle fuhren ohne Licht. Bis auf einen. Reiber überlegte kurz, ob er diesen mit der Kelle stoppen, rauswinken und ihm dann eine Belobigung aussprechen sollte. Aber es war keine Zeit für solche Späße. Mit Blaulicht überquerte Reiber vorsichtig bei Rot die Danziger Straße. Sven Keinen wohnte auf der anderen Seite, jenseits vom teuren In-Kiez im eher ostigen Prenzlauer Berg, ein Haus wohl aus den 30er-Jahren, dachte Reiber. Nach der Trennung konnte er sich die besseren Lagen am Helmholtz- oder Kollwitzplatz offenbar nicht mehr leisten. Keinen wohnte im zweiten Stock, drei kleine Zimmer auf 59 Quadratmetern. Muschwitz hatte ihnen das erzählt. Aber Keinen öffnete nicht, auch nicht, nachdem Reiber und Britta mehrmals geklingelt hatten. Schließlich klingelten sie beim Nachbarn.

»Nee, reinlassen tu ich Sie nicht. Aber fragen können Sie mich schon was.«

Reiber und Britta hatten sich formvollendet dafür entschuldigt, dass sie so spät störten, und sich korrekt als Kommissare ausgewiesen. Nun waren sie in einem Treppenhaus, das auch in Maikammer nicht sauberer hätte sein können, stellte Reiber fest. Der Nachbar, ein Endfünfziger, stand breitbeinig auf braunen Kunstlederpantoffeln in roter Latzhose mit weißen Farbflecken und grünem Berliner Pilsner T-Shirt überm Schmerbauch vor ihnen.

»Wir wollten eigentlich zu Ihrem Nachbarn, Herrn Keinen …«, sagte Britta.

»Da müssen Sie nebenan klingeln.«

»Ach nee«, entfuhr es Reiber, aber dann überließ er die Konversation doch wieder der geduldigeren Britta.

»Ja natürlich, das haben wir gemacht. Aber er ist offenbar nicht zu Hause. Deshalb dachten wir, Sie wissen vielleicht …«

»Was wollen Sie denn von dem?«

»Wissen Sie, das ist … also das geht eigentlich nur Herrn Keinen was an.«

»Sie sind doch sicher da, weil der Felix heut erschossen wurde.«

»Ja, deshalb können Sie uns vielleicht …« Britta kam nicht weiter, der Nachbar unterbrach sie.

»So ein Staat! Nicht mal Kinder sind mehr sicher. Das hätte es früher nicht gegeben. Und dann, wenn Sie das Schwein schnappen, kommt das ja nach ein paar Jahren schon wieder raus. Schöner Rechtsstaat ist das, kann ich Ihnen sagen!«

Britta wusste genau, wenn sie jetzt nicht schneller antwortete als Reiber, gäbe es richtig Ärger. Auf solche Typen reagierte ihr Chef immer ziemlich gereizt. Und sie wollte nicht auch noch als Zeugin wegen Beleidigung vor Gericht aussagen müssen.

»Herr …«

»Kaiser …«

»Also Herr Kaiser, darüber können wir jetzt nicht diskutieren. Wir suchen Herrn Keinen, dringend. Also wenn Sie wissen, wo er sein könnte …«

»Na der wird beim ›Bresch‹ sein. Was macht man schon an so ’nem Abend sonst? Vorhin hab ich ihn gehen sehen, hab ihm mein Beileid noch ausgesprochen. Das ist ja unfassbar, also Typen laufen hier rum! Ballern einfach auf Spielplätzen rum. Das sind ja bald amerikanische Verhältnisse, sind das ja …«

»Herr Kaiser, hat er denn noch etwas gesagt, der Herr Keinen?«

»Naja, er fragte, ob ich mit will, aber ich muss ja hier noch streichen.«

Nun war es Reiber, der Britta nicht zu Wort kommen ließ. Dass »Bresch« die Kneipe an der Ecke Danziger und Greifswalder Straße war, das wusste er, und Britta sicher auch. Also weshalb noch weiter fragen. Reiber jedenfalls hielt es keine Sekunde länger mit diesem Jammerossi im Treppenhaus aus. Dabei hätte er ihm ja eigentlich dankbar sein müssen. Bestätigte Herr Kaiser doch Reibers von manchen belächelte Einschätzung, wonach die Wähler der Linken, also der »Mauerschützenpartei«, wie er die Linke immer wieder nannte, und die Wähler der Rechten in ihrem Gedankengut teilweise gar nicht so weit voneinander entfernt waren. Anti-Individualisten mit einer Sehnsucht nach einem starken Staat, nach strengen Regeln, die zu befolgen waren. Reiber hasste solche vernagelte Weltsichten. Nun aber nahm er sich zusammen, schenkte dem Nachbarn noch eines seiner aufgesetzten unechten Lächeln und verabschiedete sich:

»Na dann, danke vielmals. Und frohes Streichen noch!«

»Soll ich Herrn Keinen, wenn er wiederkommt, was ausrichten?«

Britta und Reiber hörten zwar noch, wie Herr Kaiser ihnen das nachrief, aber keiner von beiden hatte Lust zu antworten.

Im »Willy Bresch« übernahm Reiber die Kommunikation, grüßte in die Runde und sagte dem Wirt Hallo. Eckkneipen sind eben ’ne Männerwelt aus Bier, Korn und Fußball. Britta schaute sich um, sie war eine Ewigkeit nicht mehr da gewesen. Zuletzt mal zu DDR-Zeiten. Sie erinnerte sich kaum.

Nun bemerkte sie, dass zwischen den Stammgästen und Nachbarschaftsalkoholikern an zwei Tischen junge Paare saßen. Studenten vielleicht. Sie konnte das gut verstehen. Irgendwann hatte man diese neuen Restaurationsbetriebe für die süddeutschen Zugezogenen mit all ihren Lammkarrees und den in jeglicher Variante zubereiteten Doraden und dem Wein, den sie für vierfünfzig in 0,1-Gläsern ausschenkten, gründlich satt. Dann hatte man Lust auf etwas Reelles. Auf 'ne Bockwurst. Dazu noch in einer Kneipe, in der man rauchen durfte. Britta fühlte sich wohl, obwohl ihr als Nichtraucherin schon die Augen brannten.

»Auch ein ›Schultheiss‹?«

Britta reagierte verblüfft. Sie dachte, Reiber wollte schnell Keinen finden. Bei dem Gedanken fasste sie automatisch in die Innentasche ihrer Windjacke und vergewisserte sich, dass sie das Foto aus dem Internet, das sie im Büro ausgedruckt hatte und das Sven Keinen bei einem Kinderladenfest zeigte, dabei hatte. Sie hatte sich das Gesicht eingeprägt, und während sie durch den Raum schaute, stellte sie fest, dass der Gesuchte nicht im Lokal war. Aber es war ja immer gut für die Befragung von Zeugen, ein Foto dabei zu haben.

»Er ist nicht hier«, sagte sie zu Reiber, obwohl sie davon ausging, dass auch er sich Keinens Gesicht eingeprägt und die Gäste bereits gemustert hatte.

»Ich weiß. Trotzdem, ich brauch erst mal ein Bier«, meinte Reiber, »du nicht?«

Britta nickte. Reiber bestellte zwei Schultheiss – für 1,80 Euro das Nulldreier. Es hätte zum gleichen Preis auch ein Berliner Pilsner gegeben, das wäre passender gewesen im Ostteil. Aber erstens wurde ja sowieso alles im Großbetrieb von Dr. Oetkers Radeberger-Gruppe in Hohenschönhausen gebraut, und zweitens hätte ihn das Berliner zu sehr an diesen Herrn Kaiser erinnert.

Der Wirt stellte die Biere prompt vor die beiden und legte einen Kellnerblock daneben, auf dem er, nachdem er sich bei Reiber mit einem Blick darauf verständigt hatte, dass gemeinsam bezahlt wurde, eine Drei schrieb. Reiber tat das Bier gut. Britta auch. Als Kommissare hatten sie sich noch immer nicht ausgewiesen. Das erledigte Reiber nun, als die Gläser fast leer waren und er die zweite Runde bestellte. Möglichst unauffällig legte er seinen roten Dienstausweis neben den Kellnerblock. Der Wirt schaute ihn misstrauisch an.

»Keine Angst, wir kontrollieren jetzt nicht Ihr Gläserspülwasser«, Reiber schaute auf das Spülbecken hinterm Tresen, »obwohl ... Nein, im Ernst, wir sind hier, weil wir gerne mit Sven reden würden. Sven Keinen.«

»Der Ärmste!«

»Sie wissen schon?«

»Natürlich. Das weiß jeder hier. Was glauben Sie, warum heute keine Musik läuft.«

Jetzt erst fiel Reiber das auf: eine Kneipe ganz ohne Beschallung. So was gab es wirklich selten. Er kannte sonst nur noch den »Felsenkeller« in Schöneberg und das »Lentz« am Stuttgarter Platz in Charlottenburg, wo es so war.

»War er heute Abend schon da?«, wollte Reiber wissen.

»Ja, er kam vor 'ner Stunde oder so, wollte aber mit niemandem reden. Dann trank er vier Berliner. Die gab ich ihm aus. Und Korn. Man kann ja sonst nichts tun für ihn. Dann ging er wieder.«

»Hat er was gesagt? Gesagt, wohin er ging?«

»Nee.«

»Hat er noch eine andere Stammkneipe hier in der Gegend?«

»Das weiß ich nicht, so gut kenn ich Sven nicht. Der war aber viel unterwegs, zu Haus ist ihm ja nach der Trennung die Decke auf den Kopf gefallen, hat er gesagt. Und jetzt das noch ... Der wird heut sicher von Kneipe zu Kneipe ziehen und sich zulöten. Irgendwie verständlich. Wollen Sie auch einen?« Der Wirt schenkte sich einen Berliner Kümmel ein.

»Wir sind im Dienst.«

»Ja eben, ich frag mich ja sowieso, wie Sie so einen Job ohne Alkohol aushalten. Jeden Tag mit dem Gesocks ...«

Britta hatte ihr zweites Bier ausgetrunken.

»Ich hab jetzt Feierabend, wenn Sie mir einen spendieren wollen«, sagte sie zu dem Wirt.

»Aber gern doch. Sind Sie auch Kommissarin?«

Britta nickte.

»Dann muss der Kollege aber auch einen mittrinken.«

Reiber gab seinen Widerstand auf und stieß mit den beiden an. In Gedanken war er aber noch bei dem Fall.

»Wollen wir uns vielleicht setzen und uns in Ruhe alles noch mal durch den Kopf gehen lassen, oder bist du noch verabredet?«, fragte er Britta.

»Gute Idee, nein, du?«

Reiber gab dem Wirt ein Zeichen, das dieser verstand und sofort mit dem Zapfen von zwei neuen »Schultheiss« anfing, während Reiber und Britta zu einem Tisch am Ende des Gastraums gingen. *Spielplatzmörder: Felix (3) rutschte in den Tod*! – das war die Schlagzeile des »Kurier«. Der Zeitungsverkäufer, der gerade hereinkam, hielt die Zeitung hoch. Reiber, sonst kein »Kurier«-Leser, kaufte beide Zeitungen, die der Mann im Angebot hatte – außer dem »Kurier« noch die »Berliner Zeitung«. Auch dort war der Mord Aufmacher, allerdings nur im Lokalteil. Viel wussten die Reporter nicht. Jedenfalls nicht mehr, als Reiber offiziell auch sagen würde. Das war nicht immer so. Aber es war ja auch erst die Frühausgabe, die kurz, nachdem Reiber am Helmholtzplatz angekommen war, gedruckt worden war. Mal abwarten, was noch alles in der Hauptausgabe am nächsten Morgen stehen würde, dachte Reiber. Aber erst mal kam »Schultheiss«-Nachschub.

»Auf einen schnellen Erfolg«, sagte Britta.

»Auf keinen weiteren Kindermord«, sagte Reiber.

»Du bist ja heute wieder optimistisch!«

»Nur realistisch. Wenn es ein Profi war und er bewusst Felix auswählte, dann wird es keine weiteren Morde geben. Aber sag mir, warum sollte er das tun? Das ist mir ein Rätsel?«

»Mir auch.«

»Allerdings könnte es ja doch der Vater gewesen sein.«

»Glaubst du das im Ernst?«

»Eigentlich nicht«, meinte Reiber, »denn wenn er verzweifelt gewesen wäre und hätte Schluss machen wollen, hätte er es gemacht, wie die anderen überschuldeten verlassenen Väter auch, ein korrekter erweiterter Suizid, wie es sich gehört, erst Frau, dann Kind, dann sich selbst umbringen. Dass er nur sein Kind umbringt, das glaub ich nicht.«

»Hast recht.«

»Trotzdem, ich werde gleich veranlassen, dass die Fahndung zwei Kollegen vor die Tür von Kleinen stellt, die sollen den abgreifen, irgendwann wird er ja heimkommen. Außerdem lass ich 'ne Fahndung rausgeben nach ihm.«

»Ist das nicht ein bisschen überzogen?«

Reiber deutete auf die Zeitungen auf dem Tisch vor ihm: »Wir stehen bei diesem Fall dermaßen unter Druck, da müssen wir einfach was tun …«

GEFAHR VON LINKS

Auf Juliane war Verlass. Kurz vor halb sieben hopste sie auf Reibers Bett und stupste ihn mit ihrer platten Nase an – und zwar nicht zu sanft. Er hörte ihr leises Röcheln ganz nah bei sich. Zwei Minuten später begann der Radiowecker die Nachrichten des Deutschlandfunks zu verbreiten. Bundesweit war der Spielplatzmord kein Thema, Reiber wechselte am Radio im Bad den Sender. Bei den Berliner Stationen gab es nur das eine Thema: der Mord. Reiber hörte, wie sich der Polizeipressesprecher mühte, irgendetwas Sinnvolles zu sagen. Der wusste ja auch nur das, was ihm Reiber gestern Nacht noch als Kurzinfo gemailt hatte. Er hatte den Rasierschaum noch nicht abgewaschen, da klingelte schon sein Handy. Das war nicht gut. Bevor Reiber nicht mindestens einen Espresso getrunken hatte, war er kein empfehlenswerter Gesprächspartner. Geschweige denn nach sechs oder sieben »Schultheiss«, so viele waren es dann doch geworden, und Kümmel waren ja auch noch hinzu gekommen.

»Endlich. Sie zu kriegen, ist ja wie ein Fünfer im Lotto.« Wischnewski hatte sich gar nicht gemeldet. Aber Reiber wusste natürlich, wer am anderen Ende war.

»Guten Morgen, Herr Wischnewski.«

»Morgen.«

»Dass Sie gestern verschollen waren, erklären Sie mir mal bei Gelegenheit, aber nicht jetzt. Ich hab Neuigkeiten wegen Ihres Falles. Sind Sie schon im Kommissariat?«

Eine scheinheilige Frage, dachte Reiber, das wusste der Chef doch genau, er hatte doch sicher zuvor schon seine Dienstnummer gewählt.

»Noch nicht ganz.«

»Also noch im Bett. Na gut, wenn Sie dann da sind, kommen Sie sofort zu mir. Noch bevor Sie mit Ihren Leuten reden, ja?«

»Ja, ich beeil mich.«

Das tat Reiber dann wirklich. Obwohl er es bedauerte, denn wenn seine Gastronomie-Espressomaschine nicht mindestens eine halbe Stunde Zeit zum Vorheizen hatte – schließlich war sie vor 15 Jahren mal im italienischen Binasco für Cafés gebaut worden und nicht für Single-Haushalte – war der Espresso einfach nicht heiß genug, und dann klappte es auch mit der Crema nicht. Und was war schlimmer, als ein nicht perfekt zubereiteter Espresso? Reiber wusste es, als er die »Berliner Zeitung« aufschlug und das Foto der Rosaroten sah. Für die Hauptausgabe hatten die Redakteure dem Mordfall mehr Platz eingeräumt als in der Frühausgabe. Diese Silke Scheible-Meinhorst war nun sogar mit Bild abgedruckt. Sie will, las Reiber, eine Bürgerinitiative gründen, will für mehr Schutz auf den Spielplätzen sorgen, Streifengänge von Freiwilligen organisieren und Beratungsabende anbieten. Na prima, dachte Reiber, dann kann sie ihn ja einladen, und er referiert darüber, wie man das kindermordende Großkapital mit engagierten Nachtwächterinnen bekämpfen kann. Sicher wollte Wischnewski wegen dieser Wahnsinns-Idee einer Bürgerwehr mit ihm sprechen.

Reiber ging noch kurz mit Juliane um den Block. Dabei telefonierte er mit den Kollegen, die auf den gesuchten Vater warten sollten. Keinen war die ganze Nacht über nicht aufgetaucht. Reiber ordnete an, dass die Überwachung der Wohnung auch den Tag über weiterzuführen sei.

Richtig erfolgreiche Menschen, zumindest solche, die weiter oben stehen auf der Karriereleiter, haben stets aufgeräumte Büros. Das hatte Reiber schon mehrfach bemerkt. Und das dachte er mal wieder, als er Wischnewskis Büro betrat. Er würde das nie schaffen, irgendwelche Akten musste man doch auf dem Schreibtisch haben. Irgendeine Tasse stand doch immer irgendwo, und irgendeine andere hatte einen Rand auf dem Tisch hinterlassen. Aber nicht bei Wischnewski. Dieser musste zunächst noch ein Telefonat mit dem Polizeipräsidenten beenden. Reiber stellte mit Genugtuung fest, dass Wischnewski ihn trotz der gestrigen Verspätung im Gespräch mit dem Präsidenten lobte und sagte, einer seiner besten Kommissionsleiter kümmere sich um diesen Kindermord. Auch wenn er von sich selbst dachte, er sei nicht ehrgeizig, so etwas freute Reiber schon.

»Also, lieber Reiber, Sie sitzen nun richtig schön in der Scheiße.«

So ordentlich und korrekt auch Büro und äußere Erscheinung von Wischnewski waren, der stets dunkle Anzüge mit unifarbenen Hemden, gerne in Rot- oder Brauntönen, kombinierte und dazu eine ebenso unifarbene Krawatte trug, so volksnah war er doch in seiner Ausdrucksweise. Reiber überlegte, was er am besten als Erklärung für sein gestriges Zuspäterscheinen anbringen soll.

»Es tut mir leid …«

»Das braucht Ihnen nicht leid zu tun«, unterbrach ihn der polternde Wischnewski, »Sie müssen nur schauen, wie Sie da heil wieder rauskommen. Setzen Sie sich erst mal. Sonst haut es Sie noch um.«

Nun wusste Reiber gar nicht mehr, worum es ging. Er setzte sich auf den mit schwarzem Leder überzogenen Besuchersessel.

»Sie haben neue Informationen zum Fall Felix, sagten Sie«, begann Reiber nun, das Gespräch in eine andere Richtung zu lenken.

»Allerdings. Das ist ja die Granatenscheiße.«

»Wie?«, entfuhr es Reiber.

»Naja, wenn das stimmt, war es kein Mord von einem Irren, der halt mal passieren kann, keiner von einem durchgeknallten eifersüchtigen Vater – ach, weiß man übrigens schon was Neues von dem Vater?«

Reiber hatte auch Wischnewski noch am Abend zuvor per Mail über die Entwicklung unterrichtet.

»Nein, er kam nicht heim heute Nacht. Wir haben ihn noch nicht.«

»Egal, wie gesagt, wenn das stimmt, was der Staatsschutz vermutet, kann man den eh vergessen.«

»Staatsschutz?« Reiber verstand nicht so recht. »Also ich hatte keine Hinweise auf eine in irgendeiner Weise politisch motivierte Tat.«

»So! Naja, das konnten Sie wirklich nicht so schnell rauskriegen. Also ich sag's Ihnen. Die Mutter, Melanie Keinen, arbeitet bei so 'ner Immobilienbude. Und die will da zwischen Margarete-Sommer-Straße und Kniprodestraße, das ist auch in Prenzlauer Berg, am Volkspark Friedrichshain, da also will die Immobilienbude Luxuswohnungen bauen mit Pförtner, Autoaufzug, wie in Kreuzberg an der Reichenberger Straße, und all so 'nem Firlefanz.«

»Ja aber … Also die wollen da bauen, wo jetzt die Beachvolleyballplätze sind? Hinter der Tankstelle? Sind da nicht irgendwelche Rollheimer drauf?«

»Eben. Genau diese Knallköppe waren ja schon mal bis 2006 an der Margarete-Sommer-Straße, dann wurden sie verpflanzt. Und nun sind sie zurück – mit dem Ziel, dieses Bauvorhaben zu verhindern. Die sind vernetzt mit den linken Zecken, die früher die Liebigstraße 14 besetzt hatten, und den Mediaspree-Gegnern, die es ja noch gibt, und so. Ich blick da auch nicht ganz durch. Total verbohrte Radikalinskis eben. Aber der Staatsschutz sagt …«

»… aber was hat das alles mit unserem Fall zu tun, die bringen doch keine Kinder um?«, unterbrach Reiber.

»Naja, die haben schon mehrfach Autos von Investoren abgefackelt und neulich 'ner Maklerin hinterhergerufen, sie würden sie schon noch kriegen. Übel gedroht haben sie der Frau. Unsere Staatsschützer registrieren da eine exorbitante Steigerung der Gewaltbereitschaft. Vielleicht werden diese Typen ja die RAF der Zukunft. Und die Kleinen, die arbeitet doch bei dieser Bude.«

Reiber fragte sich, ob die rosarote Silke Scheible-Meinhorst irgendwie verwandt sein könnte mit den Staatsschützern.

»Aber – also das meinen Sie doch jetzt nicht ernst. Oder? Ich hab wirklich keine Sympathien für Hausbesetzer, Autoabfackler und so was. Gar keine. Das wissen Sie. Aber noch mal: Die bringen doch keine Kinder um! Und die Kleinen, die arbeitet stundenweise als Sekretärin oder so für diese Firma, die ist doch das kleinste Rädchen.«

»Ich weiß, Reiber. Ich weiß! Hab ich den Staatsschützern auch gesagt, aber die meinten, diese linken Spinner wollten Terror verbreiten, sodass schließlich keiner mehr für solche Buden arbeitet. Und die sollen auch eine Personalliste von den Immobilientypen in der Hand haben. Die kennen also wohl ihre Feinde. Also da müssen Sie ran, Reiber, da müssen Sie mal in diese Richtung ermitteln.«

»Das können ja unsere Freunde vom Staatsschutz machen, ich geb den Fall gerne ab.«

»Tja, Reiber, versteh ich ja. Aber Mord ist unser Geschäft – und in diesem Fall Ihres. Und unser Präsident höchstpersönlich will, dass Sie mal in dieser verkeimten Wagenburg rumschnüffeln. Dass ein Durchsuchungsbeschluss ausgestellt wird, habe ich bereits veranlasst. Sie wissen ja, wie das offiziell heißt – ›verstärkt in diese Richtung ermitteln‹ – und wenn der Präsident das sagt, denkt der Senator in dieselbe Richtung. Wahrscheinlich hat der mal wieder Schiss vor der Opposition. Wir dürfen eben auf dem linken Auge nicht blind sein. Also Reiber, begegnen Sie der Terrorgefahr von links!«

»Ich kümmere mich drum«, sagte Reiber tonlos. Dann schaute er Wischnewski einen Moment lang schweigend an und fügte hinzu: »Aber Herr Wischnewski, also mal ehrlich, ich denk doch, wir verstehen uns.«

»Schon, Reiber. Ich weiß, was Sie denken. Aber ohne Quatsch jetzt, Sie müssen da richtig ermitteln! Nicht nur wegen denen da oben. Wer weiß schon, ich will es ja auch nicht hoffen, aber vielleicht ist ja doch was dran.«

»Mach ich. – Aber noch was, haben Sie von der geplanten Bürgerwehr gelesen?«

»Ja, gerade eben. Das ist so ein Schwachsinn. Da werden wir 'ne Pressekonferenz machen und gegenhalten – aber hallo!

Das hatte Reiber gerade noch gefehlt. Die Staatsschützer! Das waren Kollegen, die je nach politischer Großwetterlage die Gefahr aus der einen oder anderen Ecke aufbauschten. Warum die sich nun auf die Rollheimer einschossen wusste Reiber nicht. Vielleicht, weil dem Innensenator so langsam bewusst wurde, dass dieser Senat zu wenig gegen linke Spinner unternahm und er deshalb eine Marschänderung befohlen hatte. Vielleicht aber war der Verdacht ja auch von der konservativen Staatsschutz-Abteilung bewusst lanciert worden, um den Senator der Lächerlichkeit preiszugeben, falls – was ja wahrscheinlich war – die Mord-Ermittlungen in dem Milieu absurde Züge annehmen sollten. Oder die Staatsschützer benutzten ihn, Reiber, um die Rollheimer zu verärgern, dann würden diese zurückschlagen gegen den von ihnen verhassten Bullenstaat, und Staatsschützer und Senator könnten beweisen, wie hart sie gegen Links vorgingen. Reiber merkte, als er über die denkbaren Handlungsmotivationen der Kollegen nachdachte und über die mögliche politische Instrumentalisierung seiner Mordkommission, dass ihn das alles in allem bei Weitem nicht so sehr aufregte, wie er vorher noch Wischnewski glauben gemacht hatte. Er war froh, dass er jetzt mit Juliane durch die Flure des LKA marschierte und nicht mit irgendeinem dieser jungen Kollegen, die meinten, solche Dinge ausdiskutieren zu müssen: Das musste man nicht. Reiber wusste das. Man musste es hinnehmen. Und man musste wissen, wie man sich dadurch nicht die Laune verderben ließ.

»Ich hätte heute Morgen auch lieber den geständigen Vater aus der Zelle geholt. Aber der ist weg. Und die Rollheimer sind noch da. Also werden wir denen einen Besuch abstatten. Wenn der Chef es so will.«

Mit diesen Worten schloss Reiber seinen kurzen Vortrag zu Beginn der Morgenbesprechung, in dem er die Ermittlungsergebnisse und das Gespräch mit Wischnewski für seine Mitarbeiter zusammengefasst hatte. Es war alles wie immer an einem Morgen nach einem Mord. Sie hatten sich mit Kaffeetassen in den Händen um Reibers Schreibtisch und Julianes Körbchen versammelt und wussten alle, dass es galt, jegliche Diskussionen zu vermeiden, wenn Reiber den Chef ins Spiel brachte. So aufmüpfig und dickköpfig Reiber sein konnte, das Diskutieren über Dinge, die sich nicht ändern ließen, war seine Sache nicht. Er sei ein Pragmatiker, kein Theoretiker, hatte mal ein Soziologieprofessor in München zu ihm gesagt – der meinte das damals allerdings nicht als Lob.

»Das mit den Rollheimern ist doch wirklich sehr unwahrscheinlich, Kurt, meinst du nicht? Wir sollten eher die Familie durchleuchten.« Dass Muschwitz widersprach, gehörte ebenso zum Ritual wie die Tatsache, dass ihm Reiber ungeduldig über den Mund fuhr.

»Klar, das machen wir auch. Sobald die Mutter vernehmungsfähig ist, fahr ich hin. Sonst gab's ja keine Familie außer dem Opa – oder, Dieter?«

»Korrekt. Noch mal kurz für alle: Die Eltern von Sven Keinen sind tot. Geschwister hat er keine. Auch Melanie Keinen ist Einzelkind. Ihre Mutter ist gestorben. Ihr Vater …«

»… ich weiß, lebt in Hohenschönhausen, und was ist mit dem?« Reiber war ungeduldig.

»Der wurde an seiner Meldeadresse noch nicht angetroffen.«

»Gut, dann kannst du, Dieter, zu dem Opa fahren. Ich nehm Britta mit zu der Rollheimeraktion. Die Zurückgebliebenen«, Reiber nutzte gerne diesen Ausdruck, auch wenn keiner mehr drüber lachte, »kümmern sich derweil mal um die Waffe. Und um einschlägig bekannte Kinderhasser – außer denen hier im Haus.«

»Um die Waffe hab ich mich gestern noch gekümmert«, sagte Gerd, »ist wirklich ein Dragunow-Scharfschützengewehr. Nach dem Ende des Balkankriegs kamen einige davon wohl auf den Schwarzmarkt.«

»Aha«, Reiber war zufrieden, »dann geh der Spur mal weiter nach. Und noch was, Gerd, kann ich Juliane bei dir lassen? Ich will nicht, dass sie aus den Kötern der Rollheimer Hackfleisch macht.«

Reiber war früher bei den Jungsozialisten aktiv gewesen. Es gab auch mal eine Zeit, als er dachte, es wäre sinnvoll, sämtliches Wohneigentum zu verstaatlichen. So gut es ging, hatte er das verdrängt, war ja auch lange her. Aber als er nun den Spruch »Miethaie zu Fischstäbchen« auf dem alten Mercedes-Kastenwagen 406 D gesprüht sah, erinnerte er sich kurz an diesen Teil seiner Vergangenheit. Neben dem Mercedes parkten zwei alte Ifa-Laster des Typs W 50 aus dem einstigen VEB in Ludwigsfelde. Und ein paar Bauwagen, die so alt waren, dass sie wohl schon beim Arbeiteraufstand 1953 an der Stalinallee als Brotzeiträume gedient hatten.

»Wie heißt der Chef hier noch mal?«, wollte Britta wissen, die Reiber von der Margarete-Sommer-Straße hinterher geeilt kam, wo sie noch ihre Sonnenbrille aus dem Dienst-Passat geholt hatte.

»Darryl Würthe«, sagte Reiber, »der Staatsschutz stuft ihn als führenden Kopf mit hoher Gewaltbereitschaft ein.«

Das Hundekläffen, das ihnen zwischen dem provisorisch zusammengenagelten Bretterzaun entgegenschlug, war alles andere als einladend.

»Reiber, Mordkommission, nehmen Sie die Hunde zurück und öffnen Sie das Tor.«

Britta wunderte sich immer wieder, in welchem scharfen Befehlston der ehemalige Zivildienstleistende Kurt Reiber Menschen anfahren konnte. Wirkung allerdings zeigte sein Ruf nicht. Die Hunde kläfften weiter. Das Tor blieb zu.

»Ich fordere Sie nochmals auf, kommen Sie heraus, nehmen Sie die Hunde an die Leine. Wir wollen nur mit Ihnen reden.«

Reiber duckte sich schnell genug, Britta sah die anfliegende Gefahr zu spät und wurde von einer Alditüte voller Kartoffelschalen und stinkenden Dönerüberbleibseln getroffen. Sie wischte sich, so gut es ging, die Reste von ihrer Jeansjacke.

»Haut ab! Ihr Bullenschweine!«, schrie eine Männerstimme. Zu sehen war niemand. »Wir räumen den Platz nicht. Wenn ihr das vorhabt, gibt es Krieg.«

»Nu mal langsam. Wir sind hier, weil wir Zeugen suchen …«, weiter kam Reiber nicht. Nun flog eine leere Flasche Sternburg in seine Richtung.

»Verpisst euch!«, schrie eine Frau. Zu sehen war auch sie nicht.

Britta, die sich gerade ein kleines Zipfelchen Rotkohl des Dönerrests aus ihrem Dekolleté angelte, sah Reiber fragend an. »Das wird wohl nix.«

»Nee, so jedenfalls nicht«, erwiderte Reiber, während er neben Britta langsam zurück Richtung Auto ging. Aus dem Mercedes-Kastenwagen hörten sie Gelächter. Reiber war genervt, sagte mehr zu sich als zu Britta: »Also gut, wenn sie es so wollen, dann gibt es eben die große Parade.«

Britta verstand. »Bis es so weit ist, hol ich uns mal da vorne an der Tankstelle 'nen Kaffee.« Sie machte sich auf den Weg zur Danziger Straße.

Reiber setzte sich ins Auto. Nachdem er alles telefonisch geregelt hatte, schob er die eine CD von »Element of Crime« ins Autoradio und schloss die Augen.

Exakt zwei Kaffees, zwei lilafarbene Balisto-Riegel und eine Tafel Ritter Sport mit ganzen Nüssen später, war es soweit. Die Mannschaftswagen der zwei Einsatzhundertschaften versperrten die Margarete-Sommer-Straße. Neben dem Passat, aus dem Reiber und Britta schnell noch ihre schusssicheren Westen holten, hatten die drei VW-Busse mit den verdunkelten Scheiben des Mobilen Einsatzkommandos geparkt. Reiber erklärte den uniformierten Kollegen, dass es darum ging, die Rollheimersiedlung zu durchsuchen – nach dem Gewehr, nach Patronen, nach Hinweisen auf Felix oder Melanie oder Sven Keinen. Es sei keine Räumung, erklärte er mit Nachdruck. Darryl Würthe sei vorläufig festzunehmen. Wenn er schon mit so jemandem reden musste, dann lieber in dem klinisch sauberen Vernehmungszimmer an der Keithstraße und nicht in so einem verranzten Wagen.

Reiber folgte mit Britta der dicht geschlossenen Kette aus behelmten und durch allerhand Plastik in den Overalls geschützten Polizisten. Für Reiber war es wie früher auf dem Schulhof, als er seinen älteren Bruder rufen konnte, wenn er mal wieder wegen seiner fußballerischen Untauglichkeit gehänselt worden war. Sein Bruder hatte das dann geregelt. So war es nun auch hier. Nach einem eher lautstarken als gewalttätigen Protest und einem Schuss, den Reiber wirklich bedauerte, weil er es nicht einsah, dass Hunde nur deshalb einen Märtyrertod zu erleiden hatten, weil sie in die falschen Herrchen-Hände geraten waren und dann im falschen Moment den falschen Eindringling anfielen, kehrte auf dem Platz Ruhe ein. Fünf Festnahmen wegen Widerstands, meldete der MEK-Chef. Der gewünschte Würthe säße auch im Gefangenentransporter.

Auf dem nun zugänglichen Rollheimerplatz verluden Kriminaltechniker Laptops und Laserfarbdrucker in Kisten. Hinter dem Mercedes-Kastenwagen hing ein auf Posterformat vergrößertes Foto von einem Sommerfest der Immobilienfirma, die auf dem Grundstück die Häuser bauen wollte. Reiber erkannte sofort Felix darauf. Er wippte auf dem Schoß seiner Mutter, die auf einer Bierbank saß und mit einem Glas in die Kamera prostete.

»Britta!«, rief Reiber lauter, als er eigentlich wollte.

»Was gibt's?«

»Das gibt's doch gar nicht, das kann doch nicht sein!«

Britta kam herbeigeeilt und blieb dann auch wie angewurzelt vor dem Foto stehen. Exakt in dem Kopf des Jungen steckte ein Dartpfeil.

»Von dem hätt ich gerne die Fingerabdrücke. Überhaupt vom gesamten Foto«, sagte Reiber zu einer Kollegin von der Spurensicherung. Während er das sagte und das Foto genauer anschaute, stellte er fest, dass es viele Einstichstellen gab, dass das Foto wohl oft als Zielscheibe benutzt worden war. Aber der Dartpfeil alleine begründete noch keinen Mordverdacht. Zumal keiner der Beamten ein Scharfschützengewehr oder die zughörige Munition gefunden hatte. Außer drei aufgebohrten Gaspistolen wurden noch sechs Messer und fünf Wurfsterne beschlagnahmt.

LIEBENDE FRAUEN

Reiber schaute in den Spiegel der Fahrstuhlkabine. Er konnte nicht erkennen, ob er besonders blass aussah. Dabei hatte genau das Gabi früher immer behauptet, wenn er sie im Dienst besucht hatte. Daran sähe man, dass er sich in Krankenhäusern unwohl fühle, hatte sie gesagt. Kurt Reiber mochte die Ansammlung kranker, leidender Patienten und übellauniger Schwestern tatsächlich nicht. Es war nicht die Nähe des Todes, die ihn ängstigte, sondern eher die Traurigkeit der Angehörigen, die Hilflosigkeit der Menschen, die an solchen Orten trotz aller Apparate unübersehbar war. Noch zwei Stockwerke, dann würde er da sein und sich zusammenreißen müssen. Er sah erneut in den Spiegel. Müde sah er aus. Aber blass? Fünf Jahre war das nun her, dass sich Gabi von ihm getrennt hatte. Zwei Kinder hatte sie zwischenzeitlich bekommen. Noch immer arbeitete sie als Kinderkrankenschwester. Noch immer war sie mit diesem Physiker zusammen, den sie damals, nach dem Scheitern ihrer Beziehung, im Internet kennengelernt hatte. Anderer Leute Leben konnten so glatt verlaufen, so harmonisch wie in einer Landarztserie, dachte Reiber. Warum seines nicht?

Am Ende des Flurs neben dem Schwesternzimmer, dessen verglaster Vorbau in den Gang hineinragte wie ein Befehlsstand, saß ein uniformierter Kollege auf einem Stuhl, die Thermosflasche neben sich auf dem Boden. Als dieser ihn kommen sah und merkte, wie zielstrebig Reiber auf die letzte Tür des Flurs zusteuerte, hinter der Melanie Keinen sein musste, erhob sich der stattliche Mittfünfziger und legte, wie von Ausbildern empfohlen, die rechte Hand auf das Pistolenholster. Verständlich, nicht jeder der 16.000 Uniformierten konnte Reiber kennen.

»Hallo, Kollege«, Reiber sagte das, als er noch nicht einmal auf Armlänge vor dem Schutzpolizisten stand, und suchte seinen Ausweis. Nach dem Einsatz bei den Rollheimern hatte er ihn geschwind irgendwo hingesteckt.

»Reiber, dritte Mordkommission.«

»Alles klar.«

»Wollte vor mir noch jemand zu ihr?«

»Nur die Üblichen. Reporter mit Blumenstrauß, Fernsehteams mit Praktikantinnen der Marke ›naiv und hübsch kommt weiter‹ und so seriös tuende Schreiberlinge mit Leidensmiene. Aber ich kenn die ja alle, diese Tricks. So was läuft bei mir nicht.«

»Sehr gut«, Reiber war beeindruckt. Da sollte noch einer sagen, Schutzpolizisten seinen tumb. Was, zugegeben, er ja auch oft dachte.

»Ach und dann war noch eine da, so ’ne überdrehte Tusse, die meinte, sie sei Kaiser von China und Regierender Bürgermeister in einem – so wichtig tat sie jedenfalls. Hat mir immerhin Dinkelkekse da gelassen, daran hab ich immer noch zu kauen.«

Reiber unterbrach ihn: »Frau Scheible-Meinhorst?«

»Kann sein, ja, ja …«

»Und?«

»Was und? Die kam an mir auch nicht vorbei. Klare Sache.«

»Danke, das machen Sie prima hier.«

Reiber nickte dem Kollegen zu, ging weiter, wollte schon die Türklinke drücken, besann sich dann aber seiner Manieren und klopfte an. Melanie Keinen saß auf einem dieser robusten Stühle aus verleimtem Schichtholz mit abwischbarer Resopalsitzfläche und schaute aus dem Fenster. Sie drehte sich nicht um. Reiber überlegte kurz, ob sie überhaupt bemerkt hatte, dass er zur Tür hereingekommen war. Er räusperte sich, keine Reaktion. Er war nicht geschaffen für solche Situationen.

»Frau Keinen«, fing Reiber an. In seiner Stimme schwang Unsicherheit mit. »Ich bin Kurt Reiber. Ich leite die Ermittlungen. Ich weiß, wie furchtbar alles ist für Sie. Zumindest kann ich es mir vorstellen. Ich möchte Ihnen mein Beileid aussprechen …«

Hätte nicht eine Schwester, die danach sogleich wieder verschwand, kurz die Tür aufgemacht und damit Reiber unterbrochen, er hätte wohl minutenlang weitergeredet gegen die Stille im Raum, gegen die Leere in seinem Kopf und gegen die Abgewandtheit von Melanie Keinen. Immerhin, auf die Schwester hatte Melanie Keinen reagiert, hatte sich umgedreht. Nun schaute sie Reiber an. Ausdruckslos.

»Also, äh, Frau Keinen, ich möchte gerne mit Ihnen sprechen …«

»Wo ist Felix?« Die Frage klang vorwurfsvoll.

»Frau Keinen … also …«, Reiber suchte nach Worten, »die Ärzte haben nichts mehr für ihn tun können. Es ist furchtbar.«

»Ich weiß. Aber wo ist er? Ich will ihn sehen.«

»Frau Keinen, ich werde mich drum kümmern, versprochen …«

»Jetzt!« Melanie Keinen wurde lauter.

»Das ist schwierig, er wird noch untersucht, also seine Leiche …«

Bei dem Wort Leiche begann Melanie Keinen zu schluchzen. Reiber hielt inne. Er setzte sich neben sie auf die Bettkante. Neben ihrem Stuhl auf einem kleinen Tisch lagen drei Packungen Papiertaschentücher, Melanie Keinen hatte sich eins gegriffen und drückte ihr Gesicht in das weiße Papier. Reiber stellte, obwohl es nicht die Situation war, Frauen zu mustern, fest, dass diese Scheible-Meinhorst recht gehabt hatte: Melanie Keinen war hübsch. Er stand auf, ging ans Fenster. Als er nun von oben sah, wie sich Melanie Keinen in ihrer Trauer auf dem Stuhl kauerte, schien sie ihm noch zierlicher, noch zerbrechlicher, als er gedacht hatte. Dann, mit einem Ruck, richtete sie sich auf, wischte sich die Tränen ab, knüllte das Papiertaschentuch zusammen und schaute zu Reiber empor. Nun bemerkte er ihre großen schwarzen Augen. Ihr Gesicht erinnerte ihn an die Mädchen, wie sie in japanischen Comics gezeichnet werden. Er konnte verstehen, dass dieser Polizist, den Britta kannte und dessen Namen ihm nicht einfiel, mit ihr was angefangen hatte.

»Gut«, sagte Melanie Keinen, und ihre Stimme war nun fester, als Reiber gedacht hatte. »Sie müssen Felix noch untersuchen. Aber danach … versprechen Sie mir, dass ich ihn danach sehen kann …«

»Ja, das verspreche ich. Und Frau Keinen, haben Sie irgendeine Vermutung, wer das getan haben könnte?«

»Ich weiß es nicht, ein Irrer, ein Wahnsinniger, ein …«, sie griff nun wieder nach den Taschentüchern, schnäuzte sich, »irgendein Kranker …«

»Ich meine, womöglich war es ja jemand, der bewusst Felix …«

»Nein!« Melanie Keinen hatte mit ihrem laut geschrienen »Nein« Reiber richtiggehend einen Schrecken eingejagt. Mit einem Ruck war sie aufgestanden.

»Nein, niemand hätte Felix etwas zuleide tun wollen«, fuhr sie fort, »niemand!«

»Vielleicht wollte der Täter ja Sie treffen?«

»Mich? Nein. Ich habe keine Feinde.«

»Keine?«

»Nein, warum fragen Sie so?« Melanie Keinen überspielte ihre Trauer mit Härte.

»Ihr Ex-Mann hat Sie bedroht, hat Sie geschlagen.«

»Woher wissen Sie das? Das geht Sie nichts an!«

»Er hatte einen ganz schönen Hass auf Sie«, fuhr Reiber unbeirrt fort.

»Aber Sven hat Felix geliebt. Und wie! Ja gut, er war jähzornig. Aber Felix … Wenn er mich umgebracht hätte, aber Felix? Nein, niemals!«

»Sie arbeiten für die Firma ›Prenzel Urban Living‹. Da gibt es doch Probleme mit einigen Linken, mit diesen Rollheimern, die gegen das neue Projekt ihrer Firma an der Margarete-Sommer-Straße protestieren.«

»Und?«

»Die haben schon Autos angezündet.«

»Sie meinen, die könnten Felix …? Da hab ich noch gar nicht dran gedacht.«

»Halten Sie das für möglich?«

»Eigentlich nicht«, Melanie Keinen wurde nachdenklich. »Aber bei verbohrten Menschen weiß man ja nie. Aber woher sollten die wissen, dass Felix zu mir gehört? Außerdem, ich bin Assistentin bei der Firma. Teilzeit. Ich hab da gar nichts zu sagen.«

»Hm, wann haben Sie Ihren Ex-Mann zuletzt gesehen?«

»Vor zwei Wochen, am Wochenende, als er Felix abholte und brachte.«

»Ist Ihnen da was aufgefallen? War er verbissen oder besonders freundlich?«

Melanie Keinen hatte sich längst gefasst und beantwortete Reibers Fragen fast geschäftsmäßig.

»Sie geben wohl nicht so schnell auf, was? Nein, Sven war das nicht, glauben Sie mir. Zugegeben, ich habe ihn gehasst. Und wie. Aber das war mal. Das ist vorbei. Wir haben uns arrangiert. Nein. Er war an dem Wochenende wie immer. Lassen Sie ihn in Ruhe.«

»Wissen Sie, wo er jetzt ist?«

»Nein, zu Hause, denke ich. Warum fragen Sie? Suchen Sie ihn?«

Reiber antwortete nicht, er nahm eine Visitenkarte aus seiner Geldbörse, schrieb seine Handy-Nummer darauf und legte sie neben die Papiertaschentuchpackungen.

»Wenn Sie mir noch etwas sagen wollen oder wenn Sie Hilfe brauchen, rufen Sie mich an. Jederzeit.«

»Und was ist mit Sven?«

»Ich weiß es nicht. Sie haben recht, meine Kollegen suchen ihn.«

Reiber war am Fenster stehen geblieben. Sie hatte sich inzwischen wieder hingesetzt. Nun stand sie erneut auf und kam ihm so nah, dass er den Drang verspürte zurückzuweichen. Beim Einatmen stellte er fest, dass sie sich nicht geduscht hatte am Morgen, sie roch nach Bett, nach Schweiß. Aber nicht unangenehm. Er befürchtete, sie würde ihn gleich umarmen. Tatsächlich streckte sie ihre Hände nach ihm aus. Aber sie hielt ihn dann nur an beiden Oberarmen fest, sah ihm lange in die Augen und sagte eindringlich:

»Sie haben mir versprochen, ich darf Felix sehen. Das haben Sie gesagt. Und Sie halten Ihr Wort, ja? Sie melden sich, ja?«

Reiber nickte und wand sich seitwärts aus ihrem Griff. Er wunderte sich, normalerweise verlangten Angehörige inständig von ihm, dass er den Mörder fassen solle, Frau Keinen aber wollte nur ihren toten Sohn sehen.

»Das werde ich tun. Versprochen. Und ich werde den Mörder finden.«

»Das ist gut. Ich will ihn sehen. Und den Mörder, ach ja, was hilft das schon, Felix ist tot. Das wird sowieso ein Kranker sein.«

Melanie Keinen ging, während sie das sagte, zurück zu ihrem Stuhl. Reiber registrierte jetzt wieder ihre Trauer, ihre Niedergeschlagenheit, aber er vermochte kein Fünkchen Hass, kein Rachegefühl bei ihr zu entdecken. Wäre es nicht der eigene Sohn gewesen, der zu Tode kam, und wäre sie nicht während der Tat nachweislich auf einer Bank gesessen, dieser fehlende Wunsch nach Genugtuung hätte sie schon verdächtig gemacht.

Als Reiber vor der Klinik auf sein – wie immer auf Vibrationsalarm geschaltetes – Handy schaute, sah er, dass er drei Anrufe verpasst hatte: von Muschwitz, Anna und Mehmet. Er hörte die Mailbox nicht ab. Das Gespräch mit Melanie Keinen ging ihm noch nach. Sie schien keinen Groll zu hegen gegen ihren Ex, keinen Hass auf den Täter zu haben. Oder vielleicht war das nur Fassade. Wie auch immer, fest stand, dass ihn das Gespräch kein Stück weiter gebracht hatte.

Auf dem Weg zum Kommissariat rief er Muschwitz zurück, der ihm mitteilte, dass der Durchsuchungsbeschluss für die Wohnung von Sven Keinen vorliege. Reiber entschied, dass Muschwitz alles vorbereiten, aber noch warten sollte. Er wollte vorher noch Mittagspause machen und mit Würthe reden. Mehmet, der türkische Wirt seines Vertrauens, wie ihn Reiber gerne nannte, fragte Reiber, als dieser ihn zurückrief, ob er mal wieder Zeit für ein Bier hätte. Reiber fragte nicht warum, er wusste, es konnte sich nur um Ärger mit dem Finanzamt, mit der Ex-Freundin, mit den Bedienungen, mit der Brauerei, mit dem Vermieter oder mit allen auf einmal handeln. Er sagte zu, wenn möglich käme er noch am Abend vorbei. Das war leichtsinnig – angesichts des ungeklärten Mordfalls und der ungeklärten Beziehungsfrage mit Anna. Aber manchmal neigte er zu so einer Art von Eskapismus. Das Wort war eines der wenigen, die er sich von seinem Soziologiestudium gemerkt hatte. Er mochte diesen Ausdruck fürs Drücken vor unangenehmen

Aufgaben. Gerne hätte er sich jetzt auch davor gedrückt, Anna zurückzurufen.

»Hi, Anna, hab gerade gesehen, du hast versucht, mich zu erreichen.«

»Wo bist du denn? Man hört und sieht ja nix von dir …«

»Der Fall, weißt ja, hast ja sicher gelesen …«

»Ich wollt uns heute Abend was Leckeres kochen …«

»Hm, ja, aber …« Reiber wusste, was das hieß – sich Vorwürfe anhören, die sie ihm zu Recht machte, und schließlich eine weinende Frau im Arm zu haben. Darauf hatte er keine Lust. Nicht heute. Vielleicht sogar nie wieder mit Anna, dachte er gerade.

»… heute Abend ist schlecht. Der Fall, du weißt …«

»Na gut, aber wir könnten zu Mittag essen. Jetzt. Ich bin in der Kanzlei. Ich kann in zehn Minuten am Savignyplatz bei unserem Italiener sein.«

Reiber, der während der Fahrt telefonierte und abgelenkt war, brauchte einen Moment, um zu verstehen. Er, der sonst so Schlagfertige, war einen Moment sprachlos.

»Kurt, bist du noch da?«

Eigentlich hatte er in der Mittagspause nicht mit Anna gerechnet. Und eigentlich war ihm dieser Italiener zu schnöselig. Für ihn war es nicht »unser« Italiener. Aber Anna war seine Freundin. Noch.

»Okay. Ich kann in 20 Minuten da sein«, hörte er sich sagen.

Reiber ließ sich kurz von Britta auf den aktuellen Ermittlungsstand bringen. Viel Neues gab es nicht. Dieter war noch nicht von seiner Fahrt zu Felix' Opa zurückgekehrt. Die »Zurückgebliebenen«; wie nun auch Britta sagte, um Reiber zu ärgern, suchten noch nach Kinderschändern im Bezirk, und das vorläufige Obduktionsergebnis beinhaltete auch keine Überraschung. Das Projektil hatte Felix direkt ins Herz getroffen. Reiber bat Britta, für 14.30 Uhr alles für die Vernehmung von Würthe vorzubereiten. Britta sagte ihm noch, dass sie erfahren hätte, dass sich am Abend eine Bürgerinitiative zum Schutz der Kinder gründen wollte. Wischnewski hätte gesagt, da solle jemand von ihnen als Beobachter hin – jemand, der nicht bekannt sei.

Er parkte im Halteverbot auf der Kantstraße und legte die Polizeikelle aufs Armaturenbrett des Dienstwagens. Darüber freute er sich jedes Mal wie ein kleines Kind – parken dürfen, wo andere abgeschleppt werden. Kaum hatte er Juliane angeleint, hörte er Annas Stimme. Als er sie vor einem Jahr zum ersten Mal gesehen hatte, war es trubelig gewesen in der Gerichtskantine in Moabit. Er hatte ihre Augen gesehen, strahlend blau, und ihren Hintern, knackig, fest und rund wie ein Granny Smith. Beides hatte ihn aufmerksam werden lassen. Als dann an ihrem Tisch noch ein Platz frei geworden war, hatte er sich dazu gesetzt, und es hatte eben angefangen, wie es halt so anfängt. Es war Reibers dritte Affäre mit einer Anwältin. Dass diese so lange dauern würde, hätte er nicht gedacht. Vielleicht hätte er das Ganze nicht begonnen, wenn er Anna gleich so kennengelernt hätte, wie sie sich nun auf der Kantstraße gab. Laut und mit überschwänglicher, von jeglichem Weltschmerz unbeeindruckter Fröhlichkeit begrüßte sie ihn. In irgendeinem Kaff an der Westküste der USA wäre sie eine gute Cheerleaderin geworden, dieser Gedanke schoss Kurt Reiber nicht zum ersten Mal durch den Kopf. Aber als er sie dann zur Begrüßung an sich drückte, sie spürte, ihren warmen, weichen gut duftenden Körper, da dachte er, dass es vielleicht doch blöd war, so uncharmant den Abend zu blockieren. Schließlich gab es einen Ort auf der Welt, wo er mit Anna nie Probleme hatte – das war das Bett.

»Du siehst wirklich nicht gut aus«, sagte Anna, nachdem sie sich aus seiner Umarmung gelöst hatte. »Hast dir jetzt 'ne Pause verdient. Ich auch. Weißt du, der Prozess heute Morgen wegen der Leiche, die in dem Keller in Wedding einbetoniert worden war, der scheint sich gut zu entwickeln für uns. Nichts Belastendes bisher für unseren Mandanten. Wenn das so weitergeht, kann es sein, dass der nur wegen der Drogengeschäfte verurteilt wird, und gar nicht wegen des Mordes. Das wär doch super.«

Das war Anna. Sie redete und redete. Sie fragte ihn erst gar nicht nach seinem Fall. Sie hatte ihn an die Hand genommen, an der anderen hatte er Julianes Leine, und irgendwie war es ihm auch ganz recht, jetzt nichts sagen zu müssen.

»Tut mir leid wegen heut Abend«, sagte Reiber schließlich, als sie bei dem Italiener im Freien saßen. »Aber Dienst ist Dienst …«

»Schatz, natürlich. Weißt du, ich denk ja immer noch, wenn wir eine gemeinsame Wohnung hätten, wäre vieles einfacher.«

Jetzt auch noch *das* Thema. Reiber war froh, dass der Kellner kam und Anna unterbrach. Er bestellte ein Weißbier, beziehungsweise, wie er sich in Berlin angewöhnt hatte zu sagen: ein Hefeweizen. Das gab es fast überall auch alkoholfrei und so konnte er – falls ihn ein Kollege sehen würde – immer argumentieren, dass er im Dienst nur Alkoholfreies trinke. Schließlich nahmen viele Wirte für alkoholfreies Weizen die normalen Gläser ohne Aufdruck »alkoholfrei«.

»Du weißt, ich find das nicht gut, dass du im Dienst trinkst.« Das ließ sich Anna nun, nachdem sie einen Rucolasalat mit Entenbrust und er eine Pizza mit Parmaschinken bestellt hatte, nicht nehmen. »Und das mit der gemeinsamen Wohnung, Kurt, das sollten wir uns wirklich überlegen. Vor allem *du* solltest dir das überlegen.«

»Ja«, sagte Reiber knapp. Ehe er fortfahren konnte, redete sie schon wieder weiter.

»Wir werden ja beide nicht jünger. Und immer nur das Leben eines Junggesellen führen mit Halligalli und Bierabenden, Kurt, das kannst du auch nicht auf Dauer.«

»Nein.«

»Deshalb sollten wir – also das ist hier jetzt nicht der richtige Rahmen, aber wir sollten einfach noch einmal darüber reden. Lass es dir durch den Kopf gehen. So gut, wie wir uns verstehen …«, sie legte ihre Hände auf seine, »ich lieb dich doch.«

Er drehte seine Hände unter ihren um, sodass er ihre umgreifen konnte. Er lächelte nicht. Er schaute ernst. Eine verflixte Situation. Noch vor seiner Fahrt in die Pfalz hätte Reiber gesagt »ich liebe dich auch« und hätte das Gespräch auf Belangloses gelenkt. Aber das wollte er nicht mehr. Er hatte sich das bei einem Spaziergang zum Hambacher Schloss überlegt. Er wollte sich nun nicht mehr verbiegen, wollte kein Waschlappen mehr sein, was er sonst ja auch nicht war. So ganz klappte es nicht. Aber immerhin, für Reiber war das, was er nun sagte, ein erster Schritt. »Ich weiß. Aber so einfach ist das alles nicht für mich. Ich fühl mich noch nicht so weit. Und ehrlich gesagt, ich weiß nicht, was ich will.«

Das saß. Anna schluckte. Sie schien zu verstehen, was er meinte.

»Kurt. Du bist über 40. Du bist Leiter einer Mordkommission. Du solltest langsam wissen, was du willst.«

Nun hatte sie ihn. Nun war er am Zug. Sie hatte recht. Und er musste aufhören, sich zu drücken. Eskapismus empfand er ja als gute Sache. Aber nicht bei Beziehungen. Zumindest nicht bei längeren. Eine Zeit lang mochte eine Versorgungsgemeinschaft, in der keiner allein sein musste und jeder eine ausreichende Portion guten Sex bekam, ja funktionieren.

Aber nicht auf Dauer. Anna war eine sehr attraktive, nicht allzu schlanke, aber wohlgeformte Frau, die ausgesprochen lustig und unterhaltsam sein konnte. Das Problem war, er war nicht richtig verschossen in sie, er liebte sie nicht über alles. Und das, glaubte er jedenfalls, musste man, wenn man mit einer Frau zusammenziehen wollte – vor allem, wenn es der zweite Versuch war. Er nahm einen großen Schluck Weißbier, das inzwischen gekommen war, ohne mit Anna anzustoßen.

»Du hast recht«, sagte Reiber schließlich.

»Und, was folgt daraus?«

»Ich weiß nicht.« Kaum hatte er das gesagt, ärgerte er sich auch schon über dieses ausweichend Unbestimmte, das war blöd gewesen.

»Na super. Du gibst mir Recht, dass du nun endlich wissen solltest, was du willst. Und dann sagst du wieder nur: ich weiß nicht!«

»Aber Anna, hier …«

Weiter kam Reiber nicht. Er hatte ihr sagen wollen, dass es nicht der richtige Ort war für ein Gespräch, das eine Beziehung beendete. Anna hatte das auch so verstanden. Sie fuhr ihm über den Mund.

»Erzähl mir nichts. Du weißt genau, worum es geht. Und du drückst dich, sagst wieder, es sei nicht der richtige Ort, die richtige Zeit und und und. Das kenn ich! Sag mir einfach Bescheid, wenn du mal weißt, was du willst, aber lass mich mit diesen saudummen Ausreden in Ruhe.«

Laut war Anna nicht geworden. Aber kalt. Das traf Reiber. Damit konnte er nicht umgehen. Diese Kälte in der Stimme der sonst so sinnlichen Frau. Und dann die Wut – er spürte sie hinter jedem einzelnen von Annas Worten. Sie war aufgestanden, ohne für Aufsehen in dem Lokal zu sorgen, und sie war schon am Ausgang des Lokals angekommen. Reiber hatte gar nicht erst versucht, etwas zu erwidern. Er trank schneller, bestellte ein zweites Hefeweizen und aß die Pizza zu Ende. Und was ihn selbst erstaunte, er fühlte sich zufrieden, so alleine, wie er da saß. Alles in ihm schien zur Ruhe zu kommen. Die Entscheidung, was Anna anging, war getroffen.

VERHÖR MIT VERACHTUNG

»Hat es geschmeckt?«, fragte Britta, als Reiber Viertel nach zwei ins Büro kam.

»Ja warum?«

»Man sieht es. Spaghetti mit Tomatensoße oder Pizza? Jedenfalls ist der Fleck rot, und Blut wird es ja nicht sein. Oder hast du dich deiner Freundin auf so brutale Weise entledigt?«

Reiber bereute, Britta kürzlich mal beim dritten oder vierten Bier von seiner nicht gerade idealen Beziehung berichtet zu haben.

»Was du wieder alles denkst – nein, es war Pizza. Was gibt es Neues?«

»Dieter hat sich gemeldet, er ist auf dem Rückweg. Aber zu holen ist bei Gernot Kühle nicht viel.«

»Bei wem?«, fragte Reiber.

»Kühle, dem Vater von Melanie Keinen. Felix war sein ein und alles. Das einzige Enkelkind. Er hatte seit der Wende nicht mehr viel Freude im Leben. War bei der Stasi gewesen und ist wohl nie so recht im neuen Staat angekommen, sagt Dieter.«

»Ich war vorhin bei seiner Tochter in der Klinik. Schlimm. Als Mutter ein Kind auf diese Weise zu verlieren … Was aber auffiel, war, dass sie keinen Hass auf den Täter zeigt, keine Vergeltung verlangt, nichts dergleichen, das ist komisch.«

»So weit ist es schon mit den Gutmenschen in Prenzlauer Berg. Das hätte es früher nicht gegeben.«

»Ihr hattet ja auch noch die Todesstrafe.«

»Blödmann, die spielte ab den 70ern, zumindest für unsere Kunden, keine Rolle mehr.«

»Trotzdem …« Reiber stichelte weiter.

»Was trotzdem? Hat danach jedenfalls nur noch abtrünnige MfS-Leute getroffen. Den letzten wohl 1981.«

»Was du alles weißt! Danke für die Nachhilfe.«

»Gerne. Und wenn du es genau wissen willst, offiziell abgeschafft wurde die Todesstrafe in der DDR 1987.«

»Im Ernst? Das wusste ich nicht. Und der Opa von Felix war also bei der Stasi?«

»Ja, hab ich doch gerade gesagt, warum wundert dich das?

»Ach nur, weil diese Scheible-Meinhorst, diese Durchgeknallte, so allerhand abstruse Theorien aufgestellt hatte. Eine davon war, dass sich alte Stasi-Seilschaften an den neuen Prenzlauer Berg Bewohnern rächen und deren Kinder umbringen könnten.«

»Abgefahren. Und die gründet heute Abend die Bürgerinitiative. Wer geht von uns da eigentlich hin?«, wollte Britta wissen.

»Uns kennt sie ja … hm …«

»Gerd war meist im Sprinter, mit der Waffe beschäftigt, der hat keine Zeugen befragt.«

»Okay, ich frag ihn mal, vielleicht macht er es ja für ein paar Bier.«

»Eher für 'nen Pfefferminztee oder so ein isotonisches Sportgetränk.«

»Hast recht«, Reiber lachte. »Aber jetzt will ich erst mal mit dem Würthe reden.«

Wenn Juliane einen anderen Hund nicht mochte – und sie mochte außer anderen Möpsen, französischen Bulldoggen und Boxern viele Vierbeiner nicht – dann bellte sie diesen einfach an. Und wie! Manchmal gelang es ihr, selbst doppelt so große Hunde zu verjagen. Wenn Juliane einen Hund nicht mochte, dann ließ sie sich weder einschüchtern von Größe noch von Kraft. Sie kannte dann kein Halten, sie ging auf ihren Gegner los, koste es was es wolle.

Reiber fühlte sich jetzt wie Juliane in solchen Situationen. Auch er hatte nun einen verachtenswerten Gegner im Visier. Er jedoch war kein Mops, er konnte seine Zähne nicht einfach in die Jeans des Gegners rammen, die derart verwaschen und an manchen Stellen sogar schon zerschlissen waren, dass selbst Mopszähne keine Schwierigkeiten gehabt hätten. Aber wenn er ein Mops gewesen wäre, dann wäre er vielleicht nicht nur auf die Jeans losgegangen, sondern wäre über den Stuhl auf die Tischplatte des Vernehmungszimmers gehüpft und wäre Würthe in die doofe Grinse-Visage gesprungen und hätte versucht, den Piercing-Ring überm rechten Auge zu schnappen und rauszureißen. Solche Verletzungen sollen ja gewaltig bluten. Danach hätte er sich in den Rastahaaren verbissen und hätte daran gerissen …

Reiber hatte Zeit für solche Fantasien. Denn reden wollte Würthe nicht. Jedenfalls nicht mit ihm. Seit Minuten saßen sie sich gegenüber. Schweigend. Reiber in seinen schwarzen Jeans und dem korrekt gebügelten leicht in sich gemusterten grauen Hemd, das ihm noch seine Ex-Frau geschenkt hatte, und Würthe in diesen löchrigen hellblauen Jeans und einem gebatikten Halbarm-Hemd, dessen Farben so strahlend waren wie Reibers meist ungewaschenes Auto nach einer winterlichen Autobahnfahrt durch Schneematsch. Schon bei der Gesprächseröffnung hatte Reiber sein Gegenüber spüren lassen, was er von ihm hielt – nämlich nichts. Klug war das nicht. Aber so diplomatisch und clever Reiber auch sein konnte, bei manchen Menschen, in manchen Situationen, da klappte das nicht, da war er wie ein Mops – aufrichtig seine Abneigung nach außen tragend ohne Rücksicht auf Verluste. Politisch extreme Fanatiker, egal von welcher Sorte, lösten bei Reiber regelmäßig diesen jegliche Diplomatie unterdrückenden und die Konfrontation steigernden Impuls aus.

Schließlich war es Reiber, der ein weiteres Mal das Wort ergriff. »Sie müssen nicht mit mir reden. Bislang war es ja auch nur eine Befragung. Bislang wollte ich nur was wissen über Ihren Kampf gegen diese Häuslebauer auf den Beachvolleyballfeldern. Aber dazu sagen Sie ja nichts.«

Reiber legte eine Pause ein. Würthe schüttelte nicht einmal den Kopf. Er schaute in dem gut zwölf Quadratmeter großen Vernehmungszimmer über die aus den 80er-Jahren stammende Büroeinrichtung hinweg auf die weiße Strukturtapete. Den Platz mit Blick ins Freie hatte sich Reiber gesichert.

»Gut, dazu sagen Sie also nichts. Dann warten wir die weiteren Ermittlungen ab. Dass wir das Foto beschlagnahmt haben, auf dem ein Dartpfeil in dem Kopf des ermordeten Jungen steckt, das wissen Sie ja. Dass wir die Fingerabdrücke vergleichen werden, können selbst Sie sich denken. Wenn es da eine Übereinstimmung gibt, werde ich einen Haftbefehl gegen Sie beantragen. Nicht wegen Hausfriedensbruchs oder so 'nem Kleinkram. Nein, nein. Wegen Mordes!«

Nun zeigte Würthe immerhin eine Regung. Aber keine, wie sie sich Reiber erwünscht hatte. Würthe lachte. Verächtlich.

»Gut, nun zu einem anderen Thema. Das hätte ich eigentlich unter den Tisch kehren können. Und auch wollen. Jetzt aber mache ich das nicht mehr. Wenn Sie nichts sagen, rede ich eben mehr. Und dann sag ich Ihnen, dass wir Schusswaffen bei Ihnen sichergestellt haben, aufgebohrte Gaspistolen und Messer, die unters Waffengesetz fallen. Ich vernehme Sie nun«, Reiber schaute auf die Uhr, »ab 15.04 Uhr als Beschuldigten. Sie haben das Recht zu schweigen, was Sie ja eh tun, und Sie können nun einen Anwalt anrufen. Wollen Sie das?«

Würthe blieb ungerührt sitzen. Er sagte keinen Pieps.

»Gut. Gehören die Waffen Ihnen?«

Wieder nichts.

»Herr Würthe, Ihre Fingerabdrücke haben wir ja bereits abgenommen. Sie finden sich vielleicht auf den Waffen wieder. Das ist nur eine Frage von Stunden. Dann werde ich – unabhängig von der Untersuchung des Fotos – auf jeden Fall einen Haftbefehl gegen Sie beantragen wegen illegalen Waffenbesitzes. Sie haben keinen festen Wohnsitz. Bei Ihnen besteht Flucht- und Verdunklungsgefahr. Ich krieg Sie in den Bau.«

»Wichser!« Würthe katapultierte das Wort aus seinem Mund, als würde er ausspucken. Seine Augen fixierten Reiber. Der blieb gelassen.

»Wir kriegen dich«, schob Würthe nach.

»Gut, dann hätten wir auch das. Wie ich Ihnen eingangs sagte, werden die Befragung und die Vernehmung aufgezeichnet. Das dürfte genug Beweis für die Straftat der Beamtenbeleidigung und auch der Bedrohung sein. Üblicherweise ist mir solches Geschwätz von Verdächtigen Ihres Kalibers egal. Aber bei Ihnen, Herr Würthe, da mach ich gerne mal eine Ausnahme und schreib noch 'ne Anzeige.«

Reiber kochte innerlich vor Wut, aber nur, wer seine in solchen Fällen besonders leise Stimme und seinen Blick zu deuten wusste, bekam das auch mit. Würthe, das wusste Reiber, würde davon nichts merken. Er würde denken, Reiber sei ganz ruhig, und das machte ihn sicher noch rasender. Das wiederum freute Reiber.

»Das war's, Herr Würthe. Wir sehen uns vor dem Haftrichter wieder.« Reiber drückte auf den Knopf, damit die Beamten Würthe in die Zelle bringen konnten.

In seinem Büro tippte Reiber schnell eine Mail, in der er den bisherigen Stand der Ermittlungen zusammenfasste – für

Wischnewski, für seine Freunde vom Staatsschutz und für den Leiter der Pressestelle. Trotz seiner Abneigung gegen Würthe glaubte er nicht daran, dass dieser der Mörder war. Doch während er noch darüber nachdachte und Juliane auf seinem Schoß streichelte, kam schon die Antwort von einem, der das anders sah – von Wischnewski:

»Gratuliere, Herr Reiber, das Foto, der Dartpfeil, das ist doch was. Halten Sie den Würthe fest, Sie haben meine vollste Unterstützung. Weiter so!«

Wäre es ein Fernsehkrimi gewesen, hätten sie Sven Keinen mit einer Überdosis Schlaftabletten im Blut im Bad gefunden oder zumindest Blut von ihm auf dem frischen Satin-Bettzeug neben Damenunterwäsche. Oder Fotos des dreijährigen Felix in pornografischen Posen oder einige Beutelchen Kokain, oder auf seinen Kontoauszügen wären dubiose Geldeingänge in horrender Höhe verzeichnet gewesen. Aber nichts dergleichen.

Keinen war ein Durchschnittstyp – angefangen vom Allerwelts-Wohnungstürzylinderschloss, das dem Akkubohrer des Handwerkers keinen wirklichen Widerstand entgegensetzte, über die Billy-Regale mit Gabriel Marcia Marquez-, Tommy Jaud- und Mario Barth-Büchern, bis hin zum Pax-Schrank im Schlafzimmer, in dem sich auch nichts Verbotenes fand. Allenfalls hätte man die Farbkombination mancher karierter Hemden und die Schnitte von Bundfaltenhosen als verboten bezeichnen können. Gut, es fanden sich auch kopierte Porno-DVDs im Schreibtisch, aber Reiber wäre der Mann noch suspekter gewesen, hätten sie nicht einmal so etwas gefunden.

»Kurt, schau mal, das könnte ein ermittlungsrelevanter Fund sein.« Dieter rief nach Reiber, der noch im Nachttischchen kramte und nicht mal Kondome fand.

Dieter hatte einen Aktenordner auf dem Couchtisch ausgebreitet.

»Sein Arbeitgeber, diese Agentur, hatte finanzielle Probleme. Keinen hat alle Mails des Betriebsrats ausgedruckt und aufgehoben. Offenbar hatte die Agentur viel für die alte Regierung gearbeitet. Nach dem Wechsel wurden 25 Stellen abgebaut. Nun sollte es wieder zu einer Anpassung des Personaltableaus an die Auftragslage kommen.«

»Und?«, Reibers Bedarf an Sozialromantik war durch das Anschweigen mit Würthe heute schon gedeckt.

»Ärger am Arbeitsplatz und die Angst vor dem Jobverlust kann bei labilen Menschen zu unvorhergesehenen Handlungen führen. Erinnere dich doch nur an den Typen mit dem Passat, der im Münsterland vor ein paar Jahren diesen kleinen Jungen umbrachte, angeblich nur, weil er den Stress bei der Arbeit nicht aushielt und sich abreagieren musste.«

»Nun hör aber auf. Erstens war das Motiv damals nur vorgeschoben. Und das hier, das ist ja wohl was anderes. Felix war sein eigener Sohn. Du meinst doch nicht im Ernst, er bringt das Kind um, das ihm bei der Sozialauswahl noch Punkte bringt? Oder glaubst du, er wollte Alimente sparen?«

»Mein Gott, Kurt, nur weil du nie deine Stellung verlierst, nicht einmal wegen deines fehlgeleiteten Humors, heißt das nicht, dass andere Männer nicht anders, empfindlicher reagieren, bei denen kann ein drohender Arbeitsplatzverlust was weiß ich was auslösen.«

»Dieter, nimm einfach den Ordner mal mit«, sagte Reiber, »und den Laptop auch, mal schauen, was er auf der Platte hat.«

»Bislang hab ich nichts Aufregendes gefunden«, sagte Britta, die vor dem Computer saß.

Auf einem Sideboard, hinter einer Billig-Stereoanlage von Tchibo, entdeckte Reiber ein gerahmtes Foto, das Sven, Melanie und Felix lachend auf einer Bank im Spreewald zeigte. Der Größe von Felix nach zu urteilen, war es schon vor Längerem aufgenommen worden. So sehr, dachte Reiber, konnte der Mann Frau und Kind nicht gehasst haben, wenn er ein solches Foto nur zur Seite geschoben und nicht zerrissen oder in den Keller gepackt hatte.

Reiber steckte in 1,70 Meter Höhe seinen Kopf durch die Tür von Gerds Büro, die er einen Spaltweit geöffnet hatte. Juliane schaute 1,50 Meter tiefer hinein.

»Dürfen wir kurz reinkommen?«

»Klar, gern, hab gerade noch mal 'nen Tee aufgesetzt.« Aber als Gerd die abwehrende Handbewegung des Espressotrinkers Reiber sah, wusste er, dass er genug für sich haben würde. Gerd war nicht alleine im Zimmer. Bei ihm saß Nadja, die junge Kollegin von der siebten Mordkommission. Offenbar hatte sie keinen Dienst, sie trug hauteng anliegende schmerzbunte Laufkleidung und hatte rote Backen. Reiber überlegte, ob diese vom Joggen herrührten.

»Stör ich?«, fragte Reiber.

»Aber nein, Nadja hat frei und kam gerade vorbei.«

»Kannst du mir helfen?« Reiber hätte Gerd auch einfach eine Anweisung geben können. Aber Reiber machte so etwas nur, wenn es gar nicht anders ging. Zudem mochte er Gerd und hatte auch Respekt vor ihm, dem altgedienten Kommissar, der, obwohl schon Mitte 50, die Führungsrolle des jüngeren Reiber nie infrage gestellt hatte.

»Gern, willst du mal wieder zu spät oder betrunken zu einem Tatort kommen – oder beides? Sag einfach Bescheid.«

Reiber ärgerte es ein bisschen, dass Gerd in Anwesenheit Nadjas so sprach, er ließ es sich aber nicht anmerken.

»So oft war das ja nun auch wieder nicht.«

»Ich hab Buch geführt.«

»Ach herrje, und nun erpresst du mich, was? Verlangst, dass ich mit dir Marathon laufe?«

Reiber tat es gut, mit Gerd locker reden zu können. Dieser nahm nichts so ernst, dass es ihm die Laune verderben konnte. Außer vielleicht einen Biss von einer seiner Vogelspinnen oder einen Umbauvorschlag seiner Frau. Beides schmerzte – die Bisse der Spinnen, die er züchtete, waren nur so ärgerlich wie ein Wespenstich, aber die Umgestaltungsvorschläge seiner Frau, die konnten ihm mehrere Monate Probleme bereiten. Gerd hatte sich vor acht Jahren in einem Dachgeschoss an der Stargarder Straße eingerichtet – für immer, wie er dachte. Aber damals hatte er nicht realisiert, was es bedeutete, mit einer Innenarchitektin zusammenzuziehen.

»Gern, übers gemeinsame Marathontraining können wir reden. Aber deshalb kommst du ja nicht.«

»Hast recht. Ich suche jemanden, der inkognito zu der Gründung der Bürgerinitiative am Helmholtzplatz gehen kann heute Abend. Die meisten von uns sind ja verbrannt, also bekannt. Und du hattest auf dem Helmholtzplatz keinen Zeugenkontakt.«

»Schön formuliert. Heute?«

»Ja!«

»Gut, dass ich frei hab und heute Abend auf meine Kleine aufpassen muss«, meinte Nadja, obwohl Reiber gar nicht in Betracht gezogen hatte, sie zu fragen.

»Naja, Elena hat sowieso ihre Yogagruppe. Aber ich wollt eigentlich mal wieder 'ne größere Runde laufen«, sagte nun Gerd.

»Gerd, zu viel Sport ist Mord – und ich zahl dir 'nen Wein hinterher, versprochen.«

»Okay. Muss ja wohl sein.«

HILFREICHE SCHEUREBE

Dass es im Fall Felix nicht voran ging, machte jedem in Reibers Kommission zu schaffen. Meist gab es am Tag nach einem Mord zumindest eine heiße Spur oder wenigstens ein plausibel erscheinendes Motiv. Dann waren alle euphorisiert und arbeiteten wie unter Kokain weiter. Dieser Fall war anders – wegen des ungewöhnlichen Tathergangs, wie Reiber in seinem Bericht geschrieben hatte, wegen des Opfers im Kindesalter und weil die Mordkommission keinen blassen Schimmer davon hatte, wer es getan haben könnte. Wenn man ehrlich war, war nicht einmal ein Motiv in Sicht. Freilich konzentrierte sich die Ermittlungsarbeit auf Darryl Würthe und Sven Keinen. Aber so richtig wollte Reiber nicht daran glauben, dass es einer von beiden war. Umso überraschter war er in der Abendbesprechung, als Dieter das Wort ergriff.

»Vorausschicken möchte ich, dass ich keineswegs mit der Täterschaft des Vaters rechnete.« Dieter war am einfachsten dadurch zu charakterisieren, dass man ihn einen *Polizeibeamten* nannte. Alle Klischees, die guten wie die schlechten, trafen auf ihn zu. Alles passte bei dem Mittvierziger – die Multifunktionsjacke, der Opel Insignia, der Oberlippenbart. Und sprechen gelernt hatte er auch nicht zu Hause, im Kiez oder in der Kita, dachte Reiber oft, sondern auf der Polizeischule. Deshalb redete er nun auch in diesem Nominalstil von Täterschaft. Aber alle – auch Reiber – hörten gespannt zu. Juliane war sogar aufgestanden und hatte ihren Ringelschwanz entrollt, sodass er aussah wie ein Wurm. Das machte ein Mops nur, wenn er nachdachte.

»Dies nun also vorausgeschickt, kann ich mitteilen, dass wir auf dem Laptop des Verdächtigen Keinen Schriftstücke fanden, die eine Täterschaft zumindest in den Bereich des Möglichen rücken.«

»Was stand da drin?«, unterbrach Reiber ungeduldig.

»In den offenbar als Brief oder E-Mails versandten Texten teilte Sven Keinen seiner von ihm geschiedenen Frau mit, dass er sie zurück wolle. Sollte sie dieser Bitte nicht entsprechen, werde er ihr alles Übel der Welt an den Hals wünschen. Und mehr noch, er werde selbst dafür sorgen, dass sie nie wieder einen schönen Tag in ihrem Leben haben werde.«

»Naja, das Übliche, was verlassene Männer eben so schreiben«, meinte Britta.

»Hast wohl Erfahrungen damit«, warf Gerd ein.

»Also wenn ich fortfahren darf«, fuhr der humorreduzierte Dieter fort, »einer dieser Texte verdient unsere besondere Beachtung. Darin formuliert er, dass der kleine Felix, also das gemeinsame Kind, das Einzige sei, was beide glücklich mache. Sollte die Ex-Frau es aber nicht in Erwägung ziehen, zu ihm zurückzukehren, so würde sie auch an Felix keine Freude mehr haben, so würde er bereit sein, zu opfern …«

»Wie? Er hat geschrieben, er würde Felix opfern?« Reiber, der gerade noch mit seiner Müdigkeit gekämpft hatte, war schlagartig hellwach.

»So direkt kann man das – zumindest gerichtsverwertbar – in die Zeilen nicht hineininterpretieren. Was er schrieb ist, dass er das gute Verhältnis zu Felix, die Freude die Eltern an ihrem Kind haben, opfern würde.«

»Hm, was man halt so schreibt in seiner Verzweiflung.« Man sah förmlich, wie sich Reiber wieder entspannte. Der Schwanz von Juliane kringelte sich nun auch wieder.

»Von Bedeutung könnte allerdings sein«, Dieter ließ sich in seinem Vortrag nicht bremsen, »dass der Verdächtige, wie wir nun herausfanden, im Internet mehrfach auf Seiten von Waffenliebhabern verkehrte und sich offenbar auch für Gewehre interessierte.«

»Super Dieter, danke!« Reiber glaubte zwar noch immer nicht, dass Keinen der Mörder war. Er wollte sich auch gar nicht ausmalen, welche Seiten man auf seinem Laptop finden könnte, aber er wollte die Ermittlungen nun auch nicht bremsen. Vielleicht war ja doch was dran.

»Die Fahndung nach Sven Keinen läuft. Bitte Jürgen, sorge dafür, dass sie auch mit dem nötigen Nachdruck verfolgt wird.«

Muschwitz nickte.

Mehmet kam wie immer später als verabredet und wie immer über die Arbeit, die Kellnerinnen im Besonderen und die Frauen im Allgemeinen klagend zu Reiber an den Tisch.

»Schön, dass es dir so gut geht«, sagte Reiber, der es sich angewöhnt hatte, dieses Klagen einfach zu ignorieren.

»Und dir? Hab gelesen, dass es ein totes Kind gibt.«

»Reden wir nicht davon.«

»Gut, dann lass uns essen, ich hab Spargel. Deutschen. Willst du?«

»Sehr gern – und dann nehm ich nach dem Bier ein Glas von der Pfälzer Scheurebe.«

Reiber mochte es, in dieser Friedrichshainer Kneipe zu sitzen, die von seiner Wohnung keine fünf Minuten zu Fuß entfernt war. Den Wirt Mehmet, der Wert darauf legte, dass er keine Kneipe, sondern ein Restaurant besaß, hatte Reiber kennengelernt als er nach Berlin kam. Mehmet jobbte damals in dem Dönerladen im Erdgeschoss des Hauses in das Reiber zog. Dort, an der Mainzer Straße in Friedrichshain, hatten Reiber und Mehmet dann so manche Abende beim Dosenbier ausklingen lassen. Inzwischen schnippelte Mehmet kein Pressfleisch mehr vom Spieß, sondern bemühte sich,

sich mit seinem Restaurant von dem Ausgeheinheitsbrei an der Simon-Dach-Straße abzuheben, anspruchsvolleres Essen und bessere Weine zu bieten. Reiber, der zwischenzeitlich zu einem Freund Mehmets avanciert war, kam das sehr entgegen. Er genoss es, mit Mehmet über ganz andere Dinge reden zu können als mit seinen Kollegen und mit Anna – Probleme, die ein Wirt, ein Einwanderer, hatte und die Reiber fremd waren. Außerdem fand er es spannend, Einblicke aus erster Hand in die türkische Community zu erhalten. Und Mehmet war dankbar für einen Freund, der wusste, wie deutsche Behörden tickten, und ihm Tipps geben konnte.

»Mehmet, wenn du jemanden umbringen wolltest und eine Waffe bräuchtest, wo würdest du hingehen?« Reiber wusste, dass er mit Mehmet so offen reden konnte.

»Zu meinem Bruder.«

»Nein, ich meine nicht, wenn du ein Dönermesser bräuchtest, sondern ein Gewehr, ein Scharfschützengewehr.«

»Zu meinem Onkel nach Erzincan.«

»Warum dahin?«

»Der ist Jäger.«

»Und hier, in Berlin?«

»Meinst du das ernst oder dienstlich?«

»Beides.«

»Aber, du hältst mich da raus, ja?«

»Klar, Ehrenwort. Also, ich interessiere mich nicht für irgendeine läppische Polenpistole, sondern für ein Gewehr, ein Scharfschützengewehr.«

»Hm, weiß echt nicht, hab so etwas nie gebraucht. Aber wenn ich mal die Ohren offen halten soll … Ist es wichtig? Geht es um das Kind?«

»Ja, da wär ich dir sehr dankbar.«

Als Reiber gerade mal wieder feststellte, dass Mehmet ein Händchen dafür hatte, hübsche Bedienungen zu finden, die aber hoffentlich bei ihrem Theaterwissenschaften- oder Sozialpädagogik-Studium erfolgreicher waren als beim Tellerbalancieren, das heute immerhin nur mit herabfallendem Besteck endete, vibrierte Reibers Handy. Er schnitt das Ende einer Spargelstange ab, um zu probieren, ob sie holzig war, dann nahm er ab. Mehmet verließ diskret den Tisch.

»Hab gerade den Bericht von der KTU bekommen, Kurt«, begann Britta ohne Einleitung. »Die Fingerabdrücke von Würthe stimmen mit denen auf dem Dartpfeil und auch mit denen auf dem Foto überein.«

»Bingo«, hörte sich Reiber Dieter parodieren, was Britta aber überging.

»Und was noch doller ist, der Schmitz vom Staatsschutz war gerade da.«

»Aha, bei dir, der Paul«, unterbrach Reiber sie.

»Ja, der wollte zu dir, aber du warst nicht mehr da. Wo bist du eigentlich?«

»Bin unterwegs, treff mich nachher mit Gerd wegen der Bürgerinitiative.«

»Also jedenfalls erzählte der Schmitz, dass deren V-Mann bezeugen könne, dass Würthe mehrfach gesagt habe, diese ganzen Immobilienfuzzis müsse man umlegen, kaltmachen, plattmachen und so.«

»Hm, na dann werden wir uns gleich morgen früh diesen Würthe nochmals vorknöpfen und einen Haftbefehl beantragen.«

»Das macht schon Wischnewski.«

»Wie? Was?«

»Na, das mit dem Haftbefehl. Schmitz hat auch ihn informiert, und weil du ja nicht mehr da warst, hat Wischnewski gesagt, er nimmt das in die Hand.«

»Gut«, sagte Reiber und dachte: Scheiße. Nun war es auch noch aktenkundig, dass er als Kommissionschef bei einem

Fall dieser Qualität das Feierabendbier der Arbeit vorzog. Na klasse, da konnte er sich ja morgen auf was gefasst machen. Sein Spargel wurde auch langsam kalt.

Reiber bestellte eine weitere Scheurebe.

»Lass uns mal an meinen Lieblingstisch setzen«, schlug Mehmet vor, als er zurückkam zu Reiber, der wie immer am Personaltisch mit Blick in die Küche saß. »Wir gehen heute mal nach hinten«, Mehmet zeigte auf einen Zweiertisch, der sonst oft von Liebespaaren okkupiert war, und von wo junge Nachtschichtkellnerinnen schon einige Male hochrot zurückkamen, das hatte zumindest mal der Tresenmann Reiber berichtet.

»Du hast was herausgefunden. So schnell?«, fragte Reiber. Er wusste, dass Mehmet sich auskannte, nicht nur in der Gastroszene.

»Naja, nicht viel. Aber immerhin. Also wenn, dann haben vielleicht Albaner so was im Angebot. Die haben keine tolle Ware, keine Heckler und Koch. Aber immerhin Gewehre. Mehr weiß ich auch nicht.«

»Und, wo kriegt man die?«

»Wenn ich das wüsste. Hab nur gehört, dass es sich lohnt, sich in einem Café mal umzuhören. An der Hermannstraße. Soll heißen wie 'ne albanische Stadt.«

»Kennst du das?«

»Ich? Nee. Du weißt doch, wir Türken nutzen Messer, keine Gewehre«, Mehmet lachte laut. Reiber mochte seinen Humor.

»Danke Mehmet, hast mir sehr geholfen.«

»Gern geschehen. Darauf trinken wir nen Raki, oder?«

»Klar.«

Nach dem zweiten Raki, den Reiber mit Mehmet kippte, vibrierte sein Handy erneut. Es war Gerd. Ein genervter Gerd.

»So viel Wein kann ich heute Abend gar nicht mehr trinken, wie du mir nun schuldest, Kurt, die sind ja alle total neben der Kappe hier.«

»Die wohnen in deiner Nachbarschaft, Gerd.«

»Stimmt. Deshalb … also bevor ich wegzieh', brauch ich jetzt wirklich 'nen Wein, wo treffen wir uns, Kurt?«

Dass Gerd nach Friedrichshain kommen würde, konnte Reiber nicht verlangen.

»Wo bist du denn, Gerd, am Helmholtzplatz, oder?«

»Ja, aber ich gehe gern auch ein Stück zu Fuß, muss hier erst mal weg.«

»Dann vielleicht der ›Mauerwinzer‹ an der Wolliner Straße. Dort kriegen wir wenigstens guten Wein.«

Zur Freude von Mehmet – und vor allem, um die Bedienung zu beeindrucken – düste Reiber mit Blaulicht und Martinshorn davon. Im »Mauerwinzer« bekamen sie noch den begehrten Zweiertisch am Fenster, den Reiber mochte. Manchmal kam er alleine hierher und schaute dann stolz zu, wie erfolgreich die jungen weinkundigen Angestellten die Flaschen seines Bruders verkauften. Den hatten die »Mauerwinzer« ins Sortiment aufgenommen, nachdem er ihnen mal ein paar Probierflaschen aus der Pfalz mitgebracht hatte. Nun aber bestellte Reiber eine Flasche Spätburgunder vom Weingut Stodden von der Ahr und schenkte auch Gerd ein, der zusätzlich noch einen Flammkuchen orderte.

»Am Anfang hab ich ja wirklich die Kamera gesucht, Kurt.«, fing Gerd an zu berichten.

»Aber Presse war ausdrücklich nicht eingeladen.«

Gerd verschluckte sich fast vor Lachen.

»Nein, nein – ich meine, ich suchte die versteckte Kamera. Denn dass die das ernst meinten, das Geschwätz, das konnte ich erst gar nicht glauben.«

Reiber ärgerte sich, dass er den Witz nicht verstanden hatte.

»Also deine Freundin, diese Scheible-Meinhorst, wurde zur Vorsitzenden der Bürgerinitiative gewählt. Die heißt übrigens: ›Schützt unsere Kinder‹. Eigentlich sollte man Kinder ja vor solchen Eltern schützen.«

»Gerd!« Reiber wollte, dass Gerd zum Wesentlichen kam.

»Du willst wissen, ob es mehr gab als übliche Polizei-Beschimpfung? Das gab es wohl. Es gab eine Polizei-Beschimpfung der Extraklasse. Mehr als damals in Spandau, als dieser entlassene Kinderschänder rückfällig geworden war und unsere Jungs vom LKA 141 wahrlich kein Ruhmesblatt abgegeben hatten. Die haben uns ernsthaft vorgeworfen, die Sicherung von Spielplätzen total vernachlässigt zu haben. So als ob es dort täglich Todesopfer zu beklagen gäbe. Und dann waren die – wie sie es nennen – *total entsetzt, wahnsinnig enttäuscht und sehr traurig* darüber und so weiter, dass die Polizei auch jetzt keine Beamten zum Schutz der Spielplätze abstellt. Die spinnen total, wir sichern ja auch nicht jede Dönerbude, wenn mal in einer jemand erstochen wird.«

»Naja«, meinte Reiber, »das ist ja ein bisschen was anderes. Ich hab auch schon dran gedacht, da jemanden zu positionieren.«

»Willst du mit den Müttern auf der Bank am Sandkasten sitzen und mit dem Feldstecher nach Scharfschützen auf Dächern Ausschau halten? Das ist doch Mumpitz. Wer sagt denn, dass das wieder passiert?« Gerd redete sich richtig in Rage.

»Und deshalb wollen sie nun selbst Patrouillen aufstellen?«, fragte Reiber.

»Genau, die Idee kam von einem ganz besonders scharfen Hund, der aber, wenn überhaupt, höchstens Enkel in dem

Alter hat, ich hab mir den Namen aufgeschrieben, der läuft uns sicher noch mal über den Weg.« Gerd holte sein Notizbuch aus der Jackentasche und schlug es auf. »Thaler, Karl Thaler. Der war viel eloquenter als die Scheible-Dingsda und argumentierte pointierter, aber er wurde nur zum Stellvertreter gewählt. Wahrscheinlich gibt's bei denen in den Köpfen schon 'ne angeborene Frauenquote. Wie auch immer, Thaler wird sich um die freiwilligen Streifen kümmern. Er wohnt direkt am Helmholtzplatz.«

»Dann müssen wir dessen Wohnung ja auch durchsucht haben«, meinte Reiber.

»Naja, geschossen wird der nicht haben, zumindest nicht mit dem Kaliber, der schießt mit Worten, verurteilte gleich die Bundesrepublik Deutschland, wie er unser Land immer nannte, als einen Staat, der seine Kinder nicht schützen könne, weder vor Sexualstraftätern noch vor Mördern. Er sagte, das sei ein Staat, der zu lasche Gesetze habe und wenn es drauf ankäme, Datenschutz und Bürgerrechten Vorrang vor Sicherheit gebe. Der redete wie ein echter Ossi, sang dann aber ein Hohelied auf die freiheitliche Demokratie, so richtig schlau wurde ich aus dem nicht.«

»Und wie geht es jetzt weiter?«

»Die treffen sich nun jeden Montag, wollen Spenden sammeln und einen Verein gründen. Das Schärfste ist: Ob sie überhaupt mit der Polizei zusammenarbeiten wollen, darüber wollen sie erst noch beraten. Die sind so was von verpeilt, sag ich dir.«

»Trotzdem ist das, wie Wischnewski sagen würde, 'ne Granatenscheiße für uns. Was glaubst du, wie die Zeitungen jetzt trommeln. Junge hübsche Mütter des Bildungsbürgertums, die im kaufkräftigen Prenzlauer Berg ihre eigenen verhätschelten Kinder schützen müssen, eine bessere Geschichte kann man gar nicht erfinden. Und die Dummen sind mal wieder wir. Bis unsere präsidentenhörige Pressestelle aus den Puschen kommt und dagegenhält, haben die schon 'ne Partei gegründet und sitzen in der Bezirksverordnetenversammlung. Danke jedenfalls, dass du da warst, Gerd. Bin dir echt was schuldig.«

»Also vielleicht noch 'nen Wein? Kurt, schau nicht so, der Marathon ist noch weit, und Elena musst du es ja nicht sagen. Und, bei dir? Wie war dein Abend noch?«

Reiber bestellte zunächst noch eine Flasche, wählte diesmal etwas Besonderes, einen Syrah, angebaut von Kollegen seines Bruders, vom Weingut Schreieck in Maikammer und erzählte Gerd von Mehmets Hinweis auf das albanische Café an der Hermannstraße.

»Das ist ja interessant. Vor einem Jahr gab es doch einen Mord im Albanermilieu. Den hat die Siebte bearbeitet, da ging es am Rande auch um Waffen, erinnerst du dich?«

»Ja, dunkel.«

»Naja, war 'ne Eifersuchtsnummer, aber damals haben die Kollegen rausgefunden, dass die Ware aus dem ehemaligen Jugoslawien gern an Extremisten verkauft wird.«

»Ach nee, ich dachte, Naturkostläden kaufen so was, um glückliche Schweine zu erschießen«, sagte Reiber, der sich nicht anmerken ließ, dass er sehr wohl von Gerds Gedächtnis beeindruckt war.

»Blödmann.«

»War ja nicht so gemeint. Aber du hast doch was mit der von der Siebten, dieser Nadja.«

»Jetzt hör aber auf, wir trainieren ab und zu gemeinsam für den Marathon, das ist alles.«

»Was auch immer ihr trainiert, jedenfalls kannst du sie doch beim gemeinsamen Duschen danach mal fragen, was da so rauskam bei der Albaner-Ermittlung, und ob sie noch Anknüpfungspunkte hat, dann brauch ich nicht diesen Gobert ansprechen, ihren Chef, der ist ja nicht so mein Freund.«

»Sehr lustig. Das mit dem Duschen hab ich überhört. Aber ich frag gern. Nun aber«, der junge Kellner hatte die zweite Flasche gebracht, »trinken wir erst mal, würde ich sagen!«

VERLASSENER BIEDERMANN

Wenn das nun so war, wie es aussah, könnte Wischnewski schon am Nachmittag in die Fernsehkameras lächeln und den Journalisten in die Blöcke diktieren, dass der Fall gelöst sei. Als Reiber ins Dienstgebäude kam, sah er Sven Keinen auf einem der Besucherstühle sitzen. Er sah genauso aus, wie er ihn sich der Wohnungseinrichtung und dem Kleiderschrankinhalt nach vorgestellt hatte. Was aber der eigentliche Grund für Reibers Zuversicht war: Neben ihm saß ein Anwalt. Kein guter, das sah Reiber an Krawatte, Anzug und 80er-Jahre Aktenkoffer, auch kein bekannter, denn die wirklich erfolgreichen Berliner Strafverteidiger kannte er alle. Aber das war umso besser. Keinen stellte sich mit Anwalt bei der Polizei. Brav. Und die Tatwaffe hatte er hoffentlich im Auto. Reiber beschleunigte seinen Schritt, Juliane eilte hinterher.

»Guten Morgen, mein Name ist Reiber. Hauptkommissar Reiber. Sie sind Herr Keinen und ich denke, Sie wollen zu mir.«

Anstelle von Keinen antwortete der Anwalt.

»Herr Keinen ist mein Mandant. Ich darf mich vorstellen, meine Name ist Detlef Schlüter.«

»Zunächst, Herr Keinen, möchte ich Ihnen mein Beileid aussprechen«, sagte Reiber und bemühte sich dabei, ruhig zu klingen, obwohl er gespannt war wie ein Flitzebogen, wie es sein Vater formuliert hätte.

Keinen nickte, sagte aber nichts.

»Schön, dann gehen wir doch in mein Büro. Möchten Sie einen Kaffee?«

»Gerne«, sagte der Anwalt.

Sven Keinen hatte den Mund bislang noch nicht geöffnet. Ein gutes Zeichen, dachte Reiber. Sein Anwalt wird gleich eine Erklärung aus der Tasche ziehen, in der er alles gesteht. Dann könnte er sich noch am Nachmittag neue Jeans kaufen gehen, könnte alles mit Anna klären und dann Sandra Faller anrufen …

»Also Herr Keinen, Sie möchten eine Aussage machen«, eröffnete Reiber das Gespräch.

»Äh, nein…«

Weiter kam Keinen nicht, dann übernahm sein Anwalt das Wort.

»Ich werde für meinen Mandanten sprechen, Herr Kommissar.«

Unhöflicher Anfänger, dachte Reiber, erstens hatte er einen Namen, zweitens war er *Haupt*kommissar. Dem würde er es zeigen.

»Gut, gut, haben Sie das Geständnis schriftlich dabei, Herr, äh, Herr Schluser?«

Reiber beobachtete, wie Keinens Gesicht, das sowieso nicht gerade die gesunde Farbe eines rotbäckigen Apfels hatte, aschgrau wurde. Sein Anwalt schien ebenso perplex. Er verbesserte nicht einmal seinen Namen, den Reiber bewusst falsch gesagt hatte.

»Nein, was denken Sie! Wir sind hier, um uns über die Durchsuchung in den Privaträumen von Herrn Keinen zu beschweren.«

»Dienstaufsichtsbeschwerden können schriftlich eingereicht werden. Außerdem hatten wir einen Durchsuchungsbeschluss.« Reiber war sauer. Er hatte die Situation falsch eingeschätzt, sich zu früh Hoffnungen gemacht. »Herr Keinen, sagen Sie uns lieber, wo Sie in den letzten Tagen waren. Und vor allem, wo Sie am Sonntag waren, während der Tatzeit.«

»Sie verdächtigen doch nicht allen Ernstes meinen Mandanten?«

»Wir haben bei ihm belastendes Material gefunden, Drohbriefe gegen seine Ex-Frau, aber nicht nur. Herr Anwalt, Sie erlauben, dass ich Herrn Keinen offiziell als Beschuldigten vernehme.«

Einen Moment lang dachte Reiber, Keinen würde tatsächlich vom Stuhl kippen, so sackte er in sich zusammen. Leise sagte er zu seinem Anwalt: »Aber Detlef, du hast gesagt, es wäre gut, hierher zu kommen …«

»Herr Keinen, es wäre am besten, Sie würden nun mit mir sprechen. Ihr Anwalt sitzt ja neben Ihnen. Sie müssen sich nicht selbst belasten, das hat Ihnen Ihr Anwalt sicher gesagt.«

Keinen schaute seinen Anwalt an, dieser nickte.

»Gut«, Keinen schien so langsam aus einer Art Trance zu erwachen und zu seiner Sprache zurückzufinden. »Aber das ist ja der Hammer, dass Sie mich verdächtigen. Das gibt's doch gar nicht. Ich bin doch der Vater.«

»Also der Reihe nach.« Reiber blieb unbeeindruckt. »Wo waren Sie am Sonntag?«

»Wie ich Ihrem Kollegen gesagt habe, war ich mit dem Rad unterwegs – zum Müggelsee.«

»Alleine?«

»Ja.«

»Das ist blöd. Ich meine, sagen Sie uns doch genau, wann Sie wo waren und wen Sie vielleicht getroffen haben.«

»Eben das weiß ich nicht mehr, ich bin einfach losgefahren. Und dann war ich so gegen sechs wieder zurück.«

»Da hätten sie locker am Helmholtzplatz vorbeifahren können.«

»Ich bitte Sie! Glauben Sie im Ernst, Herr Keinen würde seinen eigenen Sohn umbringen?« Der Anwalt klang entrüstet.

»Sie haben Ihrer Frau in Briefen gedroht – auch, dass Sie Felix etwas antun würden.«

»Herr Keinen, Sie müssen nicht antworten«, schaltete sich der Anwalt ein.

»Doch, doch, Detlef, lass mal. Das stimmt, ich hab ihr geschrieben. Das war blöd. Ich war außer mir. Ich hab ihr mit allem Möglichen gedroht, jaja, das schon. Aber das war doch nicht ernst gemeint. Wissen Sie«, sagte Keinen nun und blickte Reiber an, »wie es ist, wenn man verlassen wird, wenn einem plötzlich der Boden unter den Füßen weggezogen wird? Da macht man so was halt.«

»Ich dachte, Sie hatten Ihre Frau verlassen«, Reiber erinnerte sich an das, was ihm diese Scheible-Meinhorst erzählt hatte.

»Das tut jetzt nichts zur Sache«, ging der Anwalt dazwischen.

Reiber beließ es dabei und fragte weiter: »Wie war das Verhältnis zu Ihrer Frau, also zu Ihrer Ex-Frau, zuletzt?«

»Gut. Naja, man arrangierte sich halt. Was soll ich machen. Ich wollte ja auch, dass es Felix gut geht und dass ich ihn sehen kann.« Sven Keinen stockte. Erst jetzt merkte Reiber, dass ihm der Tod des Kleinen wirklich nahe ging.

»Sie haben nach dem Tod von Felix mit meinem Kollegen, Herrn Muschwitz, gesprochen …«

»Ja.«

»Und danach sind Sie untergetaucht. Warum?«

»Herr Kommissar, mein Mandant ist nicht untergetaucht, er hat sich in der aktuellen Trauerphase bei Freunden aufgehalten, die das auch jederzeit gerne bestätigen.«

»Sie wussten, Herr Keinen, dass wir Sie suchen.«

»Nein.«

»Sie wussten, dass wir Fragen an Sie haben. Warum sind Sie abgehauen?«

»Ich sagte Ihnen doch schon, mein Mandant …«

Nun unterbrach Keinen seinen Anwalt und übernahm in dem Gespräch zum ersten Mal die Initiative. »Also an dem Abend, als Ihr Kollege bei mir klingelte und sagte, Felix sei tot, da wollte ich gleich zu Melanie, das ging aber nicht, hat er mir gesagt. Dann bin ich zu ›Bresch‹. Diese Kneipe. Und dann einfach weiter …«

»Sie haben sich betrunken?«

»Ja, ich hab dann einen Freund angerufen, der an der Prenzlauer Allee wohnt, und bin zu ihm hin. Ich war völlig fertig, glauben Sie mir, ich wollte nichts und niemanden mehr sehen …«

»Sie sind jedenfalls lange genug weggeblieben, dass wir nun wirklich keine Schmauchspuren mehr an Ihren Händen finden könnten.«

»Unterstehen Sie sich«, der Anwalt wurde laut, aber Reiber überhörte ihn und redete einfach weiter.

»Das hätte auch entlastend sein können. Sie haben Waffenseiten im Internet angeschaut. Haben Sie eine Waffe?«

»Nein, ich habe keine Waffe. Und die Seiten, mein Gott, was schaut man nicht alles an …«

»Nur das, was einen interessiert, Herr Keinen, nur das.«

Als Reiber nach der Keinen-Vernehmung von einem kurzen Spaziergang mit Juliane zurückkehrte, sah er, wie Wischnewski und Britta den Gang entlang gingen. Er machte Juliane von der Leine, damit sie Britta einholen und ihr von hinten mit der Nase gegen die Wade stupsen konnte.

»Na mein kleiner Kobold!« Britta freute sich, blieb stehen und bückte sich, um Juliane zu streicheln. Auch Wischnewski blieb stehen, drehte sich um und wartete, bis Reiber bei ihnen war.

»Also Reiber, Haftbefehl hat er bekommen, dieser Würthe, vor allem wegen der Waffengeschichte, aber gegen Auflagen ausgesetzt. Er ist noch in irgend so einem linken Projekt offiziell gemeldet, das hat sein Anwalt hervorgezaubert. Und bei Ihnen?« Wischnewski war kein Freund von Smalltalk, stellte Reiber mal wieder fest. Er antwortete genau in diesem Stil.

»Ein Verdacht gegen den Vater bleibt, wegen der Drohbriefe und so. Aber ich sehe keinen dringenden Tatverdacht. Keine Flucht-, keine Verdunklungsgefahr. Ich hab ihn wieder gehen lassen.«

»Okay. Und bei mir hat heute schon zwei Mal dieser Chef von ›Prenzel Urban Living‹ angerufen. Der drängt darauf, dass wir die illegale Wagenburg auf dem Baugrundstück räumen. Aber das ist ja nicht unser Bier. Ich werde den Kollegen Bescheid sagen. Haben Sie mit dem Immobilientypen eigentlich schon Kontakt gehabt?«

»Noch nicht«, sagte Reiber und merkte in diesem Augenblick, dass das vielleicht ein Fehler gewesen war. Aber er versicherte, sich umgehend darum zu kümmern.

»Und noch was«, setzte Wischnewski nach. »Warum haben Sie eigentlich nur den Würthe im Verdacht, geschossen zu haben? In dieser Rollheimersiedlung wohnen zwölf Leute, und zumindest die sieben Männer kommen in Verdacht und auch die Frauen …«

»Oh, hatte ich gar nicht gesagt, stimmt«, Reiber fiel ein, dass er mal wieder etwas zu viel für sich behalten hatte, »die Staatsschützer haben mir berichtet, dass es zur Tatzeit eine Mahnwache gab vor der ›Yorck 59‹, vor dem Haus in Kreuzberg, das vor Jahren geräumt worden war, und auf den Videobildern, sagen die Staatsschützer, waren alle Bewohner der Wagenburg Margarete-Sonntag-Straße zu erkennen. Nur eben Würthe nicht.«

»Mensch, das müssen Sie auch mal in den Akten vermerken, das hätte es uns beim Ermittlungsrichter leichter gemacht, schreiben Sie das auf, Reiber!«

»Selbstverständlich«, Reiber klang schuldbewusst, »tut mir leid.«

»Bürgerwehr schützt Kinder«, »Hilfs-Sheriffs auf Spielplätzen«, »Die Angst der Eltern«, »Killer-Spielplatz verwaist«. Nun hatte Reiber Zeit, in seinem Büro die Zeitungen durchzuschauen. Neues von den Ermittlungen gab es nicht, und so stürzten sich alle auf die Bürgerinitiative. In einigen Zeitungen waren Fotos von dem menschenleeren Spielplatz zu sehen. Er, dachte Reiber, würde seine Kinder dort jetzt auch nicht gerne spielen lassen. Aber ob er überhaupt jemals Kinder haben würde? Reiber beschloss, nochmals zum Tatort zu fahren. Wie die Blumen, die von Kindern gemalten Bilder und Fotos von Felix aussahen, die an der Rutsche des Piratenschiffs lagen, das hatte er in den Zeitungen gesehen. Auch sonst war alles so, wie er es sich vorgestellt hatte. Ruhig und leer. Kein Kind spielte. Die Frau, die auf einer Bank an der Lychener Straße saß und aufmerksam den Platz beobachtete, gehörte sicher zu der Bürgerinitiative. Reiber schaute sich die Häuser an. Seine Kollegen hatten bislang nicht einmal den Standort des Schützen ermitteln können, obwohl sie noch vier Wohnungen, deren Bewohner offenbar verreist waren, mit Durchsuchungsbeschlüssen hatten aufbrechen lassen.

Von der Danziger Straße her hörte er ein nicht enden wollendes Martinshorngeheule. Für den Abend war eine Demo gegen die Verdächtigung von Würthe angekündigt worden. »Gegen Klassenjustiz. Für soziale Gerechtigkeit«, lautete das Motto. Reiber hatte die frische Luft gut getan. Er nahm sich vor, noch in einem der vielen Cafés ein Gläschen zu trinken. Weißwein am Nachmittag. Was für ein Luxus!

WOHNZIMMER-GEDANKEN II

Tagsüber Weißwein in der Öffentlichkeit trinken. Das ist die einzige Schwäche, die er sich erlaubt. Damit fällt er auf. Er weiß das. Trotzdem. Er genießt den Grauburgunder in dem Eck-Lokal »Wohnzimmer« an seinen Lieblingsplatz vor der Tür. Viel los ist ja nicht. Alleine wegen seiner Vorliebe für Weißwein am Tage würde ihn die Polizei nicht kriegen. Das ist ja nicht verboten. Und die haben nichts in der Hand gegen ihn. Da ist er sich sicher. Er hat ja den Polizeisprecher in der Abendschau gesehen. Was für ein armes Würstchen. Wie hilflos. Und dann diese Frau mit dem Doppelnamen. Sie will die Kinder schützen. Na wie denn? Vor ihm? Das wird sie nicht schaffen.

Er hat sich eine Zeitung mitgebracht. Alle haben sie über die Beerdigung von Felix berichtet, das hat er am Kiosk gesehen. So, als ob es ein Prominenter gewesen wäre. Ha! Das war so ein kleiner verhätschelter Scheißkerl. Er hat kein Mitleid. Was ist schon ein Kind. Sterben doch Tausende an Hunger oder irgendwelchen Krankheiten in Afrika jeden Tag. Dagegen bildet sich auch keine Bürgerinitiative.

Er schaut, ob er auf dem Foto in der Zeitung zu erkennen ist. Nein. Und wenn schon. Es waren ja so viele da. Er überfliegt kurz den Artikel. Die Predigt war rührend. Das stimmt. Er hatte ein bisschen Angst davor gehabt, dass es eine kirchliche Beerdigung werden könnte. So war es dann ja auch. Aber es war doch nicht so schlimm. Gegen Kirche an sich hat er nichts. Er hatte nur Bedenken, dass sich sein Gewissen melden könnte, angesprochen von den salbungsvollen Worten eines Pfarrers. Dass er schwach werden, es bereuen könnte oder schlecht schlafen würde danach. Aber nichts dergleichen. Er war in der Kirche gesessen wie ein Stein. Ungerührt. Nein, nicht ganz. Als die Mutter laut weinte, das hat er gerne gehört. Das war Genugtuung für ihn. Er hätte ihr gerne gesagt, dass er es war, der ihr die Freude am Leben nahm.

Überhaupt junge Mütter, von denen waren ja 'ne ganze Menge auf der Beerdigung gewesen. Die meisten sehen selbst mit trauriger Mine in schwarzen Kleidern, die sie ja eh gerne tragen, gut aus. Eigentlich schade, dass sie meist so abweisend sind, arrogant geradezu. Obwohl, das hat sich jetzt vielleicht ein bisschen geändert. Durch den Tod von Felix wurden sie verletzlich. Nun sind sie in ihrem heimeligen Wirsindwasbesseres-Kiez nicht mehr unverwundbar. Über die Keinen freut sich jetzt sicher irgendein Typ, der sie trösten darf. Gerade beim Trauern soll man ja Lust auf Sex bekommen, hat er mal gelesen. Hm. Naja, er wird sie auf jeden Fall nicht trösten. Er nicht. Er ist ja froh, dass es so kam. Aber andererseits, so eine alleinerziehende Mutter, die ihr Kind verloren hat? Das wär schon was. So eine wäre sicher nicht mehr so arrogant und zickig. Sondern dankbar. Für jede Art der Zuwendung. Die braucht dann ja Trost und Zärtlichkeit. Wenn er das laut sagen würde, er würde sicher für verrückt erklärt. Aber eigentlich ist das doch eine ganz logische Überlegung. Ist im Tierreich ja auch nicht anders. Da verliert ein Muttertier die Jungen, und dann kommt ein anderer daher und macht ihr neue. Gut, das mit dem neue machen, müsste vielleicht nicht sein. Aber trösten, das wär schon was für ihn …

Der Nachbartisch hat sich geleert, es ist ruhig auf dem Helmholtzplatz. Auf dem Spielplatz toben nur die Kinder der Touristen, die gerade noch neben ihm saßen. Die wissen sicher von nichts. Und selbst wenn. Gefahr besteht keine. Er hat das Gewehr ja gut verborgen. Die Polizei hat das Versteck nicht entdeckt. Dabei hätte er die Waffe auch einfach liegen lassen können. Er braucht sie ja nicht wieder.

Obwohl, wer weiß. Der Gedanke mit dem Trösten junger Mütter geht ihm jetzt nicht mehr aus dem Kopf. Also vielleicht doch nachhelfen, damit er eine Frau trösten kann? Ob er es einfach noch mal wagen soll? Selbst wenn die Polizei sein Motiv der ersten Tat herausfinden würde. Sollte er es nochmals tun – einfach so – es würde selbst einem Reiber, oder wie der heißt, kaum möglich sein, dann ein gemeinsames Motiv für beide Taten zu finden und auf ihn zu kommen.

Und Skrupel? Nein. So etwas hat er nicht. Er war ja selbst überrascht, wie kalt ihn sein erster Mord ließ. Oh, nun hat er in Gedanken das Wort »Mord« benutzt. Er wollte es sich eigentlich verkneifen. Das klingt so böse. So brutal, dabei war es ja nur eine kleine Bewegung mit dem Finger, und weg war das Kind. Wie bei diesen Videospielen. Man macht sich selbst nicht schmutzig. Und das Kind leidet auch nicht wirklich. Er kann schließlich zielen. Er greift nochmals zum Grauburgunder. Das Gefühl, zugegeben, das war schon nicht schlecht, das war erhebend. Das ist Macht. Pure Macht. Wer hat sonst schon solche Macht. Entscheiden zu können über Leben und Tod. Einzugreifen in den Lauf der Geschichte. Das ist verlockend. Damit kann er es ihnen heimzahlen. Allen. Ob er dann eine Mutter trösten kann oder nicht. Die Macht, die ist richtig befriedigend. Und wie! Er bestellt noch einen Grauburgunder.

POMADIERTER HASS

Es duftete gut. Es duftete immer gut, wenn Anna unter der Dusche war. Diese künstliche intensive Mango-Mandel-Frische aus dem Bad mischte sich mit dem Duft des Espressos. Reiber machte gerade eine neue Dose auf. Anna kaufte immer den teuersten gemahlenen Espresso für ihn, damit er – wenn er schon ihr Edelstahlkännchen benutzen musste und nicht seine geliebte Maschine hatte – guten Kaffee zum Tagesbeginn bekam. Seit dem Mittagessen nach dem Mord an Felix war Zusammenziehen kein Thema mehr zwischen ihnen gewesen. Zumindest keines, das ausgesprochen wurde. Kurz hatte sich Anna in einer SMS für ihren Abgang beim Italiener entschuldigt. Und Reiber wollte die Beziehung jetzt einfach noch ein bisschen laufen lassen. Auslaufen lassen, wie er dachte. Erst einmal den Fall Felix klären, danach den Fall Anna.

Es war die erste Nacht, die er seit dem Mord wieder in Annas Dachgeschosswohnung verbracht hatte. Sie hatte gekocht – Rindsrouladen mit selbst gemachten Nudeln. Reiber mochte Bodenständiges. Er hatte einen Spätburgunder vom Weingut seines Bruders mitgebracht. Es war ein Abend gewesen ganz wie früher. Es ging um nichts Ernsthaftes. Sie liebten sich. Es war wunderschön. Aber er wusste, es war auch nur eine Art Eskapismus.

Zwei Tage lag die Beerdigung von Felix zurück. Der Großeinsatz dort war ein Schlag ins Wasser gewesen. Trotzdem, das war klar, hatten sie präsent sein müssen. Einige Kollegen waren auch nötig gewesen, um aufdringliche Fotografen und

Fernsehteams von den Trauernden fernzuhalten. Für manche, dachte Reiber, war eben alles eine Dokusoap, das peinliche Gespräch beim Schuldenberater, das grandiose Scheitern beim Gesangswettbewerb und eben auch die Beerdigung eines Mordopfers. Insofern war er froh, dass die Tat im bürgerlichen Prenzlauer Berg geschah, und es nicht irgendeine Hartz IV Familie im Spandau getroffen hatte, die sicher für ein paar Hunderter noch die Bildrechte an ihrer letzten Träne ans Privatfernsehen verkauft hätte. Manchmal wurde Reiber vorgeworfen, er sei zynisch. Da war was dran. Allerdings hätte er es eher als realistisch bezeichnet. Er war überzeugt, man wurde in Berlin einfach so, wenn man sich nicht der allgegenwärtigen politischer Korrektheit unterwarf und wenn man genau hinschaute und bereit war, das Leben kennenzulernen. Das richtige Leben – nicht nur das am Kollwitzplatz, nicht das in Frohnau oder am Roseneck.

Ein Klopfen an seiner Bürotür holte ihn in die Realität zurück. Dieter war es, er wollte unbedingt das Video von Felix' Beerdigung ansehen. Auf Bitten der Staatsschützer hatten sie das ganze Geschehen von mehreren Kameras dokumentieren lassen.

»Hast du dich bei der Beerdigung in eine der Mütter verguckt oder warum willst du dir das noch mal reinziehen?«, fragte Reiber.

»Kurt, bitte, was denkst du denn. Es geht einzig und allein um die Feststellung, ob ein infrage kommender Verdächtiger bei der Trauerfeier anwesend war.«

»Also wen suchen wir denn nun auf dem Video?«

»Jochen Brümm.«

»Wen?«

»Das ist ein – sozusagen ein Kinderhasser. Du weißt doch, dass ich in dem Postleitzahlbereich des Tatortes und auch in den angrenzenden alle vorbestraften Kinderschänder überprüft habe. Ohne Erfolg. Erstens haben alle infrage kommenden Personen, die da wohnen, ein Alibi, und zweitens ist es ja nach allen bisherigen Erkenntnissen auch wenig wahrscheinlich, dass ein Sexualstraftäter aus der Ermordung eines Kindes mittels eines Scharfschützengewehrs eine Befriedigung, auf die er ja abzielt, erlangt.«

»Ich weiß, du fandest das überflüssig, aber bei dem Fall müssen wir halt …«

»… in alle Richtungen ermitteln. Deshalb habe ich es bei der Auswertung der vorbestraften Sexualstraftäter ja auch nicht bewenden lassen. Gestern stieß ich im Zuge meiner weiteren Ermittlungen auf Jochen Brümm. Dieser ist polizeilich auffällig geworden wegen kleineren Delikten. Das heißt, rechtskräftig zu einer Haft- oder Geldstrafe verurteilt wurde er nie. Der wurde immer als schuldunfähig eingestuft und in den Maßregelvollzug eingewiesen. Dort dann aber letztendlich auch immer wieder nach kurzem Aufenthalt entlassen.«

»Und was hat er gemacht?«

»Er hat mal einen Jungen misshandelt, indem er ihm eine Ohrfeige verpasste, er hat das Fahrrad eines Mädchens vorsätzlich mit einem Fußtritt beschädigt und er hat in einem weiteren Fall einen ledernen Fußball mit Hilfe eines handelsüblichen Taschenmessers zerstochen, außerdem hat er einem Kleinkind den Roller entwendet und in einen Teich geworfen.«

»Und warum das alles?«

»Genau diese Frage konnte nie abschließend geklärt werden. Offenbar liegt ein nicht näher beschriebener Hass auf Kinder seinen Taten zugrunde.«

»Und der lebt ausgerechnet in Prenzlauer Berg. Masochist ist er also auch noch.«

»Also Kurt … Jedenfalls ist er ein Nachbar von Melanie Keinen. Felix allerdings hat er, soviel ich weiß, nie belästigt.«

»Und wovon lebt er? Kriegt er Geld von Gutmenscheneltern, wenn er für sie Aufträge zur Prügelstrafe ausführt? ›Call a Kopfnuss‹ oder so?« Reiber hatte die Nacht bei Anna gutgetan. Er war gut gelaunt.

»Nein, natürlich nicht. Jochen Brümm lebt von Hartz IV. Er hat Physik studiert und das Studium abgeschlossen. Aber wegen seiner Krankheit …«

»Hast du mit ihm geredet?«

»Ja, aber nur kurz gestern im Treppenhaus vor seiner Wohnung. Ein Alibi für die Tatzeit hat er nicht. Ich habe dann noch ein längeres Gespräch mit der ihn ehemals behandelnden Psychiaterin in dem Krankenhaus des Maßregelvollzugs geführt.«

»Du warst in ›Bonnys Ranch‹, wow.«

»Ja, Kurt, so hieß das früher.«

»Und du denkst, er war bei der Beerdigung. Sozusagen als Siegesfeier, weil er ein Kind umgelegt hat?«

»Ich halte das für möglich, wir sollten das überprüfen.«

Dieter legte den Aktendeckel auf den Tisch, den er die ganze Zeit in der linken Hand gehabt hatte, klappte ihn auf und gab Reiber das Foto von Brümm.

»Der sieht ja völlig normal aus. Solche Castrokappen tragen jetzt viele in Prenzlauer Berg. Wo ist das aufgenommen?«

»Bei einem Camp für Jugendliche aus Ex-Jugoslawien in einem Brandenburger Ferienheim, dort arbeitet Brümm ab und zu ehrenamtlich als Betreuer.«

»Was? Der Kinderhasser arbeitet im Jugendcamp?«

»Seine Psychiaterin sagt, das sei kein Widerspruch und führe auch zu keiner Gefährdung. Er habe eine soziale Ader und er hasse wohl nur Kinder, kleine Kinder, keine Jugendlichen oder Heranwachsenden.«

»Okay, das muss ich jetzt nicht verstehen, lass uns das Video anschauen.«

Als Reiber nun wieder die schluchzende Mutter, die weinenden anderen Frauen, den weißen Sarg sah, musste er selbst mit den Tränen kämpfen. Er war doch, wie seine Ex-Frau immer gesagt hatte, ein »Weichherzprinz«. Trotzdem hatte sie ihn nicht behalten. Vier Jahre war das nun schon her. Woran Dieter gerade dachte, konnte Reiber nicht erkennen. Jedenfalls schien dieser von dem Film relativ ungerührt. Juliane schnarchte leise unterm Tisch.

»Stopp, halt mal an, zurück.« Dieter stellte vor Schreck etwas zu fest den Kaffeebecher auf den Tisch, Juliane wachte auf. Reiber drückte die Pause-Taste tätschelte die erschreckte Juliane, spulte zurück und ließ die Sequenz nochmals in Zeitlupe laufen. Tatsächlich, als die Trauergemeinde aus der Kapelle kam, ging in der vorletzten Reihe einer, der aussah wie Brümm. Diese stahlblauen Augen zu dem dichten schwarzen Haar, das war markant. Und seine Castrokappe hatte er in der Hand.

»Das ist unser Gesuchter. Kein Zweifel.«

»Hast recht, Dieter, alle Achtung. Gut gemacht. Aber nur weil er bei der Beerdigung war, muss er noch nicht geschossen haben. Trotzdem schauen wir uns den Typen genauer an. Jetzt will ich den kennenlernen«, meinte Reiber.

»Jetzt gleich?«

»Ja komm, was wir weghaben, haben wir weg. Juliane lass ich aber lieber bei Britta, wenn der keine Kinder mag, wer weiß, wie er auf kleine Hunde reagiert.«

Er musste noch einen alten Mietvertrag haben, dachte Reiber. Sonst könnte sich ein Hartz IV-Empfänger keine Wohnung an der Raumerstraße so nahe am Helmholtzplatz leisten. Sie standen im zweiten Stock eines sicher erst vor zwei, drei Jahren sanierten Hauses. Auch der graue Anstrich der Wohnungstür schien neu, dennoch pappten darauf schon wieder einige Aufkleber. Neben einem der Linkspartei klebte der einer Privatradiostation und darüber tatsächlich das »Herz für Kinder« von Bild. Dieter drückte auf den Klingelknopf, aber es war nichts zu hören. Reiber klopfte, wartete, klopfte nochmals. Dann hörten sie eine Stimme.

»Wer ist da?«

»Polizei, machen Sie auf!« Reiber fand wieder zu seinem Befehlston.

»Ich hab nichts getan«, hörten sie durch die Tür.

»Öffnen Sie die Tür, oder wir brechen sie auf! Dies ist die letzte Aufforderung!«

Reibers Drohung klang ernst.

Die Tür öffnete sich. Aber nur einen Spaltbreit. Was Reiber zuerst sah, war dieser perfekt sitzende Krawattenknoten. Er wusste auch nicht, warum ihm ausgerechnet der so auffiel. Vielleicht, weil er nie Krawatten trug und ihn Männer, die dies außerhalb von Parlamenten, Banken und Anwaltskanzleien freiwillig taten, immer suspekt waren. Brümm trug eine. So eine, wie sie Reibers Vater manchmal umgebunden hatte und wie sie zwischenzeitlich vielleicht schon wieder modern waren. Breit und gestreift. Unter der Krawatte hatte Brümm ein lachsfarbenes Hemd an, das an den Kanten des Kragens etwas abgestoßen war, darüber eine dunkelblaue Strickjacke. Er war groß, schlank und wirkte gepflegt. Frisch rasiert, die dichten schwarzen Haare mit Pomade zum Seitenscheitel gezwungen, die Augen wach. Er war ein Mittvierziger, der irgendwo im Bauamt sitzen und Abstandsflächen berechnen könnte, , dachte Reiber.

»Was wünschen Sie?« Seine Stimme war angenehm, stellte Reiber fest.

»Dürfen wir hereinkommen?«

»Warum sollten Sie? Haben Sie einen Durchsuchungsbefehl?«

»Nein, Herr Brümm, das haben wir nicht. Wenn Sie uns entgegenkommen, können wir uns auch ersparen, einen solchen Beschluss ausstellen zu lassen.«

Reiber sprach ruhig und viel langsamer als sonst. Das funktionierte nur, weil ihn Brümm irgendwie rührte. Reiber hatte manchmal eine Art mitleidiges Verständnis für komische Typen.

»Herr Brümm, wir haben Sie gesehen auf der Beerdigung von Felix. Deshalb sind wir hier. Wir möchten uns gerne mit Ihnen unterhalten. Das können wir auch hier im Treppenhaus, aber …«

»Was aber …«

»Sie wohnen schon lange hier. Sie wissen, dass die Türen Ohren haben, dass es sich rumspricht, was hier beredet wird – auch ohne Abschnittsbevollmächtigten. Zumal mein Kollege immer dermaßen laut seine Fragen stellt. Das ist selbst mir oft peinlich …«

»Sie wollen mir drohen?«

»Ja«, sagte Reiber und war selbst überrascht, dass diese Direktheit funktionierte.

»Kommen Sie rein«, sagte Brümm und öffnete die Tür ganz.

Reiber und Dieter betraten die Wohnung. Es schien, als habe Brümm kurz vorher aufgeräumt, nichts lag herum. Aber die Ordnung war nur eine äußere. Im Inneren der Bewohner solcher Penibel-Behausungen stimmte immer etwas nicht, redete sich Reiber ein. Schon alleine deshalb, weil es bei ihm zu Hause nie so aussah. Brümm bot Dieter und Reiber einen Platz auf der ledernen Sitzgarnitur an, über die hellbeige Wolldecken gebreitet waren.

»Möchten Sie Kaffee?«

»Sehr freundlich, nein«, sagte Dieter.

»Wir wollen ja nicht lange stören«, fügte Reiber an. Sie waren nicht schlecht als Team, sie hätten vielleicht auch

Lebensversicherungen anbieten können. Brümm holte sich einen Hocker und setzte sich den beiden gegenüber – leicht erhöht, wie Reiber bemerkte.

»Herr Brümm, mich kennen Sie ja schon«, begann Dieter, »wir haben gestern kurz miteinander gesprochen.«

»Ja.«

»Nun sind noch ein paar Fragen aufgetaucht«, führte Reiber das Gespräch fort. »Sie waren bei der Beerdigung von Felix.«

»Ja und?«

»Hatten Sie ein enges Verhältnis zu Felix?«, wollte Dieter wissen.

»Nee.«

»Ich möchte Ihnen nicht zu nahe treten, Herr Brümm, aber ich hörte, Sie sind – wie soll ich sagen – nicht gerade ein großer Kinderfreund.« Reiber hatte seinen Befehlston wieder abgelegt.

»Nee, bin ich nicht. Ist ja nicht strafbar. Haben Sie Kinder?«

»Nein«, sagte Reiber, »ich schlage aber auch keine.«

Das war taktisch nicht ganz so klug. Brümm sprang vom Hocker auf, baute sich drohend vor Dieter und Reiber auf, die beide unbeeindruckt sitzen blieben.

»Was soll das? Was wollen Sie von mir? Ich habe nichts getan. Ich bin in Behandlung? Ich lasse mir nichts nachsagen!«

»Herr Brümm, beruhigen Sie sich«, nun war auch Reiber aufgestanden, er war einen Kopf größer als Brümm, »es ist nur eine Routinefrage. Sie waren auffällig geworden – gegen Kinder. Und dann gehen Sie zu der Beerdigung von Felix. Weshalb? Sie können mir doch nicht sagen, dass Sie Felix gemocht haben und nun vermissen.«

»Nein, das tue ich nicht. Ich habe gelernt, in diesen Dingen ehrlich zu sein. Aber die Mutter, Frau Keinen, die tut mir leid.«

Brümm setzte sich wieder. Reiber auch.

»Deshalb waren Sie bei der Beerdigung?«

»Ja.«

»Haben Sie Kontakt zu Frau Keinen?«

»Nee.«

»Hat sie sich gefreut, dass Sie zur Beerdigung gekommen sind?«

»Keine Ahnung.«

»Herr Brümm«, nun wurde Reiber doch ungeduldig, »kannten Sie Felix näher?«

Brümm starrte schweigend vor sich hin.

»Herr Brümm, Felix, der Junge von nebenan, Sie kannten ihn doch!«

Brümm schwieg weiter. Dann aber, als Dieter gerade das Wort ergreifen wollte, sprang er erneut auf. Diesmal so heftig, dass der Hocker umkippte.

»Dieser kleine Scheißer! Lärmte wie alle hier im Hof. Nervte, nervte total. Keinen Anstand hatte der. Und Manieren auch nicht. Diese Gören von heute! Weg müssen die. Weg! Weg! Weg!« Brümm hatte so laut, so überprononciert gesprochen, dass er sich den Speichel vom Mund wischen musste. Aber das hinderte ihn nicht daran fortzufahren. »Die sind unser Verderben. Diese Kleinen. Scheißer. Alle. Dieser Tanz ums Goldene Kalb. Das ist der Untergang. Der Untergang. Diese Götzen. Diese Kindergötzen. Wir müssen kämpfen dagegen, müssen sie beseitigen. Weg! Weg! Weg!«

Reiber und Dieter waren nach einer ersten Schrecksekunde ebenfalls aufgesprungen. Reiber ging auf Brümm zu und fing sich erst mal einen Schlag ein. Denn Brümm wedelte wie ein Ertrinkender mit den Armen und machte immer weiter mit seinen Hasstiraden.

»Das ist der Untergang. Wir müssen uns wehren. Sonst reißen die uns mit. Mit in die Tiefe, diese kleinen Scheißer. Sonst sind wir alle verloren. Felix war nur der Anfang. Alle müssen weg. Alle. Alle. Weg! Weg! Weg!«

Reiber war nach dem Schlag vorgewarnt und näherte sich Brümm von der Seite. Es gelang ihm, einen der wedelnden Arme auf den Rücken zu drehen, und zwar so schmerzhaft, das Brümm aufhörte zu schimpfen und zu jammern anfing.

»Was machen Sie da. Ich kämpfe für unsere Zukunft. Die Kleinen müssen weg. Weg! Weg! Weg!«

»Jaja Herr Brümm beruhigen Sie sich, beruhigen Sie sich, hier sind keine Kleinen, sicher nicht, dafür sorgen wir«, sagte Reiber laut und überdeutlich, während er ihm auch den zweiten Arm auf den Rücken drehte. Dann wandte er sich zu Dieter: »Hol 'ne Streife. Und am besten 'nen Krankenwagen. Den müssen wir einweisen.«

Reiber hatte alle bei sich im Büro zusammengetrommelt. Brümm war die meistversprechende Spur, die sie bislang hatten. Er war inzwischen in der Psychiatrie. Und mit dem Hinweis auf »Gefahr in Verzug« hatte Reiber auch eine Durchsuchung von Brümms Wohnung veranlasst. Aber außer völlig kruden Pamphleten, die er auf seinem Computer verfasst hatte, und in denen tatsächlich zum Ausrotten aller Kinder aufgefordert wurde, hatten sie nichts gefunden.

»Das hört sich doch alles gut an – der hat ein Motiv, der hat kein Alibi. Nun brauchen wir nur noch die Waffe«, stellte Britta fest.

»Der hasst doch alle Kinder. Warum ausgerechnet Felix?«, warf Muschwitz ein.

»Das war einfach naheliegend, der nervende Nachbarsjunge«, meinte Britta.

»Wir sollten noch einmal mit Melanie Keinen reden, vielleicht hat er Felix ja mal bedroht. Vielleicht hasste er ihn besonders«, meinte Muschwitz.

»Das stimmt«, räumte Reiber ein, dem es schwer fiel, Muschwitz Recht zu geben. »Da ist was dran. Ich werde mit ihr reden, ich kenn sie ja schon.«

TODES-RUTSCHE

Reiber war auf dem Rückweg von Melanie Keinen, die keinen weiteren Anhaltspunkt dafür gab, dass Brümm der Täter sein könnte, noch geschwind zur Bio-Currywurst-Bude auf dem Wittenbergplatz gefahren, es war ja schon kurz vor Mittag. Allerdings blieb ihm nur die Vorfreude, denn schon beim Anstehen vibrierte sein Handy.

»Es ist wieder passiert! Wieder auf dem Spielplatz«, Britta keuchte es geradezu ins Telefon.

Reiber begriff sofort. »Wieder ein Kind? Wann ist es passiert?«

»Vor 13 Minuten kam er Notruf. Wieder erschossen.«

»Scheiße«, Reiber drängte sich durch die Passanten in Richtung seines verbotswidrig geparkten Audis. »Ich bin in drei Minuten vor dem Eingang, dann fahren wir gemeinsam hin.«

Reiber fuhr immer zügig, auch ohne Blaulicht. Und mit Blaulicht sauste er so, dass es Britta, die nun auch wieder im Dienstwagen neben ihm saß, meist Vergnügen bereitete. Heute aber raste er. Und vor allem, er sagte kein Wort. Sie auch nicht. Bis ihr Diensthandy piepte. Die Beamten, die schon am Tatort waren, gaben ihr, weil sie wussten, dass sie mit dem Chef im Auto saß, durch, wen es diesmal getroffen hatte.

Britta legte auf und berichtete Reiber in knappen Worten, was ihr gesagt worden war: »Das Opfer ist vier. Ein Mädchen. Wieder auf der Rutsche. Es war sofort tot. Die Mutter ist noch am Tatort.«

»Wo ist der Kinderhasser?«

»Du meinst Brümm?«

»Ja, verdammt.«

Auf der Karl-Liebknecht-Straße vor dem Kaufhof wäre Reiber fast in eine Gruppe Touristen gerast, die zur Haltestelle der Straßenbahn mitten auf der Straße wollten. Das Antiblockiersystem war deutlich zu hören. Die erschreckten Schreie der offenbar aus Italien stammenden Berlinbesucher auch. Reiber war froh, dass er Juliane schon am Morgen im Kommissariat bei seiner Sekretärin gelassen hatte, sie hätte es vom Sitz geschleudert.

»Der ist in der Psychiatrie, denk ich.« Britta kommentierte die Vollbremsung und Reibers Fahrweise mit keinem Wort.

»Was heißt – denk ich? Check das, sofort bitte!«

Britta merkte, dass der sonst so lockere Reiber ziemlich unter Strom stand und rief sofort Dieter an, der sich als Backoffice-Kollege der Brümm-Frage annehmen sollte.

Auf der Danziger Straße staute sich der Verkehr. Reiber konnte nicht nach links in die Lychener Straße einbiegen, weil eine Tram die Straße blockierte, er gab Gas, fuhr eine Querstraße weiter und bog dann in die Schliemannstraße ein, um zum Helmholtzplatz zu gelangen. Weit kam er nicht, an der Ecke zur Raumerstraße war Schluss, die Straße war blockiert von Polizeiwagen, Rettungswagen, Notarztwagen. Hinter dem Dienst-Passat stoppte ein schwarzer Alfa Romeo Brera. Cordula Dellmann! Reiber ging Cordula entgegen.

»Es ist wieder passiert.«

»Ich weiß.«

»Geht es?« Reiber hätte kaum etwas Dämlicheres fragen können.

»Danke Kurt, mach dir keine Gedanken. Alles in Ordnung«, sie versuchte ein Lächeln, was ihr nicht so ganz glückte.

Aus den Läden waren Verkäuferinnen gekommen. Mütter mit Kinderwagen, Studenten mit Kaffee in Pappbechern in den Händen blieben stehen. Alle schauten in die Richtung des von zig Beamten abgesperrten Spielplatzes. Einige wussten es schon. Alle ahnten es.

Noch war die Spurensicherung nicht bei der Arbeit, gerade erst packte der Notarzt seine Utensilien neben dem kleinen Körper zusammen, der am Ende der Rutsche lag. Vor einem zweiten Notarztwagen standen mehrere uniformierte Polizisten.

»Ist dort die Mutter drin?«, fragte Reiber.

»Ja, sie hatte 'nen Schock.«

»Danke.«

Cordula drängte sich an Reiber und Britta vorbei, ging schnurstracks zur Leiche, die inzwischen zugedeckt war. Reiber sah, wie sogleich Beamten Decken hochhielten, um Schaulustigen und den Teleobjektiven der Reporter den Blick zu versperren. Gerd und Muschwitz hatten den Sprinter, ihr mobiles Büro, gegenüber an der Lettestraße geparkt. Reiber sah, wie sie ausstiegen und sich dem Tatort näherten.

»Britta, kümmer dich darum, dass schnellstmöglich die Hundertschaften zu den Durchsuchungen kommen. Wir müssen uns sofort alle Wohnungen ansehen, von denen aus hätte geschossen werden können. Wenn jemand nicht aufmacht, bleibt ein Beamter dort, und es wird sofort beim Bereitschaftsrichter ein Durchsuchungsbeschluss geholt. Ich schau mir kurz das Kind an, dann geh ich zur Mutter. Gerd soll sich mit der Spurensicherung um das Geschoss und Jürgen um Zeugen kümmern. Und Britta, bleib du mir an Brümm dran!«

Reiber war froh, Anweisungen erteilen zu können. Das gab ihm ein Gefühl der Sicherheit, das Gefühl, nicht ganz machtlos zu sein. Obwohl er spürte, dass er genau das war.

Cordula hatte den kleinen Körper des Mädchens gerade auf den Rücken gedreht, als Reiber kam. Kein schöner

Anblick. Wieder war der Schuss von vorne gekommen. Wieder auf der Rutsche, wieder war das Opfer im Sandkasten blutend liegen geblieben.

»Wieder das Gleiche. Ein Schuss ins Herz von vorn. Das Mädchen war sicher sofort tot. Wenn du mich fragst, war das der gleiche Täter«, sagte Cordula, die noch neben der Leiche kniete.

»Ja, das fürchte ich auch. – Brauchst du noch was? Kann ich dir helfen?«

»Nein, ich bin hier bald fertig. Todeszeitpunkt ist ja ziemlich klar, Todesursache auch. Trotzdem fang ich nachher gleich mit der Obduktion an.«

»Danke.«

»Kurt?«

»Ja?«

Cordula war aufgestanden, sie schluckte, dann sagte sie:

»Kurt, du musst den Kerl fassen. Versprich mir das. Das hier ist anders als andere Morde. Ich will nicht noch mal hierher gerufen werden.«

Erst als ihre Hände, die in Gummihandschuhen steckten, die über und über mit Blut verschmiert waren, fast Reibers Oberarme erreicht hatten, bemerkte Cordula das. Sie hielt in ihrem Vorhaben, ihn in den Arm zu nehmen, inne.

»Mir geht das auch verdammt nahe.« Er strich ihr mit seiner rechten Hand über Schulter und Oberarm. Noch nie hatte ein Fall sie beide dermaßen mitgenommen.

Reiber sah, wie der Polizei-VW-Bus mit dem großen Schild »Presse« auf dem Dach an der Ecke Lette- und Schliemannstraße parkte. Direkt vor der Kneipe »Wohnzimmer«. Dutzende Bereitschaftspolizisten marschierten auf den Platz. Es sah aus wie die Vorbereitung zur 1. Mai-Demo in Kreuzberg. Muschwitz gab ihnen Anweisungen. Heute, dachte

Reiber, mussten sie doch die Wohnung finden, von wo der Schuss gekommen war.

»Sie sind sicher Herr Reiber?« Ein Schutzpolizist, Mitte 30, der von dem Notarztwagen auf ihn zu gelaufen kam, in dem die Mutter des Opfers war, sprach ihn an.

»Ja, und?«

»Ich bin Marc Niederwald, Britta hat Ihnen von mir erzählt. Danke, dass Sie die Geschichte so klein gehalten haben.«

»Ach Sie sind das. Ja klar, gern geschehen. Aber sagen Sie mir jetzt nicht, dass Sie die Mutter dieses Opfers auch kennen.«

»Doch, aber nicht so …«, er stockte kurz, »Daniela Auerbach, also so heißt sie, hatte vor zwei Wochen einen Diebstahl gemeldet.«

»Und was wurde geklaut?«

»Das kleine Tretrad von Leonie, also von der Tochter, von dem Opfer.«

»Das Tretrad von einem Kind? Wer klaut denn so was?« Reiber dachte sofort an Brümm.

»Wir konnten den Täter noch nicht ermitteln.«

»Wo wohnen die Auerbachs?«

»Frau Auerbach lebt alleine mit ihrer Tochter. An der Ecke Raumer und Göhrener Straße.«

»Was sagen Sie, auch Raumerstraße?« Reiber wartete auf keine Antwort, sondern ging an ihm vorbei direkt zu dem Notarztwagen. Niederwald eilte hinterher.

»Moment, der Arzt sagte, wir sollen warten und nicht stören.«

Reiber, der schon an der Wagentür war, hörte auf den Schutzpolizisten: »Okay, bleiben Sie hier und sagen Sie mir Bescheid, wenn man mit ihr reden kann.

»Und was ist mit dem Vater? Ist der schon verständigt?«

»Ich hab das an Sie, also an die Kripo weitergegeben, hab Herrn Musssitz oder …«

»Muschwitz, ja okay, danke.« Reiber eilte weiter zum Sprinter.

Britta saß gerade mit einer Frau in dem Wagen. Muschwitz erklärte Reiber, dass dies schon die fünfte Augenzeugin war. Es war genau wie beim letzten Mal gewesen. Die Mütter saßen auf den Bänken, die Kinder spielten. Es war einer der ersten Tage nach dem letzten Mord, an dem der Spielplatz wieder einigermaßen belebt war. Die Angst war dem Alltag gewichen. Und als die kleine Leonie vom Piratenschiff herab rutschte, fiel ein Schuss. Unten angekommen, war Leonie dann nicht mehr aufgestanden.

»Jürgen, hast du den Vater schon erreicht?«, fragte Reiber.

»Nein, ich hab aber rausgefunden, dass er am Hackeschen Markt in einer Immobilienfirma arbeitet. Ich wollt nicht am Telefon … Willst du hinfahren?«

»In einer Immobilienfirma? Wie heißt die?«

»Real Estate Consult«, sagte Muschwitz.

»Hm, dachte schon bei ›Prenzel Urban Living‹.«

»Das hätt ich dann ja auch bemerkt.« Muschwitz spürte, dass ihm Reiber nicht zugetraut hätte, selbst auf die Verbindung zu den Rollheimern zu kommen. »Willst du hinfahren?«, fragte Muschwitz Reiber.

»Ich red gleich mit der Mutter. Du bist doch der Vaterspezialist. Und frag mal, was die hier im Kiez für Projekte planen.«

Die spitzen Bemerkungen von Reiber mochte Muschwitz gar nicht.

»Und ist bei den Wohnungsdurchsuchungen was rausgekommen?«, wollte Reiber noch wissen.

»Bis jetzt noch nichts.«

»Gut, und das Gewehr kann man ja auch nicht so leicht verstecken. Entweder er ist sofort geflüchtet und hat es mitgenommen, oder es ist noch hier irgendwo ...«

»Jaja«, Muschwitz war genervt von Reibers Ungeduld, »wir suchen ja danach, und alle Kollegen, die die Straßen sperren, haben natürlich die Anweisung, fliehende Männer mit Scharfschützengewehren unterm Arm aufzuhalten.«

Als Britta die Befragung der Zeugin abgeschlossen hatte, erkundigte sich Reiber nochmals nach Brümm. Sie hatte noch keine Antwort von Dieter bekommen.

Reibers Handy vibrierte.

»Der Arzt sagt, Sie können nun mit Frau Auerbach reden. Sollen wir sie auf die Wache bringen, oder nach Hause oder ...?« Niederwald schien eifrig zu sein.

»Nein, setzen Sie sie in einen VW-Bus, in einen, den man der Frau anbieten kann, der nicht ganz so verranzt ist. Ich komm rüber. Und Niederwald, lassen Sie Wasser oder Tee oder Kaffee oder was auch immer für sie holen. Ich brauch jedenfalls einen Kaffee.«

Eigentlich hätte Reiber einen Schnaps gebraucht.

Sie musste groß sein, dachte Reiber. Er sah Daniela Auerbach zunächst nur von hinten und im Sitzen, aber er bemerkte, dass sie schlank war und einen sehr feinen Hals hatte. Er blieb kurz stehen, atmete tief durch. Auf das Gespräch hätte er gerne verzichtet. Aber als er sah, wie ein Uniformierter mit einem Tablett mit Kaffee in Porzellantassen und sogar mit Gebäck in den ziemlich neuen und noch nicht verbeulten VW-Bus stieg, gab er sich einen Ruck.

Daniela Auerbach war erstaunlich gefasst. Die große Trauer, die Verzweiflung, dachte Reiber, die würden bei ihr noch kommen.

»Ich saß auf der Bank und hab einfach so vor mich hingeschaut, wissen Sie?«

»Ja«, Reiber hatte sie derweil gemustert, eine Frau Mitte 30 mit hellbraunen Haaren, die sich in einem praktischen Kurzhaarschnitt um das ovale Gesicht legten. Reibers Geschmack war das zwar nicht, aber Daniela Auerbach war attraktiv – und sie wusste das. Selbst jetzt legte sie Wert darauf, ihr Gesicht zu wahren, wenngleich Reiber sah, in welch kleine Stücke sie die Papierserviette der Bäckerei zerrissen hatte und wie sie an ihren farblos lackierten Nägeln herumspielte.

»Und dann?«, fragte Reiber nach einer Pause vorsichtig weiter.

»Sie hat mir noch gewunken. Von oben, vom Schiff …« Daniela Auerbach wischte sich die Tränen mit einem Taschentuch ab, das sie aus ihrer Umhängetasche geholt hatte.»Und dann ist sie gerutscht. Und stand nicht mehr auf, stand einfach nicht mehr auf … Ich hab gerufen, geschrien, bin hin … hab dann sofort gesehen …«

»Was?«

»Das Loch in ihrer Brust.« Daniela Auerbach verbarg das Gesicht in den Händen.

Reiber wartete einen Moment, dann fragte er weiter.

»Und dann, haben Sie sie angefasst?«

»Nein, ich hab das ja alles von Melanie gehört, furchtbar. Ich hab wohl so geschrien, ich weiß nicht mehr. Irgendjemand hat mich dann wieder auf die Bank gesetzt. Und dann kamen auch schon die Polizei und der Notarzt.«

»Ja danke, Frau Auerbach. Eine Frage noch, ich weiß, das ist alles furchtbar für Sie, aber ich muss das fragen – haben Sie irgendeine Ahnung, irgendeinen Verdacht, wer das gewesen sein könnte? Haben Sie Feinde? Oder Ihr Mann, hat er welche?«

»Lassen Sie meinen Ex-Mann aus dem Spiel. Ich habe keine Feinde, keine Ahnung, wer das war. Aber Sie müssen ihn finden, das Schwein …«

»Jaja, natürlich. Und Ihr Mann, Sie haben kein gutes Verhältnis zu ihm?«

»Mein Ex-Mann. Wir sind getrennt. Wir haben nichts gemeinsam.«

»Naja, Leonie …«

»Jetzt auch nicht mehr.«

Reiber erschrak über den kalten Klang ihrer Stimme.

»Haben Sie mit Ihrem Ex-Mann heute schon gesprochen?«

»Wir sprechen nicht miteinander. Und ich will ihn auch nicht sehen.«

»Aber in dieser Situation …«

Reibers Handy vibrierte in seiner Hosentasche, er ignorierte es.

»Auch jetzt nicht. Nie wieder!«

Reiber hätte gerne weitergefragt, hätte gerne gewusst, wie alt die Praktikantin war, mit der Herr Auerbach seine Frau wohl betrogen hatte, oder ob es doch die beste Freundin von ihr war. Jedenfalls musste der Hass tief sitzen, vielleicht ging es auch um anderes, um Geld, vielleicht hatte er ihr Vermögen bei Immobilienspekulationen durchgebracht. Oder er war schwul geworden. Es würde ans Tageslicht kommen, nur jetzt wollte Reiber nicht fragen.

»Entschuldigen Sie, ich musste das Thema ansprechen.«

»Ja, ich verstehe.«

»Und Sie, sind Sie berufstätig?«

»So gut es eben geht mit einer kleinen Tochter …« Nun musste sie kurz aufhören zu sprechen, die Tränen waren stärker, sie konnte sie nicht zurückhalten. »Also so gut es – ging … Ich habe einen verständnisvollen Chef, arbeite in einer Unternehmensberatung, da kann man sich die Zeit einteilen.«

»Haben Sie jemanden, zu dem Sie jetzt gehen können, ich meine einen Freund, eine Freundin, ihre Eltern. Oder sollen wir für Sie …«

»Meine Eltern sind tot. Aber lassen Sie gut sein, vielen Dank, ich komme schon klar. Machen Sie sich um mich keine Gedanken.«

Kaum hatte er sich von Daniela Auerbach verabschiedet, schaute Reiber, wer versucht hatte, ihn auf dem Handy zu erreichen. Es war Britta gewesen. Er rief zurück.

»Ich wollte dir nicht auf die Mailbox sprechen. Nicht so eine Nachricht. Kurt, der ist weg, der ist wieder raus!«

»Brümm?«

»Genau.«

»Ach du Scheiße, wie konnte das denn passieren?«

»Diese Therapeuten sahen keine Gefahr …«

»Sofort Großfahndung.«

»Hab ich schon veranlasst, war auch schon an seiner Wohnung, aber da öffnet keiner.«

»Danke, Britta. Alarmier die Jungs, und dann geh noch mal hin, brecht die Wohnung auf, stellt alles auf den Kopf. Das könnte unser Mann sein. Ich komm später nach.«

Eigentlich hätte er gleich zu der Wohnung von Brümm zu Fuß gehen können. Aber er brauchte jetzt erst mal einen Moment zum Durchatmen. Er ging langsam über den Platz. An den Polizeiabsperrungen standen mehr Schaulustige als noch vor einer Stunde. Er überlegte, wie lange es dauern würde, bis die Bürgerinitiative Flugblätter verteilte. Da kam ihm der Gedanke, dass er entscheiden sollte, was mit dem Spielplatz zu geschehen hatte. Sollten sie ihn sperren? Er müsste mit Wischnewski Rücksprache halten. Neben dem Pressebus hatten sich Fernsehreporter mit ihren Kameras aufgebaut. Er war froh, heute von Journalisten verschont geblieben zu sein. Er hätte nicht gewusst, was er sagen sollte. Die Jagd auf den Kinderhasser würde in den Medien auch ohne ihn beginnen. Ein freigelassener Irrer, der offenbar rückfällig wurde und ein Kind umbrachte. Damit konnte man die Urängste aller Mütter erreichen und die vorherrschende Stammtischmeinung der Väter bestätigen.

Gerd kam ihm entgegen. In einem kleinen durchsichtigen Plastiktütchen hatte er das tödliche Geschoss. Er hielt es Reiber entgegen.

»So wie es aussieht, der gleiche Täter.«

»Du meinst, dasselbe Kaliber?«

»Ja genau. Aber dass zwei Täter mit so einer ungewöhnlichen Waffe …«

»Sicher …«, sagte Reiber.

»Und in den bislang durchsuchten Wohnungen und Dachböden war nichts. Gar nichts. Der muss professionell vorgehen.«

»Ja.«

»Die Pressestelle rief schon zweimal an, wollte eine Einschätzung, eine Stellungnahme, ob es der gleiche Täter ist und ob wir den Spielplatz sperren werden.«

»Sag, es sei nicht auszuschließen, dass es der gleiche Täter ist, und wegen der Sperrung … das muss abgesprochen werden, das soll Wischnewski entscheiden.«

Reibers Handy vibrierte. Muschwitz war dran.

»Ich kann nur kurz reden. Bin hier raus auf den Flur. Die Firma hier, ›Real Estate Consulting‹, das ist die Muttergesellschaft von ›Prenzel Urban Living‹. Auch die Keinen arbeitet hier.«

»Nee, auch das noch!«

»Du sagst es, der Chef hier ist auf 180, fordert Polizeischutz für alle Mitarbeiter und deren Familien.«

»Okay, halt mal die Stellung da. Und finde raus, wer von den Mitarbeitern noch Kinder in Prenzlauer Berg hat. Dann ist vielleicht doch dieser Würthe unser Mann. Der ist ja auch auf freiem Fuß.«

Das hatte Reiber gerade noch gefehlt. Jetzt sollten die Staatsschützer womöglich doch recht haben. Wenn das die Presse mitbekäme! Dieser ganze Streit um die Gentrifizierung der Kieze, das hatte ja schon zu genug bösem Blut, zu abgefackelten Autos und brennenden Baustellen geführt. Wenn jetzt noch Morde an Kindern dazu kämen, bekäme das Ganze eine neue Dimension. Reiber war nicht wohl bei dem Gedanken, dass diese Taten – selbst wenn sie womöglich nicht von diesen Häuserkämpfern verübt worden waren – nun zu einer Verhärtung der Fronten auf beiden Seiten führen könnten

Auf dem Weg zu »Prenzel Urban Living« am Hackeschen Markt ließ Reiber die Fahndung nach Würthe noch mal verstärken. Britta berichtete, dass die Durchsuchung der Brümm'schen Wohnung nichts ergeben hatte.

GEFÄHRLICHES INVEST

Hier also, dachte Reiber, kauften die Menschen, die ein Vielfaches von ihm verdienten oder kräftig geerbt haben, ihre Eigentumswohnungen für locker mal 5.500 Euro und mehr pro Quadratmeter. Allein schon der Eingangsbereich hatte das Zeug, einen Preis für Innenarchitektur zu gewinnen. Abgestimmte Weiß- und Eierschalenfarbtöne, indirekte Beleuchtung über zeitgenössischen Kunstwerken, Ledersesselchen, die erfreulicherweise mal nicht von Mies van der Rohe stammten, sondern modern und trotzdem schön waren. Reiber musste zugeben, es gefiel ihm hier. Aber das änderte sich schnell.

»Sie sind also der Verantwortliche!«

Schnaubend kam ein Mann auf ihn zu, der sicher nicht älter war als er. Nach hinten gegelte Haare, eine schwarz umrandete Brille, feine Anzugshose und ein Hemd mit Manschettenknöpfen, die klein und fein aber unübersehbar das Firmenlogo »REC« für »Real Estate Consulting« zeigten.

»Mein Name ist Reiber, guten Tag«, sagte Reiber betont gelassen.

»Arnim Witzeck, ich bin der Chef hier.«

»Schön …«

»Nichts ist schön, zwei Mitarbeiter von mir haben ihre Kinder verloren, weil Sie Ihren Job nicht richtig machen, und Sie reden was von schön?«

»Herr Witzeck, wir tun unser Möglichstes, den Täter zu finden.«

»Verhindern sollten Sie solche Taten. Und Ihr Möglichstes ist wohl nicht genug. Ihr Herr Muschwitz erzählte mir auch schon die ganze Zeit, er könne nicht mehr machen. Aber ich verlange Schutz von Ihnen für uns, für unsere Kinder, für alle.«

»Herr Witzeck, ich verstehe Ihre Verärgerung, lassen Sie uns doch in Ruhe reden …«

Witzeck schien gemerkt zu haben, dass er übers Ziel hinausgeschossen war, zupfte an seiner lachsfarbenen Seidenkrawatte und bat Reiber in sein Büro. Muschwitz saß bereits dort und machte keinen allzu fröhlichen Eindruck.

»Also nach allem, was ich nun in der Personalabteilung erfahren habe«, begann Muschwitz, als Reiber und Witzeck sich gesetzt hatten, »gibt es noch zwei Mitarbeiter, die mit Kindern in Prenzlauer Berg wohnen. Wobei der Sohn des einen schon 17 Jahre alt ist. Die Tochter der anderen Mitarbeiterin ist sechs.«

»Das wird die Nächste sein!«

»Herr Witzeck, wir wollen jetzt den Teufel nicht an die Wand malen. Aber wir werden mit der Frau reden und nach einer Lösung suchen, wie wir ihr Kind«, Reiber wollte gerade sagen »aus der Schusslinie nehmen können«, suchte dann aber einen anderen Ausdruck, »wie wir ihr und ihrem Kind die allergrößte Sicherheit angedeihen lassen können.«

»Und die anderen?«

»Herr Witzeck, leider haben wir nicht die Mittel und Möglichkeiten, ich muss Ihnen das offen sagen, um alle Personen Ihrer Firma unter Polizeischutz zu stellen, das ist auch nicht nötig. Ich werde aber veranlassen, dass schon morgen ein Experte von uns zu Ihnen kommt und jeden Einzelnen über Vorsichtsmaßnahmen berät.« Reiber wusste genau, dass diese Beratungen lächerlich waren: den Gefährdeten wurde allenfalls erklärt, dass sie auf Ungewöhnliches in ihrer Umgebung achten, verschiedene Wege zur Arbeit nutzen und fremden Personen gegenüber zurückhaltend mit der Preisgabe persönlicher Angaben sein sollten.

»Und das ist alles, was Sie tun können? Wissen Sie, wie viel Steuern wir jedes Jahr zahlen? Und unsere Kunden? Allein die Grunderwerbssteuer?«

»Ich kann mir denken, dass es sehr viel ist«, sagte Reiber, »allerdings reicht selbst das nicht aus, um für jeden Bürger einen Rundumschutz garantieren zu können. Und nicht die Polizei ist für die Verbrechen verantwortlich, sondern immer noch die Täter.«

»Sie machen es sich einfach.«

»Ganz und gar nicht. Wir werden jetzt rund um die Uhr ackern, ja, ich sage nicht arbeiten, wir werden ackern, um den Täter zu finden. Das verspreche ich Ihnen.« Reiber war nun auch emotional geworden. Das beeindruckte Witzeck, auch Muschwitz, der noch in Personalunterlagen geblättert hatte, schaute auf. So hatte er seinen Chef nur selten erlebt.

»Und deshalb«, fuhr Reiber fort, »würde ich nun gerne auch noch mit Herrn Auerbach sprechen.«

»Ich glaube, Moment …«, Witzeck wusste nicht so recht, wie er reagieren sollte.

»Kurt ist nach Hause, ich hab es ihm erlaubt. Der war fix und alle«, sagte Muschwitz. Er bemerkte sehr wohl, wie ärgerlich Reiber darüber war. Vor Witzeck wollte Reiber das aber nicht zeigen.

»Und Herr Reiber, wenn ich Sie schon mal da habe als Verantwortlichen dieses angeblichen Rechtsstaates, können Sie mir dann sagen, warum man als Eigentümer, wenn man rechtsgültig ein Grundstück erworben hat, monatelang warten muss, bis irgendwelche linken Spinner, jetzt ja vielleicht sogar Mörder, von diesem Grundstück verschwinden? Wissen Sie, was das jeden Tag für Kosten verursacht? Erst muss man vor Gericht, gewinnt schließlich, und dann kommen diese Bezirkspolitiker und wollen allen Ernstes mit uns verhandeln, wollen uns für unser teuer gekauftes Grundstück einen Ersatz anbieten, damit die Chaoten bleiben können. Das ist wie in einer Bananenrepublik.«

Reiber hatte befürchtet, dass Witzeck das ansprechen würde. Reiber verstand selbst nicht, warum das so lange dauerte, warum man als Politiker vor den Besetzern derart in die Knie ging, wie zum Beispiel vor Jahren in Kreuzberg, als es um die Besetzung des Hauses Bethanien ging. Aber er konnte seinem Dienstherrn jetzt nicht in den Rücken fallen.

»Ich kann Ihren Ärger verstehen, sehr gut sogar. Allerdings fällt all das nicht in meine Kompetenz. Ich kann nur sagen, in einem Rechtsstaat muss halt alles seinen Gang gehen und manchmal ist der eben etwas lang. Und«, nun traute sich Reiber doch ein wenig aus der Reserve, »manche Politiker, das mag durchaus sein, denken da in etwas anderen Kategorien sozusagen.«

EINE MILLION FÜR EIN LEBEN

Als Reiber wieder Richtung Kommissariat unterwegs war, erreichte ihn ein Anruf von Wischnewski.

»Reiber, wo sind Sie? Kommen Sie her. Schnell.«

»Was ist passiert? Wieder was Neues von den Staatsschützern?«

»Ihnen kann auch nichts den Humor verderben. Mensch Reiber, viel schlimmer. Bei einem Kinderladen an der Wichertstraße ging eine Drohung ein. Da will einer eine Million Euro, sonst stirbt ein drittes Kind!«

»Ein Trittbrettfahrer«, sagte Reiber spontan.

»Da bin ich mir nicht so sicher. Der hat das Kaliber gekannt. Und diese Information haben wir doch nie an die Öffentlichkeit gegeben, oder?«

Reiber überlegte, Wischnewski hatte recht: »Stimmt. Soll ich nicht lieber zu dieser Kita fahren?«

»Nein, nein, alles geklärt dort. Die Frau, die den Anruf entgegen genommen hat, sitzt schon hier. Sie soll sich mal ein paar Aufnahmen von anderen Erpressern anhören.«

»Ich wollte zunächst einmal alleine mit Ihnen reden, Reiber.«

Wischnewski begann sofort zu sprechen, als Reiber in dessen Büro zur Tür hereingekommen war.

»Wir werden eine Sonderkommission einrichten. Ich hab das mit dem Präsidenten abgestimmt. Der Innensenator ist informiert.«

»Gut.« Reiber ahnte, Wischnewski würde ihm den Fall also wegnehmen – er wusste nur nicht, ob er sich freuen sollte, weil er nun vielleicht doch mal wieder ein freies Wochenende an der Ostsee genießen könnte, oder ob er sich ärgern sollte, weil er noch nie ein guter Untergebener gewesen war und keine Lust hatte, unter einem anderen zu ermitteln.

»Sie scheinen sich ja nicht gerade zu freuen.«

»Wie meinen Sie?«

»Reiber, Mensch, Sie sind der Soko-Leiter. Ihre erste Soko. Sie kriegen 35 Mann. Machen Sie was draus.«

»Danke. Das freut mich, klar. Aber, also das hätt ich nicht gedacht.«

»Reiber, Sie sind ein guter Mann. Ich weiß das. Zwar kein einfacher, sondern ein unkonventioneller und aufmüpfiger. Aber entscheidungsfreudig, zupackend. So einen brauchen wir jetzt.«

»Danke, Herr Wischnewski. Und was ist mit der Erpressung?«

»Das war kein Scherz. Da hat echt einer in der Kita, in die übrigens sowohl Felix als auch Leonie gingen, angerufen, hat eine Million verlangt und gesagt, er meldet sich wieder.«

»Mehr wissen wir nicht?«

»Nein. Die Kollegen reden noch mit der Kindergärtnerin, die am Telefon war. Vielleicht ein Trittbrettfahrer, aber die Nennung des Kalibers spricht dagegen.«

»Stimmt, aber warum stellt er seine Forderung erst nach dem zweiten Mord?«

»Gute Frage, vielleicht, weil er beweisen wollte, dass er wirklich zu allem bereit ist.« Überzeugend klang das nicht, was Wischnewski sagte. Aber Reiber verstand, dass er in dieser Situation auch die Erpressung als echte Bedrohung behandeln musste.

»Lassen wir den Spielplatz schließen?«

»Ja, das wollte ich Ihnen noch sagen. Das habe ich veranlasst, wir werden auch Beamte in Zivil den Platz beobachten lassen.«

»Gut.«

»Und heute Abend 18 Uhr werden wir eine Pressekonferenz geben.«

»Wir?«

»Ja, Sie und ich. Ich werde Sie als Soko-Chef vorstellen. Unser Präsident wünscht nun offensive Öffentlichkeitsarbeit. Also viel reden und möglichst nichts sagen. Wir sollen damit dieser Bürgerinitiative den Wind aus den Segeln nehmen. Vom Abschnitt 15 haben wir ein Flugblatt bekommen, diese Bürgerinitiative macht heute Abend eine Versammlung um 20 Uhr – da können Sie dann gleich nach der Pressekonferenz hingehen. Ich will, dass wir da präsent sind, auch offiziell. Frau Schöning soll Sie begleiten.«

»Gut, das bleibt wohl nicht aus.«

»Na das ist doch was für Sie, diese vielen jungen Mütter«, Wischnewski lachte, »und, was meinen Sie, Reiber, sollen wir die Erpressung der Presse mitteilen?«

»Geheimhalten wird schwer, wenn das eine Kindergärtnerin hörte, spricht sich das rum. Andererseits in der jetzigen Situation noch eine Erpressung? Das gibt Panik bei den Eltern.«

»Reiber, Sie haben recht. Wir verdonnern diese Erzieherin zum Schweigen und sagen den Journalisten kein Wort. Mal schauen wie lange das funktioniert.

Reiber hätte gerne Nadja aus der siebten Kommission noch in seiner Soko gehabt – zwar waren ihm so sportliche Frauen immer etwas suspekt, aber sie war zuverlässig und kannte sich mit Fallanalysen gut aus. Sie hatte auf Gerds Nachfrage hin noch mal die albanische Waffenhandel-Connection überprüft, sogar das von Mehmet erwähnte Café an der Hermannstraße durchsuchen lassen. Aber ohne Erfolg. Und nun hatte sie gerade von ihrem Chef die Leitung der Ermittlungen in einem Mordfall übertragen bekommen und hatte deshalb keine Zeit.

Auf dem Weg in den Besprechungsraum bog Peter Heiland vor ihm in den Gang ein, der junge frisch gebackene Chef der vierten Mordkommission. Ein Zögling von Wischnewski. Dass der in seiner Soko mitarbeiten sollte, das hatte ihm gerade noch gefehlt.

»Na, haben wir den gleichen Weg?«, fragte Reiber.

»Da muss ich überlegen, weiß ja nicht wo Sie hinwollen.«

Heiland wusste doch genau, worauf Reiber anspielte, aber er antwortete genauso, wie er war: umständlich. Für Reiber zu umständlich.

»Alles klar, ich dachte, wir sehen uns in der Soko-Besprechung.«

»Nein, ich muss mich um die Tote aus der Tiefgarage an der Oper kümmern.«

»Schade, sonst hätten wir gemeinsam den Kindermörder jagen können«, log Reiber, der mit dem zögerlichen Schwaben Heiland nicht viel gemein hatte – nicht mal den Weingeschmack. Zur Beförderung hatte ihm Reiber eine Flasche des teuren Pfälzer Syrahs geschenkt. Unnötig war das, dachte er später, als er erfuhr, dass Heiland seiner Kollegin Hanna, mit der er eine Affäre hatte, auch immer nur billigen dünnen Trollinger mitbrachte und sogar behauptete, das sei das »Beste aus dem Ländle«. Schwabe eben, dachte Reiber.

Reiber hatte sofort gesehen, dass ihm Muschwitz den Chefposten der Soko »Spielplatz« nicht gönnte, als er in den Besprechungsraum gekommen war. Die Falten in Muschwitz' Gesicht hatten nichts mit Gutmütigkeit und Zufriedenheit zu tun wie bei Juliane. Sie zeigten eher, wie sehr er von Ehrgeiz zerfressen worden war im Laufe der Zeit.

Reiber wollte – und das verkündete er nun – dass seine Soko in Gruppen arbeitete, und dass seine Leute die jeweiligen Arbeitsgruppen führten und ihm Bericht erstatten sollten. Muschwitz, er nannte ihn zuerst, sollte sich um die Fahndung nach Würthe kümmern. Das sei die wichtigste Aufgabe, weil er auch der Hauptverdächtige sei. Reiber hoffte, Muschwitz damit auf seine Seite ziehen zu können. Britta sollte die Gruppe leiten, die sich um die Fahndung nach Brümm kümmerte. Gerd sollte die Erpressung sowie alles, was mit der Waffe beziehungsweise dem Waffenlieferanten zu tun hatte, im Blick behalten. Dieter, bei dem sowieso alle Fäden und Ermittlungsergebnisse zusammen liefen, sollte sich auf neue Spuren, neue Ermittlungsansätze und neu auftauchende Motive konzentrieren.

Reiber ordnete noch an, dass sämtliche ehemals besetzte Häuser in Berlin, die noch von den Ex-Besetzern genutzt wurden, und sämtliche Rollheimerplätze auf der Suche nach Würthe zu durchkämmen waren. Das war eine schöne Aufgabe für Muschwitz, die sich auch entsprechend groß in allen Zeitungen niederschlagen würde.

Inzwischen hatte Anna schon fünf SMS geschickt, die Kurt Reiber nicht beantwortet hatte. Der Ton der ersten klang noch freundlich, dann wurden die Nachrichten zunehmend distanzierter. Die letzte lautete:

»Wenn du nicht mehr willst, sag Bescheid. Aber sag was. Diese Funkstille ist Scheiße. LG Anna.«

Nun, stellte Reiber an der Abkürzung LG fest, gab es nur noch einen lieben Gruß, kein »ich hab dich lieb« mehr oder so. Als er kurz mit Juliane spazieren war auf den Wegen hinter dem Hotel Interconti, dort, wo im Jahr 2000 Bill Clinton bei seinem Berlin-Besuch gejoggt haben soll, nahm er sich ein Herz und wählte Annas Handy-Nummer.

»Jetzt rufst du an, na super. Ich bin noch im Gericht. Kannst dir doch denken.«

Reiber hörte sofort, dass sie sauer war. Mehr als das, er glaubte, am Klang der Stimme zu erkennen, dass sie nun innerlich wohl auch an dem Punkt angelangt war, an dem er schon auf sie wartete – am Ende der Beziehung.

»Sorry. Ist auch bei mir verdammt viel los. Zwei ermordete Kinder, kannst dir den Stress ja denken.«

»Trotzdem, hättest dich melden können.«

»Anna, bitte …«

»Was? Kurt, so geht das nicht mit uns. Du drückst dich. Du willst nicht mit mir reden. Sei einmal ehrlich in deinem Leben …«

Nun hatte sie den Nagel auf den Kopf getroffen. Frech zu widersprechen, was er noch vor einigen Wochen getan hätte, mochte er nun auch nicht mehr. Er war durch mit Anna.

»Anna, hm …«

»Was?«

»Hast ja recht, wir müssen mal reden …«

»Ach jetzt auf einmal, jetzt fällt dir das ein …«

Er hörte wie sie vor Wut laut schnaufte.

»Ach weißt du was«, fuhr sie fort, »fick dich!«

Reiber blieb so abrupt stehen, dass es Juliane an der Leine den Hals zuschnürte. Sie drehte ihr Köpfchen zu ihm, röchelte mehr als sonst und schaute ihn vorwurfsvoll an. »Fick dich«, hatte Anna gesagt. Die erfolgreiche Anwältin, die gerne in die Oper ging und in schicken Bars Champagner orderte, was Reiber schon immer als Geldverschwendung angesehen hatte, benutzte solche Worte. Nun war es aus. Zumindest dann, wenn er nicht umgehend zurückrufen, Blumen mit entschuldigenden Worten schicken oder einen alles erklärenden Brief schreiben würde. Nichts von all dem hatte er vor.

ÖFFENTLICHKEITSARBEIT

Jörg Schiebitz war vor allen anderen Reportern gekommen. Er hatte es am Empfang vorbei geschafft und klopfte nun an Reibers Tür.

»Die Pressekonferenz ist erst in einer Viertelstunde«, erklärte ihm Reiber.

»Ich weiß, aber das, was man bei einer PK erfährt, kann man in der Pfeife rauchen, das kriegen auch Praktikantinnen raus.«

»Mehr kann ich dir auch nicht sagen, Jörg.«

»Komm schon, dieses Geseiere von wegen ›Rollheimer bringen Kinder um‹, das du nachher bei der Pressekonferenz von dir geben wirst, das glaub ich nicht, da steckt doch was anderes dahinter.«

»Jörg …«

»Was?

»Ich sag nichts. Unter drei sag ich dir, wir haben keine Ahnung, echt nicht.«

»Na super.«

»Aber unter zwei sag ich dir, der Würthe und der Brümm, die waren es beide nicht.« Reiber wusste, Schiebitz würde nun schreiben, dass es aus Ermittlerkreisen hieß, dass sie an der Täterschaft von beiden Verdächtigen zweifelten und noch in eine andere Richtung ermittelten. Das war Reiber recht. Wenn es wirklich, wovon er ausging, einen ganz anderen Täter gab, dann würde ihn dies nervös machen. Und das war immer gut.

»Hm, du glaubst an einen Dritten?«

»Das hab ich nicht gesagt. Jörg! Du weißt, was du damit machen kannst.«

»Und noch was?«

»Was?«

»Werdet ihr was zur Erpressung sagen?«

Woher wusste Schiebitz von der Erpressung? Keiner hatte das rausgegeben.

»Was meinst du?«

»Kurt, es gibt einen Erpresser, er hat in ’ner Kita angerufen und hat eine Million gefordert. Mach mir nichts vor.«

»Jörg, ich kann dich nur bitten, das nicht zu schreiben.«

»Und wenn ich dich nachher frage in der PK?«

»Ich werde es dementieren.«

»Gut. Aber es stimmt?«

»Dazu sage ich nichts«, sagte Reiber und nickte mit dem Kopf.

»Und du schreibst bitte nichts drüber?«

»Das kann ich nicht versprechen«, sagte Schiebitz und nickte ebenfalls mit dem Kopf.

»Wenn wir es verantworten können, es rauszugeben, kriegst du es zuerst. Okay?«

»Danke Kurt. Ich ruf dich jeden Nachmittag halb fünf an. Okay?«

Reiber nickte, er wusste, das war die Uhrzeit, zu der Schiebitz für die Frühausgabe der Zeitung, die abends in Kneipen verkauft wurde, die »Geschichten«, wie er es ausdrückte, »hart« haben musste.

Schiebitz war einer der wenigen Reporter, die Reiber wirklich mochte. Er hatte noch so was wie eine Berufsehre. Er würde das mit der Erpressung nicht schreiben. Aber woher hatte er es erfahren? Reiber wusste, irgendein Leck gab es immer.

»Journalisten sind der natürliche Feind der Polizei.« Das hatte Reiber während seiner Ausbildung gelernt. Er, als damals relativ links stehender diplomierter Soziologe, fand das ziemlich bescheuert. Nun musste er an diesen Satz denken – und er schien zu verstehen, was seine Ausbilder gemeint hatten. Er saß an der Stirnseite eines großen Saals im Polizeipräsidium. Ihm gegenüber Journalisten, Reporter, Redakteure, Boulevardfuzzis, Witwenschüttler und was auch immer. Reiber fühlte sich nicht wohl. Es hatte etwas von einem Tribunal. In wenigen Minuten würden all diese Menschen, die ihre Objektive und Mikrofone auf ihn gerichtet hatten, ihn alles Mögliche fragen. Und er würde nur einen kleinen Teil der Wahrheit sagen dürfen. Alle würden das wissen. Ein beschissenes Spiel.

»Alles klar, Reiber?«, fragte Wischnewski, als er neben ihm Platz nahm. Reiber bemerkte, dass er sich eine dezentere Krawatte angezogen und das auberginefarbene Hemd gegen ein weißes getauscht hatte. Reiber hingegen hatte weiterhin sein schwarzes Kurzarmhemd an, das er schon den ganzen Tag unterm anthrazitfarbenen Leinensakko getragen hatte.

»Klar, und bei Ihnen? Extra schick gemacht?«

»Man tut, was man kann. Die Wirkung in der Öffentlichkeit ist alles.«

Als die Pressekonferenz begann, war es Wischnewski, der das Wort ergriff und geschlagene 17 Minuten am Stück sprach – über die beiden Kindermorde, über ihre Ermittlungen und darüber, dass nun eine Sonderkommission »Spielplatz« eingerichtet worden sei.

»Ich habe eine Frage an den Leiter der Soko«, meldete sich eine junge Journalistin, »warum ermitteln Sie derart politisch einseitig, warum lassen Sie ehemals besetzte Häuser durchsuchen und liefern sich mit kritischen jungen Menschen Straßenschlachten? Und warum setzen Sie als Polizei dabei so ungerechtfertigt viel Gewalt ein?«

»Ich beantworte die Frage gerne«, fing Reiber an. »Zuallererst, wir haben nicht unverhältnismäßig viel Gewalt eingesetzt. Wir haben nur so viele Beamte zu den Einsätzen geschickt, wie nötig waren, um nach dem Verdächtigen zu suchen. Allerdings ist es richtig, dass wir auf heftigen Widerstand gestoßen sind – zum Beispiel bei Durchsuchungen von Wohnprojekten an der Rigaer Straße, als wir nach einem Verdächtigen fahndeten. Warum das so war, sollten Sie mal in Ihren Reihen klären.«

»Ich verbitte mir, mich in diese Ecke zu stellen«, rief nun die Journalistin.

Der Pressesprecher der Polizei wollte etwas sagen, drückte auf das Knöpfchen seines Mikrofons, aber Reiber war schneller.

»Ich stelle Sie in keine Ecke, aber Sie fragen sehr parteiisch. Also kurz die Antwort: Wir suchen einen dringend der beiden Morde Verdächtigen. Dieser Mann, Darryl Würthe, verkehrt in Kreisen der Rollheimer- und Hausbesetzerszene, wäre er Golfspieler oder Mitglied des Tennis Club Rot-Weiß, glauben Sie mir, wir würden auch in Zehlendorf eine Razzia nach der anderen machen.«

Einige Journalisten lächelten, aber der Pressesprecher schien nicht so glücklich mit Reibers Kommunikationsstil zu sein.

Dann meldete sich Jörg Schiebitz zu Wort.

»Herr Reiber, haben Sie außer den beiden Verdächtigen noch eine weitere heiße Spur?«

Reiber war Schiebitz dankbar für die Frage, es entlastete ihn von dem Verdacht, ihm, Schiebitz, Informationen gegeben zu haben. Reiber antwortete artig: »Nein, Herr Schiebitz, derzeit haben wir keine Hinweise auf einen anderen dringend Tatverdächtigen. Wir gehen davon aus, dass einer der beiden Gesuchten, also entweder Herr Würthe oder Herr Brümm, aus den zuvor von Herrn Wischnewski genannten Motiven die Taten begangen haben.«

Reiber war zunächst dagegen gewesen, öffentlich mit Namen nicht nur nach Würthe, sondern auch nach Brümm zu fahnden, aber Wischnewski bestand darauf.

»Werden Sie mit der Bürgerinitiative zusammenarbeiten und diese beim Schulen von Patrouillen unterstützen?«, wollte nun ein älterer Journalist in einer sandfarbenen ärmellosen Weste wissen.

Diesmal antwortete Wischnewski schneller: »Wir werden alles tun, was die Sicherheit der Kinder erhöht. Wir begrüßen es auch, wenn Bürger und Anwohner wachsam sind. Die Aufgabe, Streifengänge zu organisieren und für die Sicherheit zu sorgen, obliegt jedoch in unserem Staate der Polizei. Und daran werden wir nicht rütteln.«

»Sie halten also nichts von den Aktionen der Bürgerinitiative?«

Nun war Reiber schneller und antwortete knapp: »Nein.«

Das brachte ihm böse Blicke sowohl von Wischnewski als auch von dem Pressesprecher ein. Dann meldete sich Schiebitz wieder zu Wort.

»Gibt es Geldforderungen oder Erpressungen im Zusammenhang mit den Taten?«

»Nein, so etwas kann ich definitiv ausschließen«, sagte nun Wischnewski.

Bevor Reiber zu der Versammlung der Bürgerinitiative in den Prater ging, machte er noch einen kurzen Spaziergang mit Juliane.

»Herr Reiber, wenn ich gewusst hätte, dass Sie kommen … dann hätte ich mich natürlich dafür eingesetzt, dass Sie einen Platz auf dem Podium bekommen. Trotzdem, schön, dass Sie da sind.«

Reiber war, noch ehe er sich im Saal, wo sonst Königsberger Klopse serviert wurden, umsehen konnte, direkt in die Arme von Silke Scheible-Meinhorst gelaufen.

»Schon gut, ich finde sicher einen Platz.«

»Sie können uns doch bestimmt etwas zu den Ermittlungen sagen. Warum haben Sie sich denn nur auf die beiden Gesuchten eingeschossen? Warum verfolgen Sie die Spuren in diese mafiösen Geflechte von Immobilienwirtschaft und Gastroszene nicht weiter?«

»Hm, also dazu kann ich, Sie verstehen, nur wenig sagen. Wir ermitteln, wie Sie sich denken können, gleichzeitig in viele Richtungen. Aber das kann man ja nicht an die große Glocke hängen …«

»Aha, Sie denken also auch, es könnte diese Mafia sein, und rechnen mit weiteren Morden. Aha!«

»Halt, halt«, Reiber unterbrach Scheible-Meinhorst, »von Mafia habe ich nichts gesagt. Und ich glaube auch nicht, dass es weitere Morde geben wird. Sollten Sie das so propagieren, ist das unverantwortliche Panikmache – und wer weiß, das stachelt den Täter dann vielleicht ja sogar noch an.«

»Ach Sie! Sie haben doch nur nicht genug Beamte, um uns schützen zu können. Sonst würden Sie nicht so reden …«, sie war abgelenkt, weil ein Mann zu der Tür, die Silke Scheible-Meinhorst stets im Blick hatte, hereinkam. »Da kommt Herr Thaler. Kennen Sie ihn?«

»Nein …«

»Ich muss Ihnen Herrn Thaler vorstellen, meinen Stellvertreter also den zweiten Vorsitzenden unserer Initiative. Herr Thaler! Huhu! Hierher!«

Dieses Extrovertierte, Reiber hatte schon jetzt genug von dem Abend. Und dann noch dieser Thaler. Er war einer der Menschen, die Reiber auf den ersten Blick unsympathisch waren. Ein sportlicher Typ oder das, was man im Alter über

60 eben als solchen bezeichnet: schlank und braun gebrannt. Thaler musterte Reiber mit seinen stahlblauen Augen. Über seinem dunkelblauen Ralph Lauren Poloshirt trug Thaler eine leichte gelbliche Tommy Hilfiger Jacke und zu seinen Boss-Jeans hellbraune Slipper. Diese wollten nicht so recht passen zu dem Katalog-Freizeit-Outfit des offenbar nicht auf Hartz IV angewiesenen Herrn. Reiber dachte sofort, die Slipper verrieten ihn als Ossi, obwohl er wusste, dass dieser Gedanke ganz schön west-chauvinistisch war und er bei Zehlendorfer Senioren genauso viel Anlass zum Lästern gefunden hätte. Trotzdem, sein Bauch hatte längst entschieden: diesen Herrn mochte er nicht.

»Sie sind also der Leiter der neuen Soko. Das freut mich. Guten Abend.«

Thalers Lächeln war das eines Haftcrememodels.

»Genau. Und Sie wollen hier für mehr Sicherheit sorgen.« Reiber wusste, dass diese Gesprächseröffnung seine Abneigung offen zur Schau stellte. Aber das war ihm egal.

»Wir versuchen eben, der Polizei zu helfen. Selbstverständlich erkennen wir das Gewaltmonopol des Staates an. Aber bürgerliches Engagement kann man ja nicht verurteilen. Davon gibt es viel zu wenig in unserem Staat.«

Klugscheißerischer Labersack, dachte Reiber. Er schaute, ob er an Thalers Fingern einen Ehering sah. Das war nicht der Fall. Sicher, dachte Reiber, bequatschte er mit solchen Sätzen irgendwelche Frauen, die das dann toll fanden und sich von dem Herrn auf ein Gläschen Aperol oder womöglich gar nur auf ein Glas Goldbrand einladen ließen.

»Sie meinen es also gut.«

»Aber natürlich. Ich verstehe nicht, warum Sie unsere Hilfe nicht begrüßen.«

»Eigentlich kommen wir ganz gut zurecht, außerdem hab ich von Ihrer Hilfe noch nichts gesehen.«

»Also ich bitte Sie, Sie zeigen so wenig Verständnis für die Ängste der Bevölkerung … Und das mit der Hilfe, das werden wir ja heute Abend besprechen.«

Zum Glück sah Reiber nun Britta, ein Grund, sich erst mal zu verabschieden und das Gespräch nicht weiter eskalieren zu lassen. So wie sich Reiber selbst kannte, hätte das gut passieren können.

Gemeinsam mit Britta stellte sich Reiber an den Rand des Saales. Sie schauten sich die Gäste an. 70 Prozent Frauen, alles wohl Mütter, manche mit ihren Kindern. Den Altersdurchschnitt schätzte Reiber auf 33, Thaler war eindeutig einer der Ältesten. Es waren, so würde man es wohl ausdrücken können, Angehörige des Bildungsbürgertums, Menschen, die es gelernt hatten und gewohnt waren, das Wort zu führen – sei es in Oberseminaren, bei Elternabenden privater Schulen, bei Parteiveranstaltungen der Grünen, Wohneigentümer-Versammlungen oder bei Meetings in den Kongresshotels dieser Welt. Dementsprechend eifrig meldete man sich.

Scheible-Meinhorst manövrierte sich mit ihren eigenen Redebeiträgen immer weiter ins Abseits. Sie schlug allen Ernstes vor, Spielplätze mit Milchglasscheiben zu überdachen, sodass ein Zielen auf Kinder unmöglich würde. Und sie stellte die Frage des Einsatzes der Bundeswehr zur Debatte, weil diese auch die Plätze mit Tarnnetzen verhängen könnte und genug Personal hätte, in jedem Hauseingang einen Soldaten zu postieren, der jeden auf Waffen untersuchen könnte. Reiber freute sich innerlich darüber, sollte doch auch mal ein größeres Publikum mitbekommen, mit was für verpeilten Menschen sie es tagtäglich zu tun hatten. Thaler, den Britta als keineswegs so unsympathisch ansah, wie Reiber ihn fand, profitierte von Scheible-Meinhorsts Verschwörungstheorien. Er wurde auf mehrfachen Vorschlag spontan als neuer Vorsitzender der Bürgerinitiative gewählt. Silke Scheible-Meinhorst musste sich mit dem Stellvertreterposten begnügen. Thaler setzte durch, dass sich für jeden Spielplatz im Kiez Gruppen bilden sollten, die dort tagsüber auf Streife gingen.

»Wir zahlen zwar Steuern für unsere Sicherheit, für unsere Polizei. Doch dieser Staat ist nicht in der Lage, das Wertvollste, das wir haben, unsere Kinder, die Zukunft von uns allen, vor einer mörderischen Bedrohung zu schützen«, sagte Thaler, und es klang in den Ohren von Reiber wie die Rede eines Politikers der Rechtsextremen.

Wie die Streifengänge diesen Schutz bieten sollten, das erschloss sich Reiber nicht, Thaler bekam derweil für seinen Vorschlag, in jedes Haus rund um den Helmholtzplatz einen Sicherheitsbeauftragten zu benennen, viel Zuspruch.

»Früher hieß das Abschnittsbevollmächtigter«, sagte Britta leise.

»Ich dachte ja gleich, der kommt aus dem Osten«, erwiderte Reiber.

»Na du wieder – wir haben nun Kontaktbereichsbeamte, das ist auch nicht viel anders.«

»Aber hallo! Die arbeiten, wenn sie denn arbeiten, für einen Rechtsstaat und nicht für so einen Schnüffelstaat.«

»Ist ja gut.« Britta wollte keine Diskussion mit Reiber anzetteln – schon gar nicht über das Thema DDR.

Reiber war froh, dass er an dem ganzen Abend nur drei Mal das Wort ergreifen musste. Es waren stets sehr sachliche Fragen gewesen, die er zu beantworten hatte. Er erklärte, dass weiter nach den zwei Verdächtigen gefahndet werde, sagte ein paar Worte zur Arbeit der Soko und begründete nochmals die Schließung des Spielplatzes aus Sicherheitsgründen.

Mit einer Frau, die neben Reiber stand und offensichtlich große Stücke auf Thaler hielt, kam er ins Gespräch. Sie sagte auf Reibers Nachfrage, dass sie nicht glaube, dass er aus dem Osten komme. Der sei so anders als die Jammerossis, und zudem sei er, während fast alle Alteingesessenen aus dem Kiez weggezogen seien, ja erst vor ein paar Jahren hierhergezogen. Wenn er Ossi wäre, erklärte sie, würde er eher in ein Häuschen nach Mahlsdorf gezogen sein. Reiber mochte die freche Art der Frau, die keine Scheu hatte, ihren Vorurteilen freien Lauf zu lassen. Er musste das Gespräch unterbrechen, weil sich Arnim Witzeck zu Wort gemeldet hatte, und er kurz Britta sagen wollte, wer das war. Der Chef von »Prenzel Urban Living« und »Real Estate Consulting« verkündete, dass sein Unternehmen für die Ergreifung des Täters 10.000 Euro Belohnung aussetze. Zusammen mit den 5.000 Euro, die die Polizei ausgelobt hatte, gab es nun also 15.000 Euro. Das war genug Geld, um womöglich irgendeinen Mitwisser, irgendeinen Helfer des Waffenhändlers schwach werden zu lassen, hoffte Reiber.

WOHNZIMMER-GEDANKEN III

Er legt die letzte von fünf Zeitungen, die er vorhin am Kiosk kaufte, neben sich auf den Stuhl. Es ist heute Vormittag eigentlich etwas zu kühl, um draußen zu sitzen, aber er hat seinen dicken Pullover angezogen. Er mag die Ecke hier eben. Den Blick auf den Platz, der hinter dem Polizeiabsperrband wieder menschenleer ist. Er nimmt einen Schluck Grauburgunder.

Die Zeitungen berichten alle in ihren Hauptausgaben über die Bürgerinitiativen-Versammlung vom Abend zuvor und über die Pressekonferenz der Polizei. Nach den ersten zwei Artikeln darüber, hat er die anderen nur überflogen. Immer das Gleiche. Er ist zufrieden. Keine Gefahr für ihn. Und, dass nun 15.000 Euro Belohnung ausgesetzt sind, das wird daran, dass sie ihn nicht kriegen, auch nichts ändern. Wer weiß schon von ihm? Keiner.

Allerdings, Dimitrij – er macht sich das erst jetzt so richtig bewusst – der kennt ihn natürlich. Auch von früher noch. Der ahnt freilich, dass mit dem Gewehr, das er besorgt hat, die Kinder umgenietet wurden. Er geht noch mal rein an den Tresen und holt sich einen zweiten Grauburgunder. Er hat Dimitrij nicht gesagt, wofür er die Waffe brauchte. Aber es war so eine unausgesprochene Übereinkunft gewesen, dass die Sache etwas gegen den Staat sein sollte. Wenn man es genau bedenkt, war es das ja auch, die Bevölkerung durch Kindermorde zu verunsichern, den Staat als unfähig hinzustellen, seine Bürger zu schützen. Das ist doch genau der Boden, auf dem dann die Rufe nach einem starken Mann von rechts gedeihen. Und das ist es doch auch, was Dimitrij will. Trotzdem, die 15.000 Euro, die sind schon viel Geld, die könnten Dimitrij womöglich schwach werden lassen. Andererseits könnte er ihm dann den Waffenhandel anhängen und was er da so alles macht in dieser Szene. Das ist sicher auch nicht ganz ohne. Er will es ja gar nicht so genau wissen, hat ja mit den Rechten nichts am Hut. Ob er Dimitrij noch mal anrufen und ihm ins Gewissen reden sollte? Sie hatten sich ja kurz gesehen, weil er noch Munition wollte, da war es ihm schon nicht ganz recht gewesen, einen Kindermörder zu beliefern. Aber wenn man damit Angst und Schrecken verbreiten kann, dann ist das eigentlich wie Terrorismus. Vielleicht sollte er das genau so Dimitrij erklären. Ja, das wird er machen. Er wird ihn anrufen oder besser treffen. Und vielleicht wird er ihm sagen, dass der Terror weitergeht.

Das hieße, nochmals schießen. Noch ein Kind. Aber es sind gar keine mehr auf dem Platz. Und er hat auch keinen Grund mehr – eigentlich. Die offene Rechnung ist längst beglichen. Bis jetzt hat sich noch kein Fünkchen schlechtes Gewissen bei ihm eingestellt. Ob er ein schlechter Mensch ist, weil es ihm so gar nichts ausmacht, Kinder zu töten? Andererseits hat er ja auch schon viel Gutes getan in seinem Leben. Und Kinder sterben sowieso ständig irgendwo auf dieser Welt. Dass er kein Mitleid hat, ist sicher nur ein Zeichen dafür, dass er an diese Welt besonders angepasst ist, dass er einer derjenigen ist, die durchkommen, die immer oben schwimmen. Das hat er ja bewiesen, er hat es geschafft, es geht ihm gut. Und diese weinerlichen Rumjammerer, mit denen will er eh nicht verglichen werden. Die könnten solche Taten wie er nie vollbringen. Die könnten ja nicht mal das Gewehr ruhig halten.

Also noch mal schießen? Verlockend ist das ja schon. Das wird dann erst eine Panik geben. Dann wird seine Tat wirklich in allen Medien sein. Sicher europaweit. Die Gelegenheit, es wieder zu tun, hat er ja. Das Gewehr liegt noch in seinem Versteck. Wie ist er froh, dass er damals mit diesen Hausmeistern gesoffen hat und sich von einigen Schlüssel für Dachböden ausgeliehen hat. Angeblich für heimliche Treffen mit Frauen. Die fanden das prickelnd, an solch unmoralischen Taten mitzuwirken, gaben die Schlüssel gerne her für ein paar Biere, ein paar Schnäpse und ein paar Euro. Die wissen sicher bis heute nicht, dass er sich die Schlüssel hat nachmachen lassen. Auf die Idee, das der Polizei zu sagen, kommen die auch nicht, da ist er sich sicher. Ist ja lange her. Damals hat er noch anderes vorgehabt, hat gedacht, er könne die Dachgeschosse mal als Zwischenlager nutzen. Aber das mit dem Verschieben von Zigarren aus Kuba in die USA über Prenzlauer Berg hat sich dann zerschlagen. War ja eine Schnapsidee.

Aber ob er es wirklich ein drittes Mal machen soll? Wahllos irgendein Kind? Warum nicht, da könnte er sie dann nochmals spüren – die pure Macht. Das ist ein Gefühl! Er nimmt noch einen Schluck Grauburgunder. Unbeschreiblich, das Gefühl. Das mit dem Trösten der trauernden Mütter, was er ja mal plante, lässt sich hingegen nicht so leicht realisieren. Gut, diese Auerbach, die hat sich ja schon ein bisschen auf ihn eingelassen, war mit ihm mal essen. Aber mehr auch nicht. Die Frauen heute steigen nicht mehr so schnell mit einem in die Kiste. Das war früher einfacher, erinnert er sich. Dafür jedenfalls würde sich kein Mord lohnen. Das Trösten wäre allenfalls ein erfreulicher Nebeneffekt. Aber Dimitrij könnte er mit dem nächsten Schuss den Beweis liefern, dass er ein ganz harter Knochen ist. Dass er echt den Staat provoziert. Er hätte auch seinen Spaß daran, dieses selbstzufriedene Ökospießertum mal ein bisschen aufzumischen. Er beginnt, sich mit dem Gedanken anzufreunden. Einfach so zu töten und nicht zur Rechenschaft gezogen zu werden dafür, das ist schon ein ziemlich gutes Gefühl. Hat nicht mal Dostojewski darüber geschrieben? Er hat zu Hause sicher noch irgendwo

»Schuld und Sühne«, wobei das ja den russischen Originaltitel nicht so genau wiedergibt, er weiß das, hat oft darüber mit seinen Freunden diskutiert, »Verbrechen und Strafe«, der Titel der neueren Übersetzung, trifft es besser. Aber nein, mit Rakolnikow will er sich nicht vergleichen. Der übersteht seine Taten ja nicht so gut wie er. Der stellt sich sogar der Polizei. Er wird das nicht tun, niemals.

BAUCHGEFÜHL UND GRAPPA

Reiber musste an das Glockenspiel am Münchener Rathaus denken, wo in der oberen Etage ein Turnier dargestellt wird, das zur Hochzeit von Herzog Wilhelm V. 1568 stattfand, und in der unteren Etage ein Schäfflertanz, der in den Pestjahren 1513 bis 1515 entstanden war. Alle, die ihn während seiner Studienzeit in München besucht hatten, wollten sich diese überdimensionale Spieluhr vom Marienplatz aus anschauen. Deswegen wusste er noch immer, was dort mit den Figuren dargestellt wird. Er hatte es oft genug erklären müssen. Nun wurde er daran erinnert, weil ihm der Helmholtzplatz wie eine große Spieluhr vorkam. Er hatte sich vorgenommen, seine Mittagspause dort zu verbringen. Er stand schon eine gute halbe Stunde an der Ecke Raumer- und Dunckerstraße mit einem Cappuccino im Pappbecher in der Hand. Die Figuren, die sich um den abgesperrten Platz drehten, waren immer dieselben. Die beiden Frauen Mitte 30 hatten auf ihrer blutorangeroten beziehungsweise eierschalenweißen Windjacke je einen großen neongrünen Button angesteckt, auf dem stand »Schützt unsere Kinder«. Er grüßte freundlich. Beim zweiten Vorbeigehen, dachte er, würden sie ihn womöglich als Verdächtigen einstufen und beim dritten Rundgang Alarm schlagen. Mehr könnten sie ja auch nicht tun. Viel anders agierten Reibers Kollegen ja auch nicht. Drei erkannte er und nickte ihnen zu – auch sie schlenderten betont lässig in Zivil um den Platz, einer linksrum, zwei rechtsrum. Direkt auf dem abgesperrten Platz standen zwei Mannschaftswagen der Polizei, deren Insassen ab und an auch um den Platz schlenderten. Im Zweifel, das wusste Reiber, würde all das keinen Mord verhindern. Aber eine bessere Idee, wie man den Anwohnern Schutz vorgaukeln konnte, hatte er auch nicht.

Als er zurück zu seinem Dienstwagen ging, kam ihm auf der Dunckerstraße Sandra Faller mit Jannik entgegen. Reiber freute sich, grüßte Sandra Faller und den Kleinen etwas zu euphorisch.

»Wenn Sie nichts dagegen haben, begleiten wir Sie ein Stück«, sagte Reiber, obwohl Sandra Faller ja genau in die entgegengesetzte Richtung unterwegs gewesen war.

Zunächst schien sie nicht allzu sehr begeistert zu sein von dieser Idee. Doch bei dem Wort »wir« hatte sie gestutzt, nach unten auf Juliane geschaut, die ihr entgegen lächelte. Ja, Möpse konnten lächeln, das behauptete Reiber, seit er Juliane besaß. Jedenfalls entlockte der kleine Hund Sandra Faller ein Lächeln.

»Gut, wenn Sie mögen … Haben Sie schon was Neues herausbekommen?«

»Wenn ich ehrlich bin, und das bin ich ja immer zu Ihnen«, Reiber hoffte nach dieser Einleitung auf ein weiteres Lächeln – vergeblich, »also ehrlich gesagt, nicht.«

Gemeinsam gingen sie auf der Dunckerstraße in nördliche Richtung entlang des Helmholtzplatzes. Reiber sagte nichts. Sandra Faller versuchte, Jannik zu erklären, warum sie so schnell nach Hause müssten, weil er nämlich noch bei Anton zum Kindergeburtstag eingeladen sei. Jannik ging direkt neben Juliane, allzu groß war der Höhenunterschied nicht und immer mal wieder, wenn er sich unbeobachtet fühlte, strich der Junge Juliane über den Kopf. Offenbar glaubte er, das sei nicht erlaubt.

»Frau Faller! Hier würd ich nicht entlang gehen mit dem Kind!«

Karl Thaler war aus einem Hauseingang getreten.

»Guten Tag, Herr Thaler, darf ich Ihnen noch zu den Wahlen von gestern gratulieren?« Reiber verpackte es als eine höfliche Frage. Gratulieren wollte er ja eigentlich gar nicht.

»Danke, Herr Reiber. Nun arbeiten wir wohl Seite an Seite, hab schon gesehen, sind ja heute einige Beamte von Ihnen in Zivil hier unterwegs. Gut. Nur die Gehwege hier entlang des Platzes, die müsste man auch sperren.«

»Wie stellen Sie sich das vor, dann könnte keiner mehr in sein Haus, die Geschäfte und Kneipen könnten zumachen …«

»Dann müsste man eben Ausweise kontrollieren, nur noch Anwohner durchlassen. Die Geschäftsbetreiber entschädigen …«

»Das ginge ja wohl wirklich zu weit«, mischte sich nun Sandra Faller ein.

»Gerade Sie sagen das! Sie sollten lieber auf Ihren Sohn aufpassen. Wenn die Polizei die Gefahrenzone schon nicht vollständig sperrt, sollten Sie wenigstens wachsam sein.«

Ich begleite Sie noch ein Stück«, stellte Reiber fest, und mit Blick auf Thaler fügte er an: »Mein Polizeihund und ich, wir bringen Sie gerne persönlich und sicher aus der Gefahrenzone.«

»Lustig find ich das nicht, Herr Reiber. Gar nicht!«

Reiber war froh, Thaler los zu sein und noch ein paar Schritte mit Sandra Faller gehen zu können.

»Kennen Sie Herrn Thaler eigentlich näher?«, fragte er.

»Nein, er ist halt einfach immer da.«

»Wie meinen Sie das?«

»Naja, er hat Zeit und offenbar auch Geld, zumindest wenn man sieht, wie oft er in Kneipen und Restaurants rum sitzt, was er so anhat und wie oft er jemanden einlädt.«

»Macht er das schon länger?«

»Also ich krieg das ja erst seit einem Jahr mit, seit ich hierher gezogen bin. Aber ich hab gehört, dass er auch noch nicht so lange hier wohnt.«

»Und er lebt allein?«

»Soviel ich weiß, ja. Er bringt wohl seine Rente hier durch.«

»Na, das ist ja ein schönes Leben.«

»Ja, das ist halt so ein Triple-R.«

»Ein was?«

Sandra Faller lachte: »Ein rüstiger reicher Rentner eben!«

»Sie meinen solche, die nach Berlin kommen, weil hier das Leben steppt, weil man Theater und Oper vor der Nase hat und gute Restaurants und Chancen auf einen zweiten Frühling?«

»Genau, und wenn der zweite Frühling dann endgültig vorbei ist, hat man hier ja immerhin noch bessere medizinische Versorgung als auf dem Land.«

»Wer sich's leisten kann, klar, warum nicht«, sagte er, und fügte an, »kommt der Thaler eigentlich aus dem Westen?«

»Das müssen Sie ihn selbst fragen. Keine Ahnung, er macht den Eindruck, ja, aber manchmal hab ich so das Gefühl, da stimmt was nicht, er kommt doch aus dem Osten. Aber warum fragen Sie mich das?«

»Naja«, Reiber merkte, dass er sich in dem Gespräch wohl thematisch ein wenig verrannt hatte, »eine Art Berufskrankheit von Polizisten wohl. Entschuldigen Sie, dass ich Sie so ausfrage.«

»Bist du denn wirklich bei der Polizei?«, wollte nun Jannik wissen.

»Ja.«

»Und hast du 'ne Waffe?«

»Auch das. Aber ganz so spannend wie im Fernsehen ist das nicht.«

»Ich darf kein Fernsehen schauen.«

»Ach so, ja also, ähm, so spannend wie in Büchern ist das auch nicht. Das ist ein Beruf wie jeder andere.«

»Darf ich deine Waffe sehen?«

»Jannik!«, nun griff Sandra Faller in das Gespräch ein.

»Du, die hab ich gar nicht dabei«, log Reiber.

»Schade.«

»Aber Handschellen kann ich dir zeigen.« Er griff in die Tasche seiner Windjacke und holte tatsächlich ein Paar Handschellen heraus.

»Wow, super«, sagte Jannik, aber am Gesichtsausdruck seiner Mutter konnte Reiber ablesen, dass ihr das gar nicht recht war.

»Und darf ich den Hund noch mal streicheln?«

Juliane hatte ihm längst mit der Nase gegen seine kleinen Kinderbeine gestupst.

»Aber sicher«, sagte Reiber, »das ist Juliane.« Und zu Juliane gerichtet sagte er: »Juliane, das ist Jannik, sei artig, mach dein Fell weich und lass dich brav streicheln.«

Inzwischen waren sie an der Wichertstraße angekommen, wo Sandra Faller wohnte. Reiber verkniff es sich zu fragen, ob er noch auf einen Kaffee zu ihr hochkommen dürfe. Aber immerhin schaffte er es noch zu erfahren, dass sie Architektin war, nun aber Kinderbücher illustrierte und dass sie nichts dagegen hätte, wenn er sie mal anrufe, wenn er wieder in der Gegend wäre und Zeit für einen Kaffee hätte.

Reiber stellte fest, dass er noch fast eine Stunde Zeit hatte, bevor er ins Büro musste. Für 14.30 Uhr hatte er eine Soko-Sitzung einberufen. Daher beschloss er, sich irgendwo hinzusetzen, etwas zu trinken, meist konnte er dabei besser nachdenken als im Büro. Nur hier am Helmholtzplatz machte es keinen guten Eindruck, wenn ein Kommissar tagsüber im Café saß. Wenn er sich beeilte, würde er es noch schaffen, beim »kleinen Italiener« wie er ihn nannte, an der Großen Präsidentenstraße in Mitte eine Kleinigkeit zu essen. Dort, in der Osteria Tarantina kannte man ihn und er konnte in Ruhe einen Trebbiano trinken, und Juliane bekam ihr Schälchen Wasser.

Kurz darauf saß er ganz hinten in dem Gastraum. Er war kleiner als die Küchen einiger derjenigen, die zu dem Bürgerinitiativen-Treffen gekommen waren, dachte Reiber. Er bestellte ein zweites Viertel Trebbiano zum Zander. Er hatte ein gutes Gefühl, was Sandra Faller anging. Das war – mindestens – die Vorstufe vom Verliebtsein. Dass sie ein Kind hatte, dass sie irgendwie mit dem Fall zusammenhing, waren eigentlich Ausschlusskriterien für ihn. Aber darüber wollte er jetzt nicht nachdenken. Die Fahndung nach Würthe und Brümm, er hatte das nach dem Gemüsestrudel als Vorspeise nochmals abgefragt, hatte nichts erbracht. Sein Bauchgefühl sagte ihm, dass keiner der beiden der Mörder war – aber belegen freilich konnte er diese These nicht.

Als Espresso und Grappa kamen, musste er an den Ausdruck »Triple-R« denken. Er hatte ihn noch nie gehört. Er gefiel ihm. Es war doch schön, wenn man es sich gut gehen lassen konnte. So wie er jetzt. Er genoss es. Vielleicht, dachte er, war Thaler – so unsympathisch er ihn auch fand – in manchen Dingen ihm ja sogar ähnlich. Er wusste nur zu wenig über ihn. Reiber rief Dieter an und bat ihn, er möge mal die »Basics« über Thaler rausfinden. Er solle das aber innerhalb der Soko nicht jedem auf die Nase binden, dass er für Reiber in Thalers Privatleben rum stochere. Reiber wollte sich gar nicht ausmalen, wie er dastünde, wenn herauskäme, dass er gegen den Chef der in der gesamten Presse hochgelobten Bürgerinitiative ermitteln ließ. Dabei war es gar nicht so gemeint, er wollte nur etwas mehr wissen über diesen Typen.

STUDENT MIT PUMPGUN

Hunderte Anrufe hatte es gegeben, nachdem die Belohnung in der Öffentlichkeit bekannt geworden war. 99,9 Prozent der Tipps waren zwar völlig unbrauchbar, doch eine heiße Spur war darunter. Reiber erfuhr das, als er zurück ins Kommissariat gekommen war. Diese Spur führte zu einem Studenten, der in Internet-Foren immer wieder über den perfekten Mord philosophiert und damit geprahlt hatte, diesen ausführen zu können. Ein Internetbekannter hatte sich bei der Polizei gemeldet, weil sich dieser Student im Netz mit den Kindermorden vom Helmholtzplatz gebrüstet hatte. Die Spezialisten im LKA waren schnell auf den Namen des Studenten und seine Adresse gekommen. Jan Schumann, 26 Jahre alt, wohnte an der Raumerstraße direkt am Helmholtzplatz mit Blick auf den Spielplatz. Alles passte. Jetzt musste Reiber entscheiden: Entweder artig bei dem Verdächtigen klingeln und sich dann langsam fragend vortasten. Oder mit dem SEK anrücken, die Wohnung stürmen und im Zweifel verbrannte Erde hinterlassen. Reiber entschied sich für Letzteres. Erstens konnte es nicht schaden, angesichts der durch die Bürgerinitiative aufgeheizten Stimmung im Kiez mal zu demonstrieren, dass die Polizei durchaus nicht untätig war. Und zweitens könnte es ja wirklich sein, dass so ein durchgeknallter Student hinter den Morden steckte. Sie hatten früher Mädchen zum Picknick in den Englischen Garten eingeladen, hatten nächtelang diskutiert über Verantwortungs- und Handlungsethik und dabei viel zu viel Tequila in komischen Kneipen getrunken. Die heutige Studentengeneration saß wohl lieber alleine vor dem

Computer und chattete. Das konnte auf Dauer ja nicht gut sein, dachte Reiber.

Die SEK-Beamten waren in ihren schnellen Oberklasse-Kombis und Mercedes-Geländewagen vorgefahren. Ohne Blaulicht, ohne Martinshorn. Reiber, Britta, Dieter und Gerd standen auf dem Gehweg, als gehörten sie nicht dazu. Nichts deutete auf einen Polizeieinsatz hin. Auf einen für Außenstehende nicht wahrnehmbaren Befehl hin purzelten die in schwarze Schutzanzüge gehüllten SEK-Beamten mit schusssicheren Westen, Masken, Stahlhelmen und Schildern aus Panzerglas und Stahl aus den Wagen. Es dauerte nur einen Moment. Dann hörte man selbst auf der Straße das Splittern der hölzernen Wohnungstür. Der helle Schein der Blendgranate, die das SEK zündete, war durch die Fenster weithin zu sehen. Nun wurden auch die beiden freiwilligen Streifen der Bürgerinitiative aufmerksam und blieben vor der Polizeiabsperrung stehen. Na toll, dachte Reiber, wenn das jetzt ein Schuss gewesen wäre, hätten sie auch nichts ausrichten können. Plötzlich hörte er tatsächlich Schüsse. Vier, fünf, sechs. Das war kein gutes Zeichen. Der SEK-Einsatzleiter winkte ihn auch schon zu sich in den Mercedes-Bus mit den verdunkelten Scheiben. Er hatte soeben über Funk erfahren, dass der Verdächtige tot sei. Erschossen von den Beamten.

In der Wohnung bot sich Reiber ein grausiges Bild. Die SEK-Kollegen hatten Helme und Masken abgenommen. Sie standen um einen jungen Mann herum, dessen Brust von mehreren Schüssen durchlöchert worden war. Neben dem Toten lag eine Pumpgun.

»Mit der hat er auf uns gezielt«, erklärte ein Beamter, während er einem neben ihm Knienden, offenbar dem Schützen, über den Kopf strich. Er tat das ganz automatisch, so als wäre es ein Hund. Aber der Schütze hatte nichts dagegen. Es schien ihm gut zu tun. Er stand unter Schock.

»Wir haben uns als Polizei zu erkennen gegeben und ihn drei Mal aufgefordert, die Waffe fallen zu lassen, das belegt unsere Videoaufzeichnung«, erklärte nun ein anderer SEK-Mann.

Seit Neuestem waren die SEK-Beamten bei solchen Einsätzen, mit kleinen Kameras und Mikrofonen ausgestattet, die am Helm befestigt waren. Zur Beweissicherung. Vor Jahren nämlich, als in Neukölln ein SEK-Beamter bei der Stürmung der Wohnung einer libanesischen Großfamilie erschossen worden war, war vor Gericht lange darum gestritten worden, ob die Beamten laut und deutlich genug gesagt hätten, dass sie von der Polizei kamen. Der Todesschütze hatte ausgesagt, er sei davon ausgegangen, dass es sich um den Überfall eines verfeindeten Clans gehandelt hätte.

»Ich hatte den Eindruck, der wollte erschossen werden, so krampfhaft, wie der sich an der Pumpgun festhielt, trotz unserer Übermacht. Es muss ihm klar gewesen sein, dass er das nicht überleben würde«, sagte der kniende SEK-Beamte nun zu Reiber.

Reiber schaute sich in der Zweizimmerwohnung mit Blick direkt zur Rutsche auf dem Helmholtzplatz um. Ideal für den Todesschützen. Drei Stunden lang durchwühlte er mit seinen Kollegen jede Ecke der Wohnung. Sie fanden neben der Pumpgun noch eine scharfe Pistole und einen Revolver, allerdings kein Scharfschützengewehr. Trotzdem, dachte Reiber, diese Waffen hätte man schon nach dem ersten Mord finden können – das hätte Schumann womöglich das Leben gerettet, wenn er damals schon aufgeflogen wäre. Jan Schumann war aus Ilmenau zum Studieren nach Berlin gekommen. Reiber fand gerade Fotos der Familie und Briefe der Eltern, als sein Handy vibrierte.

»Er hat wieder angerufen. Der Erpresser. Diesmal bei der Hausverwaltung Fürtl in der Ackerstraße.«

Reiber war froh entschieden zu haben, dass das Soko-Büro rund um die Uhr besetzt sein musste. Sonst hätte ihn das nicht so schnell erreicht.

»Ich sag gleich auch noch Herrn Stegner Bescheid.«

»Das müssen Sie nicht«, erklärte Reiber, »Gerd ist bei mir. Erzählen Sie mir lieber mal, was der Erpresser gesagt hat.«

»Ein Wagen ist unterwegs zu der Verwalterin. Am Telefon sagte sie nur, dass der Mann offenbar mit verstellter Stimme sprach und sagte, er werde sich wieder melden. Die Geldübergabe solle in zwei Tagen über die Bühne gehen.«

»Okay. Herr Stegner und ich fahren auch gleich zu der Verwalterin.«

Viel hatte Bianca Fürtl, die spät am Abend noch Betriebskostenabrechnungen gemacht hatte, nicht zu sagen. Nur das, was sie ohnehin schon wussten, nämlich, dass der Entführer die Million in zwei Tagen haben wollte. Und dass er die genauen Bedingungen und den Übergabeort noch nennen würde. Weshalb er ausgerechnet bei dieser Hausverwaltung anrief, wunderte Reiber.

»Ich habe einen Laden am Helmholtzplatz zu vermieten«, erklärte schließlich Bianca Fürtl, »und dort auf einem Plakat im Schaufenster steht meine Telefonnummer.«

Wenn der Täter weiter so vorging, hätten sie kaum eine Chance herauszubekommen, bei wem er sich in zwei Tagen melden würde, dachte Reiber. In irgendeiner Kneipe, irgendeinem Laden, der an dem Platz lag, oder in einer Wohnung dort. Alles war möglich. Eines stand jedenfalls fest, der Student war nicht der Erpresser gewesen. Und wahrscheinlich auch nicht der Mörder.

Trotzdem: »Kindermörder stirbt im Kugelhagel der Polizei«, titelte am nächsten Morgen eine Boulevardzeitung. Andere Blätter waren vorsichtiger. Ein Redakteur textete die Zeile: »Polizei erschießt den Falschen.« Das traf es schon eher. Jedenfalls hatte sich, obwohl einige Beamten die Nacht über durchgearbeitet und an den Händen des Toten nach Schmauchspuren gesucht hatten, kein neuer Anhaltspunkt ergeben, der auf Schumanns Täterschaft hindeutete.

»Andere werden, wenn ich denn von dieser Erde gehe, den Kampf weiterführen. Ich aber werde zuvor bis zum letzten Atemzug unserem Ideal, dem Kampf gegen die Herrschenden, treu bleiben und im Kugelhagel sterben, abgefeuert von Schergen dieses verbrecherischen Systems. Man wird mich als Verrückten hinstellen. Aber das bin ich nicht. Das war ich nie. Ich sterbe als Kämpfer für eine gerechte Sache.«

»Und so jemand studiert auf unsere Kosten«, kommentierte Reiber, nachdem Dieter diesen Blogbeitrag von Jan Schumann vorgelesen hatte. Hinweise, ob er der rechten oder linken Szene zugehörte, fanden sich nicht, wohl aber war der Student in psychiatrischer Behandlung gewesen.

Würthe und Brümm waren noch immer nicht gefasst. Inzwischen waren schon linke Hausprojekte in Hamburg und Hannover durchsucht worden. Aber auch dort: keine Spur von Würthe.

Reiber beschloss, nochmals zu der Wagenburg zu fahren. Es war so ein Bauchgefühl. Als er an der Margarete-Sommer-Straße ausstieg und mit Juliane auf den Platz ging, kam ihnen ein kleiner wurstförmiger Hund mit weißem Fell und ein paar braunen Flecken schwanzwedelnd entgegen und schloss Freundschaft mit Juliane. Es dauerte nicht lange, dann kam eine junge Frau aus einem der Wagen, rief nach Lindi, aber diese schien sich mit Juliane so gut zu verstehen, dass sie nicht zurück wollte in die Welt der Rollheimer. Wenn sie sich anders anziehen, vielleicht auch fleckenfreie Kleidung in ihrer Größe bevorzugen und ihre verfilzten Haare waschen und eines oder vielleicht auch zwei der Piercings wenigstens aus dem Gesicht entfernen würde, sie wäre durchaus eine hübsche Frau, dachte Reiber und stellte gleichzeitig fest, dass er sich zu jemandem entwickelte, den er früher abschätzig als Spießer bezeichnet hätte. Er wurde alt.

»Lindi, komm her!«, rief die Frau.

»Die zwei verstehen sich wohl«, meinte Reiber.

Er bekam einen misstrauischen Blick als Antwort.

»Lassen Sie die zwei doch spielen.«

»Ist aber kein Hundeauslaufgebiet hier. Krieg ich von Ihnen dann nicht 'nen Strafzettel, Herr Wachtmeister?«

Das gefiel Reiber.

»Wer weiß? Könnte schon sein, aber bei so netten kleinen Hunden drück ich gern mal ein Auge zu.«

»Wenn Sie das Frauchen dafür … ausfragen dürfen. Was?«

»Ich frag ja gar nichts.«

»Aber deshalb sind Sie doch hier, machen Sie mir nichts vor. Ich kenn Sie doch von der Durchsuchung. Ich sag Ihnen gleich, ich sag nichts. Und Sie kommen hier nicht rein.«

»Wenn ich rein will … hm … Sie kennen ja meine Freunde, die das jederzeit ermöglichen …«

»Lindi zu mir, wir lassen uns nicht drohen!«

»Ach kommen Sie, ich bin doch ganz alleine da. Naja, mit Juliane …«

»Juliane?«

»Ja, der Mops.«

Sie lächelte. Er fuhr fort. »Wir können uns ja wenigstens hier einen Moment lang unterhalten.«

»Ich wüsste nicht, worüber.«

»Über Darryl Würthe.«

Reiber merkte, dass dieser Name in ihr eine Reaktion auslöste. Vielleicht war sie ja Würthes Freundin.

»Warum?«

»Weil wir ihn suchen.«

»Ihr Problem.«

»Stimmt. Das ist unser Problem. Denn ich habe wirklich keine Ahnung, wo er ist.«

»Na und?« Sie war immer noch auf der Hut und wollte nichts sagen, schaute aber wohlwollend Lindi und Juliane zu, die über die Wiese tollten.

»Das kann aber auch zu einem Problem von Herrn Würthe werden«, Reiber sagte bewusst »Herr«. »Schließlich sind 15.000 Euro Belohnung ausgesetzt zur Ergreifung des Kindermörders.«

»Aber was denken Sie denn, Darryl ist doch kein Kindermörder!« Ihre Stimme überschlug sich fast.

»Das sagen Sie. Aber das müssten wir erst mal rausfinden. Und dazu bräuchten wir ihn. Jedenfalls wird er deshalb gesucht. Und wenn jemand einen Tipp gibt …«

»Wie meinen Sie das? Ich verstehe nicht.«

Sie hatte sich niedergekniet, als würde sie Halt suchen bei jemandem, der ihr nahestand. Reiber kannte das. Sie streichelte Lindi und – was Reiber sehr freute, auch aus ermittlungstaktischen Gründen – auch Juliane übers Köpfchen.

»Naja, nicht, dass Sie wieder behaupten, ich würde Ihnen drohen. Aber erst gestern ist ein Verdächtiger in seiner Wohnung gestellt worden. Jemand hatte uns einen Tipp gegeben. Und der Verdächtige war bewaffnet.«

»Und was soll das jetzt?«

Sie hatte sich wieder aufgerichtet und stand Reiber gegenüber.

»Nichts. Ich wollte es Ihnen nur erzählen. Sie können es

heute in allen Zeitungen lesen. Er hatte eine Waffe. Er hatte das SEK bedroht. Das war keine gute Idee.«

»Und? Was hat das alles mit Darryl zu tun?«

»Herr Würthe wird auch wegen illegalen Waffenbesitzes gesucht. Wir müssen davon ausgehen, dass auch er bewaffnet ist. Das bedeutet, dass das SEK alarmiert wird zur Festnahme.«

»Ja und?«

»Gestern hat das SEK geschossen. Der, den wir festnehmen wollten, ist nun tot.«

Sie sagte nichts. Sie schaute Reiber ungläubig an. Nicht einmal hasserfüllt, eher traurig.

»Das heißt, Sie haben ihn hingerichtet. Hatte Darryl doch recht. Scheiß Bullenstaat. Lassen Sie mich in Ruhe.«

»Das tu ich gerne. Nur eine Frage noch: Wissen Sie, wo Herr Würthe ist?«

»Ich sag Ihnen gar nichts! Komm, Lindi!«

»Müssen Sie auch nicht. Aber vielleicht sagen Sie ihm, dass es besser wäre, falls er nicht der Mörder ist, dass er sich meldet bei uns, dann können wir noch was für ihn tun.«

»Ihm eine Kugel verpassen, was?«

»Nein. Ich meine es ernst. Ich suche den Mörder. Verstehen Sie? Wenn Herr Würthe nicht der Mörder ist, interessiert er mich auch nicht weiter. Diese Geschichten, die Sie hier mit den Immobilienfuzzis« – er benutzte bewusst dieses Wort – »ausfechten, die gehen mich nichts an. Da will ich mich nicht einmischen. Ich will den Mordfall klären. Und zwar ohne weitere Tote.«

Reiber kniete sich neben Juliane, die Frau hatte Lindi am Halsband zu sich gezogen. Er kraulte Juliane an den Halsfalten und sprach weiter.

»Ich will nicht, dass noch ein weiterer Unschuldiger zu Schaden kommt. Ich bin ein Bulle. Klar. Aber nicht alle Bullen sind Scheißbullen. Denken Sie mal drüber nach. Und«, Reiber zog seine Visitenkarte aus der Tasche, stand auf, holte einen Kugelschreiber aus der Innentasche seiner Windjacke und schrieb seine Handynummer auf die Karte, »das hier ist meine private Handynummer. Sie können mich jederzeit anrufen.«

Sie schaute ihn an. Er glaubte zu sehen, wie es in ihr arbeitete, wie sie sich überlegte, ob sie ihm trauen konnte. Das Ergebnis ihrer Überlegungen teilte sie ihm nicht mit. Aber sie nahm die Karte. Das war mehr, als er erhofft hatte.

»Verraten Sie mir noch Ihren Namen?«

»Sie können mich ja zur Feststellung der Personalien vorläufig festnehmen.«

»Kommen Sie, ich könnte auch Lindi als Geisel nehmen, dann würden sie es mir sofort sagen.«

Das schien ihr zu imponieren.

»Jule, alle nennen mich Jule. Mehr müssen Sie nicht wissen.«

»Okay, Jule, wir hören uns.«

Sie wandte sich ohne ein weiteres Wort zum Gehen. Aber er wusste, sie würde ihn anrufen. Er wusste nur noch nicht, wann. Und ob es dann noch rechtzeitig sein würde?

Auf dem Weg zurück zum Auto wählte er Sandra Fallers Nummer. Sie willigte gleich ein, ihn im »Wohnzimmer« auf einen Kaffee zu treffen. Sandra Faller war eine Zeugin, insofern konnte er es verantworten, sich tagsüber mit ihr in einem Café sehen zu lassen.

Die meisten Gäste saßen drinnen, der Frühsommer war, was die Temperaturen anging, wieder kühler geworden. Reiber, der nicht so leicht fror, entschloss sich für einen Platz an der frischen Luft, holte sich von drinnen einen Milchkaffee und setzte sich direkt an die Ecke Lette- und Schliemannstraße mit Blick auf den menschenleeren Platz. Sandra Faller kam zehn Minuten zu spät, sie trug zu einem tarngrünen eng anliegenden Oberteil, das ihre weiblichen Formen betonte, einen jener Röcke, die früher als hausbacken galten und inzwischen wieder – zumindest hier in Prenzlauer Berg – *in* waren. Dünner Baumwollstoff, bunt geblümt, oberhalb des Knies endend und weit schwingend. Reiber mochte das. Es sah aus wie in alten Fernsehfilmen. Und gab den Blick auf die Beine frei. Sandra Faller hatte schöne Beine.

»Entschuldigung, warten Sie schon lange?«, begrüßte ihn Sandra Faller.

»Nein, kein Problem. Darf ich Ihnen auch einen … Kaffee … oder Cappuccino …«

»Danke, das kann ich selbst …«, dann schien Sandra Faller innezuhalten, offenbar schaltete sie um von der gendermäßig überkorrekten selbstbewussten Frau, die sich von einem Mann wohl nicht einmal die Tür aufhalten ließ, zu einer, die es genoss, umworben zu werden, »… ja, einen Cappuccino hätte ich gerne.«

Als Reiber mit dem Getränk zurück kam, nahm sie zuerst einen großen Schluck, bevor sie sich ihm zuwandte.

»Warum wollten Sie unbedingt mit mir Kaffee trinken gehen?«, fragte sie.

»Weil ich Ihnen den Anblick meines langweiligen Beamtenbüros ersparen wollte. Hier ist es doch schöner. Oder ist Ihnen kalt?«

»Nein, aber warum überhaupt? Was wollen Sie von mir?«

Ihnen zuerst die Haare aus dem Gesicht streichen und Sie dann küssen. Das hätte Reiber jetzt sagen können, wenn er mutig gewesen wäre. Er suchte nach einer anderen Antwort. Zu lange.

»Was ist?«

»Nichts. Ich habe Schwierigkeiten, Ihnen eine nach Dienstrecht korrekte Antwort zu geben.«

»Dann geben Sie mir eine unkorrekte. Und seien Sie ehrlich, das wollten Sie doch sowieso sein.«

»Stimmt. Also ich wollte Sie wiedersehen. Einfach so.« Wie konnte ich so etwas sagen, dachte er. »Blödsinn, nicht einfach so. Ich meine, nicht aus dienstlichen Grünen. Also weil ich Sie sympathisch finde. Das ist jetzt vielleicht blöd. Hört sich doof an. Aber …«

»Schon gut.«

Beide lachten.

Reibers Handy vibrierte. Er zögerte, den Anruf anzunehmen.

»Reiber«, meldete er sich schließlich am Telefon.

Sandra Faller hörte nicht, was der Anrufer Reiber sagte, aber dass es nichts Gutes war, konnte sie in seinem Gesicht lesen. Auch Juliane schaute sorgenvoll zu ihrem Herrchen auf. Sandra Faller streichelte sie über ihren Kopf, zwickte sie leicht in ihre Falten am Hals. Das gefiel ihr. Reiber sagte nicht viel, sagte nur »Ja« und »Oh je« und »Okay«, dann beendete er das Gespräch.

»Genau deshalb werden Sie mich hassen eines Tages«, sagte er dann.

»Warum?«

»Weil immer im ungünstigsten Augenblick irgendetwas Unschönes passieren kann. Und ich dann wie eine Marionette dem Schicksal oder besser gesagt dem blöden Job zu gehorchen habe und nicht meinem freien Willen folgen darf.« Reiber war stolz, das spontan so ausgedrückt zu haben.

»Sagen Sie doch einfach, dass Sie los müssen. Ist doch okay. Ihr Job. Ist ja mitten am Tag, Sie sind im Dienst.«

»Danke, dass Sie das so sehen.«

»Aber klar doch, wie auch sonst.«

Reiber wusste, wenn es mit ihnen beiden weitergehen sollte, oder besser gesagt, wenn es mit ihnen beiden überhaupt erst mal beginnen sollte, sie würde das nicht immer so sehen.

WOHNZIMMER-GEDANKEN IV

Nun sitzt dieser Kommissar hier, leitet 'ne Soko und sitzt dann im »Wohnzimmer«, mitten am Tag. Auch noch mit einer Frau. Muss der denn nicht den Mörder finden? Eigentlich ja ihn! Aber ihn wird er nicht finden. Sich neben ihn setzen, nein, das kommt nicht infrage, da geht er lieber weiter. Ärgerlich zwar, aber egal. Ärger gibt es ja immer. Dass manche Zeitungen geschrieben haben, der Mörder vom Helmholtzplatz sei erschossen worden, das war ja auch so was. Wenn die wüssten. Er lebt ja noch. Und er ist nicht irgend so ein lächerlicher psychisch kranker Student! Gerade hat er im Radio gehört, dass der Mörder den Senat erpresst. So ein Blödsinn. Er erpresst niemanden! Dass nun ein Erpresser aus seinen Taten Profit ziehen will … ein starkes Stück. Das muss er eigentlich verhindern.

Aber erst mal muss er einen Grauburgunder bekommen. Nur mit diesem Kommissar in einem Lokal sitzen, nein, das geht gar nicht. Er ist froh, dass dieser ihn nicht gesehen hat. Der hatte ja sowieso nur Augen für diese Frau. Er schlendert an der Nordseite des Helmholtzplatzes entlang, Richtung Dunckerstraße. Dass die noch immer den Platz polizeilich sperren. So ein Blödsinn. Sie werden keinen Mord verhindern. Keinen! Das wird er ihnen beweisen. Wird er? Soll er? Er hat sich das ja neulich erst überlegt, ist aber noch zu keinem Schluss gekommen.

Er biegt in die Dunckerstraße ein. Dort an der Ecke zur Raumerstraße gibt es auch ein Café. So eines, in dem sich schöne und erfolgreiche junge Menschen an Sonntagvormittagen beim Zeitunglesen und Wichtig-in-die-IPads-Gucken drängen. Es hat offen, vielleicht gibt es ja auch Grauburgunder. Er ist überrascht. Positiv überrascht. Kompetente Bedienung. Guter Wein. Richtige Temperatur. Guter Geschmack.

Also, es gibt inzwischen mehr Gründe, es wieder zu tun. Das hat er sich noch mal durch den Kopf gehen lassen. Er kann damit beweisen, dass es dieser Student, dieser Loser, nicht war. Er kann damit hoffentlich auch zeigen, dass dieser Erpresser ein feiger Trittbrettfahrer ist. Und er kann sich selbst beweisen, dass er noch die Macht hat. Die Macht, sie alle in Schach zu halten. Und in Angst zu versetzen. Wenn er sich das hier nur anschaut. Der Platz gesperrt. Darauf Bereitschaftspolizisten. Ringsum Zivilbullen. Und dann die Gutmenschen von der Bürgerinitiative. Er könnte beweisen, dass das alles nichts hilft, dass seine Macht stärker ist. Er nimmt noch einen Schluck Grauburgunder. Die Bedienung hier ist wirklich hübsch. Vielleicht sollte er öfter hierher kommen.

Er bestellt ein zweites Glas. Damit fasst er nun den Entschluss. Er wird es wieder tun. Wieder wird ein Kind sterben. Die Rutsche wird er als Ziel nicht mehr nutzen können, die steht ja auf gesperrtem Gebiet. Dort könnte er höchstens eine Polizistin ins Jenseits befördern. Er überlegt kurz. Aber warum sollte er? Nein. Er wird wieder ein Kind nehmen. Ab und zu laufen ja welche über den Platz – trotz Absperrung. Er wird halt ein bisschen Geduld haben und warten müssen.

Auf die Idee, jemanden zu erpressen, war er gar nicht gekommen. Hm. Wenn, dann wäre ja wohl er derjenige, der ein Recht dazu hätte. Andererseits, dadurch würde er sich mit einem ganz ordinären Verbrecher gemein machen. So einer ist er nicht. Er verfolgt ein höheres Ziel. Das hat er auch Dimitrij klar gemacht. Gut, dass der das verstanden hat, dann kommt der nicht auf blöde Gedanken wegen der Belohnung und so.

Er bestellt einen dritten Grauburgunder. Drei sind eine gute Anzahl für den späten Vormittag. Ob er heute noch zuschlagen soll? Er überlegt. Vielleicht lieber morgen nüchtern. Danebenschießen, das widerspräche seiner Ehre.

Am Nachbartisch sitzen zwei junge Frauen. Die haben noch keine Kinder, denkt er, ob sie wohl welche wollen? Ob sie schon Angst haben, dass diese dann wie Hasen abgeknallt werden könnten? Er schaut sie intensiver an. Die beiden merken es. Er sollte lieber gehen. Wenn, dann würde er Frauen lieber dezenter nahekommen, sie trösten. Beim letzten Mal hat das nicht funktioniert. Die letzte Tötung führte als Bonus, so könnte man es ausdrücken, nicht zu einer ihn sexuell befriedigenden Tröstaktion. Aber vielleicht wird das nächste tote Kind ihm dieses Erfolgserlebnis spendieren. Selbst wenn nicht. Die Macht, die wird er wieder spüren. Das ist das Wichtigste. Er winkt die Kellnerin zum Zahlen herbei. Beim Gehen wird er die beiden Frauen am Nachbartisch anlächeln. Es wird das Lächeln eines Siegers sein.

ZURÜCK AUS DEM HIMMELREICH

Reiber war nach dem Treffen mit Sandra Faller so schnell es ging zurück gefahren in die Keithstraße. Gerd hatte ihm am Telefon gesagt, dass ein Lokalsender gemeldet hatte, es gäbe im Zusammenhang mit den Morden auf dem Helmholtzplatz eine Erpressung. Nun war es raus. Nun würden alle darüber berichten. Schiebitz hatte schon zweimal versucht, ihn zu erreichen. Aber er war nicht ran gegangen.

»Keine Ahnung, wie das passieren konnte, Kurt. Von uns war das sicher keiner«, sagte Gerd, als Reiber zurück im Kommissariat war.

»Bist du sicher? Ich werde das überprüfen lassen.«

»Ach komm, ich versteh ja, dass du sauer bist, aber wer von uns soll das denn gewesen sein? Lass uns lieber auf die eigentliche Arbeit konzentrieren und den Erpresser finden. Oder den Mörder. Oder beide.«

Reiber wusste, Gerd hatte recht. Dennoch war er sauer.

»Gibt es schon etwas Neues von dem Erpresser?«, wollte Reiber wissen.

»Nein«, erklärte Gerd, »wenn der handelt wie angekündigt, wird er sich erst morgen Abend wieder melden und Instruktionen zur Geldübergabe geben. Vorher werden wir wohl nichts von ihm hören. Und wir wissen ja auch nicht, bei wem er sich meldet.«

»Können wir in allen Lokalen am Platz Fangschaltungen installieren?«, fragte Reiber.

»Wenn du drauf bestehst. Das können wir schon. Aber es dauert halt und kostet. Und wir wissen ja nicht …«

»Dann machen wir das«, bestimmte Reiber.

»Glaubt eigentlich jemand, dass der Erpresser der Mörder ist?«, meldete sich nun Britta zu Wort. »Ich denk ja, das ist ein Trittbrettfahrer.«

Zunächst sagte keiner etwas, dann fühlte sich Reiber als Chef verpflichtet sich zu äußern. »Ich denke das auch, aber trotzdem müssen wir ihn ernst nehmen.«

»Und Gott bewahre, wenn sich der echte Mörder von dem Erpresser auf den Schlips getreten fühlt«, meinte Muschwitz.

Reiber musste zugeben, das war ein ziemlich cleverer aber auch Angst machender Gedanke. Wenn der Mörder, wovon sie alle ausgingen, ein persönlichkeitsgestörter Mensch war, würde es ihn zutiefst kränken, wenn er nun hörte, dass ein anderer für seine Taten Geld kassieren wollte.

»Du hast recht, Jürgen. In diesem Fall könnte er noch einen Mord begehen. Einfach so, um zu beweisen, dass er die Macht hat.«

»Wir sollten präventiv die Gehwege rings um den Helmholtzplatz sperren lassen. Mindestens bis zur Geldübergabe«, schlug Dieter vor.

»Hm«, Reiber war sich unschlüssig, »das fordert Thaler von der Bürgerinitiative auch.«

»Was machen wir mit den Anwohnern, den Geschäften, den Lokalen, den Restaurants, die werden alle ihren Verdienstausfall einklagen«, warf Muschwitz ein.

»Genau, das hab ich der Bürgerinitiative auch gesagt, Jürgen. Ich werde mit Wischnewski reden. Der soll das mit dem Präsidenten und dem Innensenator klären. Wenn der Senat bereit ist, Entschädigungen zu zahlen und Überstunden für unsere Beamten der Hundertschaften, dann werden wir einfach sperren. Alles.«

Wischnewski entschied, nachdem er Rücksprache mit dem Innensenator gehalten hatte, dass gesperrt werden sollte.

Innerhalb von einer Stunde war alles abgeriegelt. An den Zufahrtsstraßen standen Polizeipanzer Mit Maschinenpistolen bewaffnete Polizisten kontrollierten jeden, der in das Sperrgebiet wollte. Nur Anwohner durften passieren. Oder Menschen, die einen besonderen Grund nachweisen konnten wie Gerichtsvollzieher oder Handwerker. Selbst Freunde und Freundinnen von Anwohnern hatten Probleme, durchzukommen. Die Geschäftsleute und Wirte hatten noch kurz protestiert. Nachdem ihnen aber ein Brief zugestellt worden war, unterzeichnet vom Regierenden Bürgermeister, in dem ihnen zugesichert wurde, sämtliche Verdienstausfälle auszugleichen, war die Widerstandsfront gebröckelt.

Reiber fuhr am Abend zu dem Platz. Es war unheimlich. Mitten in Berlin menschen- und autoleere Straßen. Geschlossene Geschäfte. Hell erleuchtet von den Scheinwerfern, die das Technische Hilfswerk an jeder Ecke installiert hatte. Mindestens bis zum nächsten Abend, wenn sich der Erpresser melden wollte, und vielleicht noch länger würde das so bleiben. Reiber stand an der Ecke Duncker- und Raumerstraße hinter den Absperrungen.

Sein Handy vibrierte. Es war Dieter.

»Kurt. Wir haben ermittelt, wie vertrauliche Informationen an Unberechtigte in die Öffentlichkeit dringen konnten …«

»Dieter, du hast das Leck gefunden, wer war's?«

»Nach bisherigen Erkenntnissen ist keinem Beamten ein Vorwurf zu machen.«

»Wem dann?«

»Also es ist so. Die privat betriebene Kindertagesstätte, in der der erste Telefonanruf des Erpressers einging …«

»Dieter, bitte!«

»Wie gesagt, ein in dieser Kindertagesstätte betreutes Kind …«

»Komm schon.«

»Also gut. Ein Vater, Kurt, ein Vater war es.«

»Wie?«

»Wollte ich ja gerade ausführen. Der Vater eines der dort betreuten Kinder ist Redakteur bei dem privaten Radiosender und hat die Meldung mit der Erpressung ohne vorherige Rücksprache mit unserer Pressestelle an die Öffentlichkeit gebracht.«

Immerhin, keiner seiner Leute. Reiber war froh. Er genoss, auch wenn es ihm komisch vorkam, die Ruhe auf dem Helmholtzplatz und die Leere. Wegen der Leere in seinem Leben, er schmunzelte innerlich über seinen Gedankensprung, dachte er an Anna und schrieb ihr noch eine SMS.

»Liebe Anna, lief wohl alles nicht so gut. Ist halt manchmal im Leben so. Lass uns keine Vorwürfe machen. War doch schön. Und jetzt dir das Beste. Vielleicht noch mal gemeinsam essen? Kurt.«

Er war stolz, nun auf diese Weise für seine Verhältnisse einigermaßen elegant formuliert zu haben, dass Schluss war. Und das mit dem Essengehen – naja, das war okay, dachte er. Schließlich sah man sich ja immer zweimal im Leben – und er wollte höflich sein. Im Streit auseinander zu gehen, war nicht seine Art. Er brauchte ein gewisses Grundgefühl der Harmonie im Leben. Zumindest im privaten.

Eigentlich sollte er nach der Sache mit Anna erst einmal Abstand gewinnen. Andererseits … Kurz entschlossen entschied er, auch Sandra Faller eine SMS zu senden.

»Auf dem Weg zu Ihnen in der Sperrzone gelandet. Hoffe auf Befreiung. Freue mich auf ein Wiedersehen!«

Das war zwar forsch, aber beim Tippen ging es Reiber wie vielen Männern, er traute sich dann Dank des digitalen

Sicherheitsabstands mehr als im persönlichen Gespräch. Er ging zurück durch die Polizeiabsperrungen in Richtung seines Wagens.

Für den Abend hatte er einen klaren Plan, er wollte sich zu Hause eine schöne Flasche Scheurebe aufmachen. Er mochte diesen Wein, das deutsche Pendant zu dem modischen Sauvignon Blanc. Auf dem Heimweg gelang es noch, Schiebitz zurückzurufen und ihn, der zu Recht sauer war, zu beruhigen.

»Guten Morgen Herr Reiber. Hallo Juliane. Danke für die Grüße. Freu mich auf gut gelaunte Rückkehr. Bis bald Sandra Faller – Gruß auch von Jannik.«

Das war ein Tagesbeginn ganz nach seinem Geschmack. Erst hatte ihn Juliane wie immer wach gestupst. Und dann diese Nachricht. Um sieben hatte sie diese schon abgeschickt. Alleinerziehende Mütter standen früh auf. Ob er sich daran je gewöhnen könnte? Da war sie wieder, seine Neigung, den dritten Schritt vor dem ersten zu tun. Bislang hatten sie ein einziges Mal gemeinsam Kaffee getrunken, und er überlegte schon, wie sich ihr beider Schlafverhalten im Doppelbett in Einklang bringen ließe. Das war typisch. Jetzt nur nicht überstürzt antworten, jetzt nur nicht mit einer gekühlten Flasche Weißburgunder-Sekt aus dem Weingut seines Bruders mit Blaulicht zu ihr rasen. Er zwang sich, Sandra Faller erst nach der Frühbesprechung zu antworten. Diese begann mit guten Nachrichten.

»Wir haben Brümm!« Mit diesem Satz kam Britta zur Tür herein, als sich gerade alle hingesetzt hatten und Reiber ein paar Worte zur Begrüßung sprach.

»Super! Und, hat er alle Morde gestanden?« Reiber hatte gute Laune.

»Ja und die Erpressung auch, und Jan Schumann hat er

auch erschossen und Olof Palme auch.« Britta stand ihm, was Laune und Humor anging, an diesem Tag in nichts nach.

»Mal im Ernst«, meinte Muschwitz, »wo wurde Brümm aufgegriffen?«

»Wir haben einen Anruf von der Psychiatrie des Humboldt-Klinikums bekommen heute früh. Dort liegt Brümm. Er hatte sich in der Rettungsstelle gemeldet, war völlig durcheinander, und es bestand wohl Selbstmordgefahr. Der Anruf kam gerade eben erst, ich wollte euch nur schnell Bescheid sagen und dann …«

»Warte noch 'nen Moment, dann komm ich mit«, unterbrach Reiber.

»Du gehst freiwillig in eine Klinik? Bist du krank oder geht es dir zu gut?«

»Eher Letzteres.«

»So, wenn ihr beide dann fertig seid, können wir ja noch kurz die Berichterstattungsrunde machen.« Muschwitz mochte diesen lockeren Umgangston – vor allem zwischen Reiber und Britta – in offiziellen Konferenzen gar nicht gerne.

»Die Frage war ja aufgekommen, wie der Erpresser, wenn er denn nicht der Verantwortliche für die Morde war, von dem Kaliber der bei den Tötungsdelikten verwendeten Waffe wissen konnte«, formulierte Dieter mal wieder in Polizistendeutsch.

»Ja und?«, drängte Reiber.

»Neben verschiedenen unwahrscheinlichen Theorien gibt es eine einfache, die eine Antwort auf die Frage gibt. Wir haben ja die Wagenburg gleich nach dem ersten Tötungsdelikt nach der verwendeten Waffe durchsucht. Dabei haben wir allen an den Aktion beteiligten Beamten Kaliber und Waffentyp genannt, auch wenn diese selbst, wovon ich natürlich ausgehe, für keine strafbaren Handlungen verantwortlich sind, so kann es doch sein, dass einer bei der Durchsuchungsaktion erwähnte, nach was sie suchen. Und das könnte eine der vor Ort angetroffenen Personen gehört haben …«

»… und da war Würthe dabei. Du meinst also, Würthe könnte durchaus Erpresser, aber nicht Mörder sein.« Reiber fand die Überlegung gar nicht so abwegig.

»Ja könnte, muss aber nicht«, stellte Dieter korrekt fest.

»Trotzdem, guter Ansatz. Wir sollten weiter in die Richtung ermitteln«, sagte Reiber, während er sich anschickte, den Raum zu verlassen.

Brümm war für Reiber und Britta in ein Besprechungszimmer gebracht worden, das auch das eines Unternehmens für Betonpumpen oder Scheiblettenkäse hätte sein können, so nichtssagend war die Einrichtung. Er saß an der Längsseite des Tisches neben einem Pfleger. Wie beim ersten Mal, als Reiber ihn gesehen hatte, hatte er eine quer gestreifte Krawatte um, diesmal aber zu einem mintgrünen Hemd. Wieder waren seine schwarzen Haare korrekt gescheitelt. Er stand auf, als Reiber und Britta gemeinsam mit der Oberärztin, die sie in Empfang genommen hatte, das Zimmer betraten. Die Ärztin herrschte, ohne Brümm zu begrüßen, zuallererst den Pfleger an.

»Wer hat ihm erlaubt, eine Krawatte zu tragen?«

Es dauerte einen Moment, bis Reiber die Frage verstand, aber als er sah, dass Brümm auch keinen Gürtel trug und nicht einmal Schnürsenkel in den frisch geputzten Schuhen hatte, wusste er, warum sie das sagte.

»Er bestand darauf, sonst wäre er nicht gekommen. Und ich bin ja bei ihm«, rechtfertigte sich der Pfleger.

»So was will ich nicht noch mal erleben«, zischte die Ärztin.

Der Pfleger schwieg. Brümm stand noch immer mit zur Begrüßung ausgestreckter Hand neben dem Tisch. Reiber und Britta schüttelten ihm schließlich die Hand. Die Ärztin nickte ihm nur zu. Schließlich setzten sich alle um den Tisch.

»Herr Brümm, wir kennen uns schon«, begann Reiber in bemüht ruhigem Ton das Gespräch, »aber seit ein paar Tagen waren Sie verschwunden.«

»Ich war im Himmelreich.«

»Wie bitte?« Britta konnte die Frage nicht zurückhalten.

»In einem Wohnwagen von einem Kumpel. Der steht dort immer.«

»Dort ist also Ihr Himmelreich?«, Reiber versuchte, verständnisvoll zu klingen.

»Quatsch, denken Sie denn, ich bin völlig plemplem? So heißt der Campingplatz. Ist bei Caputh. Hinter Potsdam.«

»Gut, gut. Und warum haben Sie sich nicht bei uns gemeldet? Wir haben zigmal auf die Mailbox Ihres Handys gesprochen.«

»Das lag zu Hause.«

Stimmt, dachte Reiber, sie hatten ja den Standort anpeilen lassen, außerdem hatten sie es bei der Hausdurchsuchung gefunden.

»Wir haben Sie gesucht.«

»Ich habe das nicht gewusst. Ist ja nicht verboten, mal ein paar Tage rauszufahren.«

»Schon, aber alle Zeitungen haben darüber geschrieben, dass wir Sie suchen.«

»Ich lese keine Zeitungen, das ist ja wohl auch nicht verboten.«

»Nein, aber nun mal Klartext, Herr Brümm, Sie sind verschwunden nach dem zweiten Kindermord. Sie hatten Muffensausen. Sie hatten Angst, dass wir Sie kriegen.« Britta spielte nun den bösen Cop.

»Ich weiß nicht, was Sie meinen.«

»Warum sind Sie denn jetzt zurückgekommen? Warum haben Sie sich in der Klinik gemeldet?«

»Darüber möchte ich nicht sprechen.«

»Dringen Sie nicht zu sehr in den Patienten! Nehmen Sie Rücksicht auf seinen labilen Gesundheitszustand!«, schaltete sich nun die Ärztin ein.

»Schon gut«, lenkte Reiber ein. »Herr Brümm, es wurde wieder ein Kind erschossen.«

»Ich weiß. Und ein Unschuldiger. Den haben Sie erschossen! Sie!« Brümm sprang von seinem Stuhl auf. Der Pfleger ebenso, er blieb in Habachtstellung neben Brümm, der mit den Armen in Richtung Reiber und Britta herumfuchtelte. Reiber kannte das Verhalten ja schon. Britta wirkte überrascht.

»Der Arme, der hat nichts getan. Musste sterben, musste weg! So wollte ich nicht enden! Nein! Dabei sollten nur diese Scheißkinder weg! Weg!«

Der Pfleger hatte Brümm beruhigend die Hand auf die Schulter gelegt. Brümm setzte sich wieder hin.

»Herr Brümm, so kenne ich Sie. Ich weiß, dass Sie Kinder nicht besonders mögen. Hatten Sie Angst, auch erschossen zu werden? Sind Sie deshalb zurück gekommen? Und woher wussten Sie denn von dem tödlichen Schuss auf den Verdächtigen, hatten Sie doch mal aus Versehen Zeitung gelesen?«

»Ja«, antwortete Brümm ohne auf Reibers Frage nach dem Zeitunglesen einzugehen. »Dieser Staat erschießt alle Menschen, die ihm nicht in den Kram passen, meine Wohnung ist ja auch verwanzt. Und ich werde observiert. Rund um die Uhr. Überall …«

»Gut«, Reiber war froh, dass er selbst auch so ruhig bleiben konnte, »und deshalb haben Sie sich in der Klinik gemeldet?«

»Ja, hier ist Schutz. Hier bin ich sicher«, Brümm schaute zu dem Pfleger, der ihn lächelnd anblickte, »hier werde ich geschützt.«

»Aber wovor haben Sie denn Angst?«, wollte nun Britta wissen.

»Vor Ihnen, vor den Schergen des Staates, vor den Knechten der Kinder, die sind überall, die sind unter uns …«

Reiber erkannte, dass eine weitere Befragung zu nichts führen würde. Brümm würde keinen Mord gestehen. Natürlich würde er einen Kollegen der Soko bitten, den Campingplatz, den Freund von Brümm und Brümms Alibi zu überprüfen. Aber er spürte, dass auch das sie nicht weiterbringen würde. Als er gerade überlegte, wie er das Gespräch elegant beenden könnte, vibrierte sein Handy. Als er auf das Display schaute sah er, dass es Wischnewskis Diensthandynummer war. Er hatte das Handy offenbar benutzt, damit Reiber sogleich die Nummer sehen konnte und wusste, dass er nicht aus dem Büro anrief. Es musste wichtig sein. Reiber stand auf, entschuldigte sich und verließ den Raum. Erst als er vor der Tür war, nahm er das Gespräch an.

EINE SCHRECKLICHE WARNUNG?

»Er hat es wieder getan. Reiber! Wieder ein Kind. Wieder tot! Wir brauchen Sie und Frau Schöning sofort.« Reiber benötigte einen Moment, um das Gehörte zu erfassen.

»Aber der Helmholtzplatz ist doch gesperrt. Wo ist es passiert?«

»Gesperrt, gesperrt, gesperrt! Von wegen! Granatenscheiße!«

»Also wieder dort?«

»Ja klar. Hab schon alle alarmiert. Los, fahren Sie hin.«

Reiber blieb, nachdem er aufgelegt hatte, einen Moment wie erstarrt auf dem Flur stehen. Er konnte es nicht fassen. Der dritte Mord an einem Kind. So einen Fall hatte er, hatte Berlin, hatte Deutschland noch nicht erlebt.

Mit quietschenden Reifen bog Reiber mit Britta auf dem Beifahrersitz von der Bornholmer Straße nach rechts in die Schönhauser Allee ein und unterquerte die Hochbahn, um – gerade noch rechtzeitig vor einem ebenfalls mit Blaulicht heranrasenden Rettungswagen – nach links in die Raumerstraße fahren zu können. Allzu weit kam er nicht. Die Straßen waren blockiert von Einsatzfahrzeugen. Im Rückspiegel sah er eine Kolonne von Mannschaftswagen der Polizei. Wieder das gleiche Szenario. Wieder würden sie die Wohnungen, von denen aus der Schuss gekommen sein könnte, durchkämmen müssen. Wieder würden sie womöglich – wenn es der gleiche vorsichtig vorgehende und perfekt organisierte Täter war – nichts finden. Wieder würde es schrecklich sein, der Mutter des Kindes entgegenzutreten.

»Kurt! Ku-hurt!« Britta sagte seinen Namen schon zum wiederholten Male, er hatte sie nicht gehört. Er war, nachdem er angehalten hatte, einfach hinterm Steuer sitzen geblieben.

»Komm, wir müssen los!«

»Jaja, klar.« Reiber brauchte einen Moment, um seine Gedanken zu sortieren.

Britta fasste für Reiber zusammen, was sie am Telefon erfahren hatte: »Das Opfer ist sechs. Ein Junge. Er ist mit einem zweiten Jungen durch die Polizeiabsperrungen gerannt. So viel steht fest.«

Nun war Reiber mit seinen Gedanken zurück: »Scheiße!«

»Ja. Der Kollege an der Absperrung, sagte mir Jürgen, ist schon in der Klinik. Schwerer Schock.«

»Und die Mutter, der Vater?«

»Die Mutter ist wohl noch da, mehr weiß ich nicht.«

Viel mehr konnten Reiber und Britta auch nicht besprechen. Sie hatten zu tun, sich durch die aufgebrachten Schaulustigen durchzudrängen. Reiber dachte daran, dass sich am Abend der Erpresser wieder melden wollte. Er schaute auf seine Armbanduhr. Es war kurz vor zwei. Vielleicht war dieser Mord eine letzte schreckliche Warnung des Erpressers, dass er es ernst meinte. Reiber kam nicht dazu, weiter darüber nachzudenken. Er sah Sandra Faller. Sie saß auf einer Bank am Rande des Platzes, fast an der Dunckerstraße. Sie hatte eine Frau im Arm. Oder die andere Frau sie. So genau erkannte Reiber das nicht. Er bemerkte nur, dass beide bitterlich weinten. Sie waren umringt von Sanitätern, einem Notarzt und den Leuten der Soko. Reiber bekam einen trockenen Mund. Der Mord war, anders als die bisherigen, nicht auf dem Spielplatz geschehen, sondern am anderen Ende des Platzes, an der Dunckerstraße. Reiber beschleunigte seinen Schritt, rannte fast. Britta kam kaum mit. Ganz automatisch zog er trotz der Eile sein Handy aus der Tasche. Keine neue

SMS. Hatte er gedacht, dass ihm Sandra Faller eine Kurzmitteilung geschickt hätte, wenn ihr Sohn erschossen worden wäre? Wenn Jannik das Opfer war? In Reiber stieg ein Gefühl der Angst hoch. Als er näher an der Bank war, auf der Sandra Faller und die andere Frau saßen, gab er Britta mit einem Zeichen zu verstehen, dass er einen anderen, nicht den direkten Weg zum Tatort wählen wollte. Reiber verschwand hinter einem Wagen der Spurensicherung. Er wollte wissen, ob Jannik das Opfer war, bevor er Sandra Faller gegenübertrat.

Er lief geradewegs Cordula in die Arme, die auf dem Weg zum Tatort war.

»Hallo.« Mehr brachte Reiber nicht heraus.

»Hi«, antwortete Cordula. »Was weißt du schon?«

»Noch nichts, bin gerade erst gekommen.«

»Aber wieder ein Kind. Wieder erschossen, oder?«

»Ja, wohl sechs Jahre alt, rannte durch die Polizeiabsperrung«, Reiber gab wieder, was er von Britta erfahren hatte.

»Schöne Scheiße.«

»Allerdings.«

Cordula merkte, dass Reiber nicht zu dem abgedeckten Körper wollte, deshalb fragte sie: »Wo willst du hin?«

»Du, ich komme gleich. Echt. Muss nur kurz …«

Reiber ging zu dem Sprinter, der soeben herangefahren war. Dieter war gerade dabei, in dem fahrbaren Büro die Funkgeräte anzustellen und die Laptops hochzufahren.

»Hallo, Dieter!«

»Chef.«

»Sag mir nur schnell, wie das tote Kind heißt.«

»Noch ist das Opfer nicht offiziell identifiziert. Also, dort drüben wird gerade die Mutter des Opfers von Kollegen, wie du siehst, befragt.«

»Ich weiß, ich weiß, ich will es aber wissen, bevor ich da hingehe.«

»Also, dann kann ich natürlich für dich … also wenn es dir so eilt …« Dieter funkte einen der Kollegen an, der als einer der Ersten am Tatort war, dann antwortete er Reiber.

»Anton. Anton Legrande heißt der Tote. Zumindest nach bisherigen Erkenntnissen. Sechs Jahre alt. Meldeadresse: Stargarder Straße. Also nicht weit entfernt. Und …«

»Okay, okay.«, Reiber unterbrach Dieter, mehr wollte er nicht wissen.

Nun ging er zur Bank, nein, er lief und rannte eine Rettungssanitäterin fast über den Haufen. Sandra Faller hatte noch immer die andere Frau im Arm. Der Notarzt, der zunächst noch vor ihr gekniet hatte, stand nun daneben. Er hatte seinen Platz für den Notfallseelsorger der Polizei frei gemacht. Der war verdammt schnell hier, dachte Reiber. Er war froh, dass es so war. Irgendwie fühlte er sich mit einem Pfarrer an seiner Seite sicherer und nicht so hilflos, wenn er mit Hinterbliebenen reden musste, obwohl er gar nicht so gläubig war. Wie gläubig er eigentlich war, darüber hatte er sich längst mal Gedanken machen wollen, wenn man das denn überhaupt mit Nachdenken herausfinden konnte. Ausgerechnet jetzt fiel ihm das ein.

Sandra Faller stand auf, als sie Reiber sah, überließ die andere Frau dem Notfallseelsorger und stürzte auf ihn zu. Sie sagte nichts. Sie nahm ihn in den Arm. Nein, das war es nicht, sie nahm ihn nicht in den Arm, sie schlang ihre Arme um ihn, sie drückte sich an ihn, sie hielt sich fest an ihm, sie klammerte sich an ihn. Ihre Finger, das spürte er durch sein Sakko, krallten sich fest. Sie schluchzte. Reiber spürte ihre Tränen auf seinem Hals. Wie sehr hatte er sich gewünscht, diese Frau im Arm zu halten und sie ganz fest an sich gerückt zu spüren. Das hatte er jetzt. Aber er fühlte sich verdammt unwohl dabei. Und er fühlte sich schuldig. Mit dem linken Arm hielt er Sandra Faller umfasst, mit der rechten Hand strich er ihr übers Haar. Auch er sagte nichts. Reiber hörte, wie hinter ihm ein Soko-Kollege von der Fahndung Britta fragte, ob die Frau denn eine Bekannte von Reiber sei. Reiber nahm seine rechte Hand von Sandra Fallers Kopf, er hielt die weinende Frau nun wieder mit beiden Armen fest. Er drückte sie noch einmal an sich und spürte dabei, auch wenn das in dieser Situation unpassend war, wie er selbst bemerkte, was für einen weichen, fraulichen Körper sie hatte. Dann ließ er los und versuchte, sie mit sanftem Druck ein Stück von sich weg zu halten, um mit ihr sprechen zu können.

»Frau Faller … Es tut mir ja so leid …«

Sandra Faller hob den Kopf und schaute ihn aus ihren verweinten Augen an. Sie hatte, als sie merkte, dass er sie wegschob, beide Arme hängen lassen. Sie drehte sich um, sah, wie der Pfarrer auf die andere Frau einredete. Dann schaute sie wieder zu Reiber.

»Es hätte Jannik treffen können …« Sandra Fallers Stimme wurde kurz laut, sie trommelte mit den Fäusten auf Reibers Brust.

»Ich weiß …«

»Er hat sie einfach durchgelassen. Dieser Polizist. Er hat sie einfach laufen lassen. Er hat sie nicht aufgehalten. Und dann war es schon zu spät …«

Sandra Faller hörte auf zu trommeln, umschlang mit ihren Armen wieder Reiber.

»Wo ist Jannik?«

»Den haben sie mitgenommen. Der Notarzt. Er war auch hingefallen … Aber …«

»Verstehe, ja, gut …« Reiber blieben die Worte im Hals stecken.

»Und ich musste ja bei Nicole bleiben … die Ärmste …«

Nun hatte Reiber einen Anknüpfungspunkt.

»Nicole ist Ihre Freundin? Und die Mutter des Opfers?«

»Ja«, nun schien sich Sandra Faller ein wenig gefangen zu haben, sie wischte sich die Tränen ab, »wir waren mit Jannik und Anton zum Einkaufen gewesen und schon auf dem Heimweg. Wegen der Sperrung hätten wir einen Umweg machen müssen, da sind die beiden einfach unterm Absperrband durch und sind losgerannt, wollten eine Abkürzung nehmen. Dann fiel auch schon der Schuss.«

»Haben Sie gehört, woher der kam? Haben Sie noch etwas gesehen?«

»Nein, das ging alles so schnell. Nein. Ich glaube«, Sandra Faller zeigte auf die Häuser an der Raumerstraße, »aus dieser Richtung, aber ich weiß nicht genau …«

Reiber reichte ihr sein Stofftaschentuch. Dabei musste er daran denken, dass er ihr schon einmal eines gegeben hatte, nach dem ersten Mord. Auch damals war sie Augenzeugin der Tat gewesen. Sie weinte in sein Taschentuch und auch sie schien an ihre erste Begegnung zu denken. Für einen Moment schienen Verzweiflung und Trauer aus ihrem Gesicht zu verschwinden, und sie versuchte ein schüchternes Lächeln.

»Danke. Ich hab ja noch ein Taschentuch von Ihnen.«

»Ja.« Reiber wollte etwas Charmantes sagen. Aber ihm fiel nichts Passendes ein. Zudem sollte er nun endlich mit der Mutter des Opfers sprechen, aber als er zu ihr hinüber sah, bemerkte er, dass sie gemeinsam mit dem Notfallseelsorger betete.

»Bleiben Sie bei Ihrer Freundin. Sie braucht Sie jetzt. Wenn ich irgendetwas tun kann für Sie, wenn Sie etwas brauchen, sagen Sie Bescheid.«

»Ich bleibe da. Können Sie es ihrem Mann sagen? Er weiß es noch nicht. Sie leben getrennt.«

»Natürlich.«

Reiber notierte sich alles, was Sandra Faller über den Vater, Carsten Legrande, wusste. Er arbeitete als Vermessungsingenieur in einem Büro an der Reinickendorfer Straße. Sandra Faller erzählte und erzählte über Carsten und über Nicole, dass deren Ehe zuletzt nicht mehr so gut gewesen sei, dass sie sich deshalb auf eine Art lockerere Beziehung geeinigt hätten und dass sie schließlich erst mal eine Auszeit genommen hatten und getrennt lebten, und dass eigentlich alles damit angefangen hatte, dass Nicole ein zweites Kind gewollt hatte, Carsten aber nicht. Womöglich, dachte Reiber, war das Reden eine Methode, sich von dem schrecklichen Erlebten etwas zu entfernen. Er ließ Sandra reden, obwohl er sich eigentlich um die Arbeit der Kollegen hätte kümmern sollen. In dem Moment, in dem er Sandra Faller deshalb unterbrechen wollte, sagte sie, dass ja Carsten politisch engagiert sei, bei den Grünen und in der Bürgerinitiative, die gegen die Bebauung der Beachvolleyballfelder an der Margarete-Sommer-Straße protestierte.

»Wie?«, hakte Reiber nach.

»Naja, er war gegen dieses Luxusprojekt da. Sein Lieblingswort, also sein Hasswort ist *Gentrifizierung*. Dagegen engagiert er sich total.«

»Dann machte er also gemeinsame Sache mit den Rollheimern?«

»Naja, er ist ja schon ganz anders als die. Aber inhaltlich haben die zusammengepasst. Er hat mit denen Demos organisiert und so. Nicole war das nicht recht. Das sind ja alles so Schmuddeltypen.«

Scheiße, Scheiße, Scheiße, dachte Reiber.

Und »Danke, vielen Dank«, sagte er.

Nun war wohl – wenn es nur einen Kindermörder geben sollte – Würthe aus dem Schneider. Anton war kein Kind von solchen Immobilienleuten. Im Gegenteil, er kam aus Sicht der Rollheimer quasi aus ihrem Dunstkreis. Nun hatten sie gar keinen Anhaltspunkt mehr, keine Idee von einem Motiv.

Wäre ein Gehirn aufgebaut wie eine dieser alten Rechenmaschinen, so hätte in Reibers Kopf ein Lärm geherrscht wie in den Textilfabriken nach Einführung der mechanischen Webstühle. So heftig ratterte in seinem Kopf das ermittlertypische Was-wäre-wenn-Spiel. Was, wenn es mehrere Täter waren, vielleicht zuletzt nur ein Trittbrettfahrer? Was, wenn es einfach nur ein skrupelloser Erpresser war? Was, wenn diese rosarote Doppelnamen-Frau doch recht haben sollte, und irgendwelche politischen Wirrköpfe am Werk waren? Und was, wenn es ein Psychopath war? So automatisch, wie sein Gehirn all diese Möglichkeiten durchspielte und dabei zu dem Ergebnis kam, dass die Wahrscheinlichkeitsverteilung keineswegs eindeutig war, ebenso automatisch ging Reiber nun zu Cordula und dem toten Kind. Die Mutter des Opfers, das hatte er aus dem Augenwinkel registriert, redete noch mit dem Pfarrer.

»Alles wie immer«, empfing ihn Cordula neben der Leiche, während sie ihre Handschuhe abstreifte. Sie hatte ihren professionellen Ton wiedergefunden. Reiber war froh darüber.

»Also wie?«

»Gerd meint, es sei wieder das gleiche Kaliber, hat er dir das nicht gesagt?«

»Nein, ich war, äh, ich war gerade im Gespräch gewesen. Also?«

»Sonst auch alles wie immer. Nur ein Schuss. Sofort tot. Ein Profi ist das, da bin ich mir sicher. Nur diesmal hat er von hinten getroffen. Wohl von den Häusern da drüben«, Cordula zeigte in südliche Richtung.

»Okay. Und sonst, bei dir alles gut?« Reiber fühlte sich verpflichtet, sich nach ihrem Befinden zu erkundigen. Er hatte gelernt, dass Frauen es goutierten, wenn man sich ernsthaft für ihr Seelenleben interessierte.

»Was sonst? Wie meinst du? Du willst doch nicht wirklich wissen, wie es mir geht. Du siehst, ich mach den Job noch. Und wie du dir denken kannst, gibt es Schöneres.«

Reiber wusste nicht so recht, was er erwidern sollte. Cordula merkte das und rettete die Situation.

»Komm vergiss es. Ist hier nicht der Ort für so was. Lass uns ein anderes Mal drüber reden.«

»Ja klar, Cordula, gerne, wir wollten ja mal was trinken gehen …«

»Das nehmen wir uns seit Monaten vor. Melde dich einfach. Du bist ja derjenige, der nie Zeit hat.«

Cordula hatte schon ihre Tasche in der Hand und war dabei, sich zum Gehen zu wenden. Sie hatte ja recht, dachte Reiber, er sollte Freundschaften nicht so schleifen lassen.

Nun also ließ sich der Standort des Schützen näher eingrenzen, weil man nur von drei Häusern freie Schussbahn auf den Tatort an der Dunckerstraße hatte. Reiber eilte zum Sprinter. Muschwitz hatte ausgerechnet an diesem Tag frei. Reiber hatte keine Lust, ihn in den Dienst zu beordern. »Wer nicht da ist, stört nicht«, hatte früher sein Chef immer gesagt, als er Hiwi am Soziologischen Institut in München gewesen war. Reiber beschloss, den Einsatzhundertschaften zu befehlen, sämtliche infrage kommenden Wohnungen und Dachböden zu durchsuchen – und zwar alle ohne Ausnahme und auch ohne Durchsuchungsbeschluss. Im Zweifel würde er die Wohnungstüren sofort aufbrechen lassen. Nun konnte er mit gutem Gewissen mit »Gefahr im Verzug« argumentieren.

»Ich hab darüber nicht nur mit dem Polizeipräsidenten gesprochen, sondern auch mit dem Staatsanwalt und mit dem Ermittlungsrichter. Reiber, Sie haben freie Hand und politische Rückendeckung von ganz oben.« In Wischneswkis Stimme, dem Reiber seine Vorgehensweise mitgeteilt hatte, schwang – Reiber hörte das sogar am Telefon – so etwas wie Pathos mit.

»Das ist ja mal was Neues.«

»Ich verstehe Sie durchaus, Reiber, aber Ihre Ironie ist jetzt unangebracht. Beim Innensenator hat bereits CNN um ein Interview gebeten. Sie glauben nicht, was hier los ist. Der Bundesinnenminister persönlich hat sich schon erkundigt. Und das Kanzleramt will prüfen, inwiefern es zu dem Fall Stellung beziehen kann. Und natürlich ist unser Präsident heute live in der Abendschau – und er erwartet, dass ich ihm mitteile, was er sagen kann.«

»Da beneide ich Sie nicht, Herr Wischnewski.«

»Besser gesagt, ich beneide Sie nicht. Denn ich erwarte von Ihnen, dass Sie mir sagen, was ich dem Präsidenten weiterleiten kann. Und vor allem darf es keine weiteren toten Kinder geben. Wir müssen den Täter kriegen. Also Reiber, lassen Sie, wenn es sein muss, Fünfe gerade sein, Sie haben für alle Maßnahmen die vollste Rückendeckung.«

Reiber wusste selbst sehr wohl, sie mussten schleunigst ein Stück weiter kommen, es musste etwas geschehen – nicht nur, um den vielen Kameraleuten und Fotografen, die sich bereits an der Ecke Raumer- und Dunckerstraße drängten, etwas bieten zu können.

Freilich hatte Reiber längst – wie auch bei den Morden zuvor – sofort alle Straßen rings um den Platz sperren lassen, sodass ein Täter mit Gewehr nicht hätte flüchten können. Aber diese Straßensperren hatten wieder kein Ergebnis gebracht. Nun veranlasste Reiber vom »Befehlsstand« aus, wie Gerd den Sprinter nannte, dass drei Hundertschaften und drei Teams des SEK vor den drei Häusern an der Raumerstraße Stellung zu beziehen hatten, von denen aus nach Gerds und Dieters Berechnungen der Schuss hätte kommen können. Britta, Gerd und Dieter sollten dann jeweils die Aktion in einem Haus leiten. Als sich ein paar Fenster im ersten Stock öffneten und Uniformierte herausschauten, als er die lauten Stimmen von Mietern über die Straße hallen hörte, wusste er, die Aktion lief. Er drehte sich um, er musste endlich mit Nicole Legrande sprechen.

»Frau Legrande, mein Name ist Reiber, ich ermittle hier und ich möchte Ihnen zunächst mein zutiefst empfundenes Mitgefühl, aussprechen. Helfen kann ich Ihnen kaum in dieser Situation. Und doch möchte ich Sie bitten, mir, wenn möglich, ein paar Fragen zu beantworten.«

Reiber hasste solche Sätze. Natürlich hatte er Mitleid, aber das alles so gestelzt auszudrücken, als kämen die Sätze aus dem Sprachcomputer des Flughafens, das war ihm zuwider. Andererseits hatte er es selbst in all den Jahren noch nicht geschafft, sich passendere Worte für solche Situationen zurechtzulegen. Nicole Legrande war das sowieso – wie allen Angehörigen in solchen Situationen – ziemlich egal.

»Es ging alles so schnell. Ich konnte sie gar nicht zurück rufen, das heißt, also, naja, wir haben gar nicht gerufen«, fing Nicole Legrande von sich aus an zu erzählen.

Nicole Legrande schaute Sandra Faller an, bevor sie weiter redete.

»Ich denke, wir haben beide gedacht, das ist nicht so schlimm, und der Polizist dort würde sie zurückschicken oder eben ein Auge zudrücken und sie laufen lassen … Aber, dass so etwas passiert, dass …« Nicole Legrandes Stimme versagte. Tränen rannen ihr übers Gesicht. Die Frau war offenbar perfekt geschminkt aus dem Haus gegangen, um kurz was einzukaufen. Jetzt hatten die Tränen bereits Spuren von Wimperntusche und Kajal auf ihren Wangen hinterlassen.»Nur eines noch, Frau Legrande. Ihr Mann, haben Sie ihn informiert?« Reiber fragte das, obwohl Sandra Faller ihn ja vorher schon gebeten hatte, mit dem Vater zu sprechen. Er wollte nur wissen, wie Nicole Legrande reagierte.

Nicole Legrande schaute ihn direkt an. Es war nicht nur Trauer, die er in den veilchenblauen Augen der zierlichen Frau sah. Es war auch Angst – wovor, das wusste Reiber nicht, aber er ahnte es. Ohne Kind würde die Ehe der beiden schon getrennt Lebenden endgültig in die Brüche gehen.

»Nein, ich habe ihn nicht angerufen. Ich kann das einfach nicht.«

VERHÄNGNISVOLLE AFFÄRE

Reiber verabschiedete sich und legte beim Gehen Sandra Faller kurz seine Hand auf die Schulter. Es war eine unentschlossene Geste – eine Mischung aus Schulterklopfen und Streicheln – Reiber wusste nicht so recht, wie er sich in dieser Situation gegenüber Sandra Faller verhalten sollte.

Er war auf dem Weg zu den Häusern, die von den Kollegen durchkämmt wurden, als sein Handy klingelte.

»Hallo?« Es war eine Frauenstimme, die da unsicher sprach. Reiber kannte die Stimme nicht.

»Wer spricht da? Wer sind Sie?« Keine Antwort. Womöglich hatte sich Reiber zu barsch gemeldet und sie erschreckt. Das Gespräch wurde beendet, er schaute auf sein Display, aber es war keine Nummer angezeigt. Dann klingelte es wieder.

»Herr Reiber … äh …« Es war die gleiche Stimme, nun offenbar mit mehr Mut.

»Ja, der bin ich. Sagen Sie, was wollen Sie?«

»Ich bin Jule …« Dann machte sie eine Pause, als wollte sie Reiber Zeit geben, sich zu vergegenwärtigen, wer Jule war.

»Das Frauchen von Lindi?« Jetzt wusste Reiber Bescheid.

»Sie erinnern sich an Lindi?«

»Ja klar, die süße Kleine.« Reiber merkte, wie er damit etwas die Anspannung von seiner Gesprächspartnerin nahm.

»Und wie geht es Juliane?«

»Danke, sie ist im Büro heute, ich bin gerade bei einem Einsatz.«

»Oh, ich wollte Sie nicht stören.«

»Schon okay. Aber Sie rufen doch nicht an, weil Sie fragen wollen, wie es Juliane geht?«

»Naja, also Sie suchen doch Darryl.«

»Jaja, natürlich.«

»Also ich habe Angst um ihn, wissen Sie …«

»Wo ist Darryl? Bei Ihnen? Ist er bei Ihnen?« Reiber wurde ungeduldig.

»Nein, das nicht …«

»Aber was …«

»Ich mache mir Sorgen. Wissen Sie, ich habe Angst, Sie haben mir doch das mit dem Studenten erzählt.«

»Ja und?«

»Ich habe Angst, dass ihm auch so was passiert. Ich habe mir das noch mal überlegt. Wissen Sie, er ist so wild, er würde sich auch wehren. Und Ihre Leute würden dann schießen … und …«

»Ach so. Ja, das könnte passieren. Aber warum fällt Ihnen das gerade jetzt ein?«

»Ich hörte vorhin von dem Mord im Radio. Darryl hat sich immer noch nicht gemeldet. Und jetzt erzählte mir eine Freundin, dass es Anton getroffen hat, und da hab ich halt Angst, dass Sie Darryl jetzt erst recht suchen und …« Jules Stimme klang verkatert, sie sprach langsam, als habe sie immer noch ein bisschen zu viel Alkohol im Blut. Aber gut, andere in dieser Stadt nahmen ganz andere Drogen und waren dennoch ehrbare Gesprächs- und Geschäftspartner.

»Also gut, Sie haben Angst um Darryl, aber warum denken Sie denn, dass er hinter dem Mord von heute stecken könnte?«

»Nein, nein, das denke ich ja gar nicht, er war es sicher nicht!«

»Aber warum rufen Sie dann an? Kannten Sie Anton, das Opfer?«

»Nicht persönlich. Ich habe nur Angst, dass Sie denken könnten, dass es Darryl war, jetzt, wo es Anton getroffen hat…«

Reiber hatte Mühe, das Gehörte mit dem zuvor Recherchierten in Zusammenhang zu bringen. Hatte er nicht vorhin erst ausgeschlossen, dass Würthe der Täter sein könnte, weil es nun den Sohn eines Mannes traf, der mit den Rollheimern gemeinsame Sache machte? Und nun dachte ausgerechnet Jule, dass er verdächtigt würde …

»Wie kommen Sie denn darauf? Was sollte er für ein Motiv gehabt haben?«

»Na also, wie …«, sie stockte, »das … also, das wissen Sie nicht?« Sie klang ernsthaft überrascht.

»Doch, doch, schon«, Reiber musste schnell bluffen, »also wir haben da durchaus unsere Vermutungen. Dazu kann ich nichts sagen. Sagen Sie doch, was denken Sie?«

»Wegen Anton halt. Aber wenn Sie das nicht denken, dann war es wohl blöd anzurufen. Dann vergessen Sie meinen Anruf. Scheiße. Das war voll Scheiße, Sie anzurufen. Vergessen Sie es. Sie als Hundefreund? Geht das? Ja? Vergessen Sie's!« Jule redete immer schneller, fast panisch. Es war ihr offenbar klar geworden, einen Fehler gemacht und der Polizei etwas verraten zu haben, was diese noch nicht wusste. Reiber konnte sich aber noch immer keinen Reim darauf machen. Das Atmen, das laute Schniefen, das Reiber am Telefon gehört hatte, war plötzlich weg. Jule hatte aufgelegt.

Reiber rief sofort im Präsidium an. Er brauchte sämtliche verfügbaren Telefonnummern von Jule. Und er veranlasste, dass zwei Fahnder zum Observieren zu der Wagenburg fahren und schauen sollten, ob sie Jule finden konnten.

Reiber lehnte sich an einen Baum. Er brauchte einen Moment zum Nachdenken. Mehr Zeit blieb ihm auch nicht. Dieter rief an.

»Wir haben was!«

»Super. Wo? Was?«

»Im linken der durchsuchten Häuser. Auf dem Dachboden. Direkt vor dem Dachlukenfenster, das in Richtung des Tatorts zeigt, ein offensichtlich benutztes Papiertaschentuch.«

»Okay, ich komme.«

Reiber musste sich durch einen Pulk von Reportern drängen, um zum Haus zu gelangen. Er reagierte nicht auf ihre Fragen, sagte nicht einmal »Kein Kommentar«. Aber er wehrte sich nicht dagegen, als Schiebitz nun ein paar Schritte neben ihm ging, er nahm ihn sogar mit durch die Absperrung. Das würde sicher wieder ein Nachspiel haben, mal wieder würde sich ein Journalistenverband oder ein Chefredakteur über ihn beschweren. Aber Reiber wollte herausfinden, ob sich Schiebitz, der ja auch in der linken Szene gut vernetzt war, einen Reim auf diesen Anruf von Jule und ihre Angst um Würthe machen konnte.

»Kurt, habt ihr was gefunden?«, fragte Schiebitz als sie weit genug von seinen Reporter-Kollegen entfernt standen.

»Ich kann dir nichts sagen, Jörg«, sagte Reiber und nickte leicht mit dem Kopf.

»Danke. Was Neues zum Motiv?«

»Wovon träumst du sonst? Jörg, bitte, ich kann jetzt echt nicht ...«

»Sag mir wenigstens, ob die Liebesgeschichte von dem alten Legrande 'ne Rolle spielt – so was verkauft sich immer gut, das weißt du ja.«

Reiber blieb stehen, schaute Schiebitz verblüfft an. »Liebesgeschichte?«

»Ach komm, spiel jetzt nicht den Überraschten, du weißt genau, was ich meine, musst es mir nicht mal bestätigen.«

Er hatte Schiebitz noch nichts gefragt und schon etwas erfahren. Allerdings genügte das noch nicht. Welche Liebesgeschichte, und was sollte das mit dem Fall zu tun haben? Er bluffte: »Wir sind da noch am Anfang, da kann ich nichts sagen. Aber Jörg, was ich dir sagen kann – die Ehe der Legrandes, das war nicht gerade die große Liebe.«

»Ach was du nicht sagst. Dafür brauch ich keine Soko, um das rauszufinden«, meinte Schiebitz. »Mir geht's um sein Verhältnis.«

»Du meinst …« Reiber überlegte einen Moment, ob er weitersprechen sollte. Wenn er nun so bluffte, wie er vorhatte, und es nicht stimmte, Schiebitz das aber drucken würde, käme er in Teufels Küche. Andererseits, der Anruf von Jule, er hatte schon so was geahnt … Und zudem, was hatte er zu verlieren, er könnte immer noch alles abstreiten. Also, fuhr er fort: »Du meinst, der Legrande und die Rollheimerin …«

»Klar, der hat doch die Kleine von Würthe flachgelegt.«

Auch wenn er Schiebitz' Wortwahl nicht schätzte, nun war es raus. Beinahe hätte Reiber, wie es Dieter gerne machte, »Bingo« gesagt.

»Ja«, tat Reiber wissend, »aber das ist erstens nicht verboten und zweitens noch kein Mordmotiv.«

»Nee, das nicht, aber eklig sicher – mit so 'ner Zecke ins Bett, brauchst ja vorher Entlausungsmittel«, Schiebitz lachte. »Aber egal. Jedenfalls bietet das doch genug Stoff zum Spekulieren über allerhand Motive.«

»Aber Jörg, der Legrande wird doch nicht sein eigenes Kind umbringen, damit er sich zur neuen Liebe bekennen kann. Das haben wir doch alle schon mal durch …«

»Und Jule?«, meinte Schiebitz.

»Dass die schießt, nee, aber du, ich muss weiter. Sind ja alles nur Spekulationen.«

»Aber denk dran, Kurt, was du mir versprochen hast nach der verpatzten Erpresser-Info. Wenn ihr zuschlagt und Jule oder Würthe habt, du sagst es mir zuerst!

»Ja klar«, Reiber war nun fast schon in dem Eingang des Hauses, aus dem Dieter angerufen hatte. Schiebitz hatte er bedeutet, draußen zu bleiben. Reiber überlegte. Womöglich kam Würthe doch als Täter in Betracht. Der hätte ja erst für die große gemeinsame Sache seiner Gruppe morden und dann als gehörnter Mann schießen können. Wenn es so gewesen war, hätte er für jeden Mord ein Motiv. Andererseits, er hätte Legrande zwar sein Liebstes genommen: sein Kind, gleichzeitig hätte er diesen aber sozusagen auch letztendlich frei gemacht für seine Jule. Trotzdem, ein Motiv, überlegte Reiber, konnte das durchaus sein, Legrande eins auszuwischen, zumindest für einen sicher durchgeknallten und hasserfüllten Typen wie Würthe einer war.

Noch während Reiber weiter die Treppen hoch eilte, holte er sein Handy aus der Tasche und rief nochmals in der Keithstraße an. Er ordnete an, die Fahndung nach Würthe möglichst noch zu intensivieren. Und er wollte wissen, ob Jule ausfindig gemacht worden war.

»Ihr Handy ist in der Wagenburg geortet worden. Und unsere Jungs haben alle Ausgänge im Blick, bisher kam sie nicht raus«, sagte der junge Kollege von der Fahndung am Telefon.

Die Leute der Spurensicherung waren im Dachgeschoss bei der Arbeit. Es war ein typisches Dachgeschoss. Noch nicht ausgebaut. Der Boden, also die Decke zum vierten Stock, war isoliert worden. Sicher mit günstigem Geld der Kreditanstalt für Wiederaufbau, dachte Reiber. Und die Eigentümer hatten sich sogar eine feste, begehbare Spanplattenabdeckung über der Dämmung geleistet. Am Gebälk waren an mehreren Stellen kleine Stückchen Holz abgeschabt worden. Reiber wunderte das nicht, er wusste, man hatte anhand dieser Holzproben nach der Wende in vielen Dachgeschossen untersucht, ob das Gebälk mit dem DDR-Holzschutzmittels Hylotox 59, bearbeitet worden war, das giftiges DDT enthielt.

Dieter kam auf Reiber zu. Er hielt das Papiertaschentuch, das inzwischen in einem durchsichtigen Plastiktütchen steckte, wie eine Trophäe vor sich.

»Dieses Papiertaschentuch mit Anhaftungen haben wir direkt unterm Dachfenster gefunden. Und von hier aus ist der Ort, wo das Kind erschossen wurde, direkt einsehbar.«

»Und Fingerabdrücke?«

»Noch sind die Kollegen dabei, nach diesen Spuren zu suchen. Aber wie gesagt, das Taschentuch hat Anhaftungen.«

»Also ein Mörder mit Schnupfen …«

»Oder er hat es benutzt, als er sich hier selbst befriedigte«, ergänzte Dieter.

»Was hast du denn für Fantasien?«

»Naja, machen doch manche heimlich, also auch auf Dachböden. Erinnerst du dich nicht, bei dem ungeklärten Kindermordfall damals in Treptow, da hatten wir doch auch ein Papiertaschentuch mit entsprechendem Sperma auf dem Dach neben der Leiche gefunden.«

»Stimmt«, nun erinnerte sich auch Reiber. Aber ihm ging die Assoziation von Dieter doch ein bisschen zu weit. »Aber ein Scharfschütze, der dabei masturbiert …«

»Natürlich nicht während der Tatbegehung. Aber danach vielleicht. Weil er sich über seinen Erfolg freut. Es gibt ja so kranke Persönlichkeiten.«

»Naja.«

»Doch, so ein Tötungsdelikt, das kann beim Vorliegen einer entsprechenden Störung erregend wirken, das habe ich kürzlich wieder bei einem Fortbildungsseminar gehört.« Dieter war ein eifriger Kollege, der sich gerne weiterbildete.

»War die Tür zum Dachboden verschlossen?«

»Ja. Und wir haben auch schon ermitteln können, wer alles einen Schlüssel hat«, antwortete Dieter, während er das Taschentuchtütchen wieder einer Kollegin von der Spurensicherung in die Hand gab und sein Notizbuch aus der Brusttasche seiner ärmellosen Lederweste holte. Dass Dieter keine Frau hatte, dachte Reiber, war kein Wunder. Bei seinem Modegeschmack. Unter der dackeldurchfallbraunen Weste trug er ein rot-blau geblümtes Hemd. Ob er sich abends umzog?, überlegte Reiber. Schließlich war Dieter eifriger Sänger in einem Popchor.

»Also«, fuhr Dieter fort, »außer der für das Anwesen zuständigen Hausverwaltung Fürtl hatte noch der Hausmeister einen Schlüssel und natürlich die Eigentümer, eine aus drei Personen bestehende Gesellschaft bürgerlichen Rechts.«

»Fürtl? Hieß nicht die Verwalterin, bei der der Erpresser angerufen hatte, auch so?«

»Bingo!« Dieter strahlte.

»Okay. Und wer arbeitet alles bei Fürtl?«

»Nur Frauen. Haben wir bereits von Kollegen überprüfen lassen. Der Hausmeister ist aber ein Mann, und die drei Eigentümer sind auch männlich.«

»Und warum soll es keine Frau gewesen sein?« wollte Reiber wissen.

»Wie? Aber Kurt, dagegen sprechen doch alle kriminalistischen Erfahrungen.«

»Okay.« Reiber dachte das auch. »Die DNA vom Hausmeister und diesen Eigentümern, die organisierst du bitte, dann können wir mit dem Taschentuch vergleichen.«

»Wie stellst du dir das vor, wir haben keine Möglichkeit, diese Männer zur Abgabe einer Speichelprobe zu zwingen?«

»Dann lässt du sie festnehmen und in die Keithstraße bringen, hast meine vollste Rückendeckung.« Reiber wollte schnell weiter und Jule suchen.

»Dafür ist, wenn ich das so ausdrücken darf, dein Rücken nicht breit genug. Und dafür riskiere ich meine Pension nicht.«

»Aber Wischnewski hält auch seinen Rücken hin, hat er mir versprochen. Also Dieter, mach schon. Ich muss los.«

Als Reiber vorbei an den Fernsehkameras über den Platz in Richtung des Dienstwagens eilte, kam ihm Sandra Faller entgegen. Sie hatte ihren Arm um Nicole Legrande gelegt und ging Richtung Lettestraße. Reiber blieb kurz stehen, sagte, dass er froh sei, dass sich Sandra Faller um Nicole Legrande kümmere, und dass er sich bald melden würde.

Er ahnte, dass ihm das alles sehr schnell über den Kopf wachsen könnte – die noch nicht so abgeschlossene Beziehung mit Anna, die sich anbahnende Affäre mit Sandra Faller. Dann sollte er endlich mal wieder mit Cordula zu einem Feierabendbier gehen. Ach, das war ihm irgendwie alles zu viel. Er dachte an seine Ex-Frau, wegen der er mal nach Berlin gekommen war und die hier noch als Event-Managerin erfolgreich war. Sie, die er alle paar Monate mal zum Wein traf, hatte ihm beim letzten Mal ins Gesicht gesagt, dass er wohl bindungsunfähig sei. Warum, verdammt, musste er ausgerechnet jetzt an all das denken. Er sollte sich auf den Straßenverkehr konzentrieren. Schließlich war er mit eingeschaltetem Blaulicht und Martinshorn im Dienstwagen in Richtung Margarete-Sommer-Straße unterwegs.

An der Einmündung der Hans-Otto-Straße in die Danziger Straße musste er heftig bremsen. Vor ihm standen schon gut ein Dutzend Autos. Dahinter sah er die Blaulichter mehrerer Polizeiautos und die eines Rettungswagens. Reiber ließ den Passat mit angeschaltetem Blaulicht stehen und eilte zu Fuß vorbei an den stehenden Wagen – schnell sah er, dass offenbar jemand angefahren worden war. Der silbrige Skoda, der schräg zwischen den Fahrbahnen stand, war vorne eingedellt, die Windschutzscheibe gesprungen.

»Das war nicht vorauszusehen, es tut mir leid.« Ein junger Polizist steuerte direkt auf Reiber zu und hatte schon im Gehen angefangen zu reden. »Sie rannte einfach auf die Straße, sie muss gemerkt haben, dass sie observiert wurde.«

»Wie? Ist Jule verletzt?« Reiber ahnte, was passiert war. Sein Blick erfasste die Lage, er bemerkte, dass neben dem Rettungswagen ein NEF stand, ein Notarzteinsatzfahrzeug, das beunruhigte ihn, kam ein Arzt doch nur dazu, wenn es lebensbedrohlich war.

»Ja, aber nicht so schlimm. Der Arzt sagt, sie kommt durch.«

»Kommt durch!« Reiber war wütend »Na, das habt ihr ja super gemacht. Und woher wissen Sie überhaupt, wer ich bin?«

»Ich kenne Sie aus dem Fernsehen, von der Pressekonferenz. Sie sind doch der Soko-Chef.«

Reiber ging zu dem Rettungswagen, öffnete die Tür, was er sah, genügte ihm. Jule wurde beatmet, hatte Elektroden auf der entblößten Brust und offenbar auch Kopfverletzungen, der Verband war frisch, aber in ihren Haaren klebte Blut. Zurück im Dienst-Passat ordnete Reiber per Handy an, die Rollheimersiedlung auf der Suche nach Würthe durchkämmen zu lassen. Die Anordnung war ihm leicht gefallen, denn auf dem Anrufbeantworter hatte ihm Britta hinterlassen, dass sie mit den Durchsuchungen an der Raumerstraße durch waren. Beamte waren also genug in der Nähe. Aber wahrscheinlich, mutmaßte Reiber, war Würthe nicht dort. Wahrscheinlich hatte Jule zu ihm gewollt. Hätten die Kollegen das mit der Observierung nicht vermasselt, womöglich hätte Jule die Verfolger geradewegs zu Würthe gebracht. Sein Handy vibrierte.

»Wir haben die Nummern von Jule gecheckt«, teilte ihm ein Beamter der Soko mit, den Reiber nicht näher kannte.

»Sie hat zwei Mal mit Ihnen telefoniert heute.«

»Ich weiß – und?«

»Und sonst drei Mal mit einer anderen Nummer, einmal vor Ihnen, zweimal danach, und vier SMS hat sie auch geschrieben, auch immer an diese Nummer«

»Ja und?«

»Also, wir haben beim Telefonanbieter …«

»Mensch, Junge, gehörte die Nummer Würthe oder Legrande?« Reiber hatte es mal wieder nicht so mit der Geduld, obwohl es sowieso noch einige Zeit dauern würde, bis er mit dem eingekeilten Dienstwagen aus dem Stau weg kommen würde.

»Woher wissen Sie das? Die Nummer gehört Legrande, Carsten mit Vorname, mit C.«

»Danke.«

Reiber hatte das Überbringen der Todesnachricht an Legrande ja vorhin delegiert. Aber nun musste er unbedingt selbst mit ihm sprechen. Weil sie noch keine Lastenhubschrauber bei der Polizei hatten, die ihn mitsamt Dienstwagen aus dem Stau hätten herausheben können, versuchte sich Reiber einzureden, dass es gut war, nun ein paar Minuten Zeit zu haben, um sich telefonisch auf den neuesten Stand zu bringen. Aber wirklich Neues gab es nicht, und kaum wollte er mal in Ruhe in die Zeitung schauen, vibrierte sein Handy schon wieder.

»Kurt, kannst du kommen?« Cordula klang aufgeregt.

»Was ist?«

»Der Vater des Jungen ist da.«

»Legrande?«

»Ja.«

»Und?«

»Der macht hier Stress. Will seinen Sohn sehen. Meine Helfer halten ihn noch zurück. Ich bin mitten in der Obduktion, hab ihn gerade aufgeschnitten …«

»Alles klar, ich schick erst mal eine Streife, falls die schneller ist, und ich komme auch, lasst den Mann auf keinen Fall gehen, ich will unbedingt mit ihm reden.«

Während er noch mit Cordula telefonierte und danach mit der Zentrale, um die Streife zu alarmieren, war Reiber schon wieder ausgestiegen. Er eilte erneut durch die Wagenreihen auf der Suche nach dem jungen Polizisten von vorhin.

»Herr Kollege«, begann Reiber.

»Ja, Herr Hauptkommissar?«

»Können Sie sich um meinen Dienstwagen da hinten im Stau kümmern und mir einen Streifenwagen geben? Ich muss los, sofort.«

Kurz darauf saß Reiber am Steuer eines VW-Touran. Es machte ihm sichtlich Spaß, mal mit einem Streifenwagen mit Blaulicht in Richtung Birkenstraße zu pesen. Zumal er nun auch den Außenlautsprecher nutzen konnte, was er gleich auf der Eberswalder Straße ausprobierte, wo ihm ein an der roten Ampel wartender BMW nicht schnell genug Platz machte. Früher hatte er oft nach Dahlem zu Obduktionen fahren müssen, aber nun waren ja alle Einrichtungen der Rechtsmedizin günstiger auf dem Gelände des ehemaligen Krankenhauses Moabit an der Turmstraße gelegen. Zu Haus O allerdings, in dem Cordula »an den kalten Platten« stand, wie es im Polizeijargon hieß, kam man schneller, wenn man die Bestatter-Anfahrt an der Birkenstraße nahm.

Ein Streifenwagen stand bereits vor der Tür. Reiber rannte in das Gebäude – und geradewegs gegen einen geschlossenen Fiberglas-Sarg, der auf einem Rollwagen mitten in dem breiten Flur des Institutsgebäudes stand. Er konnte den Sarg gerade noch halten, damit er nicht vom Wägelchen kippte, ärgerte sich, dass ihm jemand dieses Hindernis in den Weg gestellt hatte, sah aber sogleich den Grund. Die beiden Helfer der Rechtsmedizin in orangefarbenen Jacken, die den

Sarg mitsamt Inhalt offenbar gerade abgestellt hatten, waren vor dem Zugang zu den Sektionssälen gemeinsam mit zwei Polizisten damit beschäftigt, einen Mann zu beruhigen. Keinen der sonst üblichen Verdächtigen, die Ärger machten. Der Mann, Ende 30, war ordentlich gekleidet mit Designer-Jeans und cremefarbenen Cordsakko, wie man es in manchen technischen Büros eben trug. Es war offenbar Carsten Legrande. Seiner Kraft und Gegenwehr nach zu urteilen, besuchte er das Fitnessstudio weit häufiger als Reiber. Er war weder besonders groß noch sah er besonders stark aus. Und doch machte er den vier Männern schwer zu schaffen. Aber es gelang ihnen endlich, Legrande auf eine Sitzbank, die in dem Vorraum stand, zu drücken. Die Beamten waren gerade dabei, ihm Handschellen anzulegen. Reiber nickte den uniformierten Kollegen zur Begrüßung zu und richtete dann das Wort an Legrande.

»Herr Legrande, nehme ich an? Mein Name ist Reiber. Ich leite die Ermittlungen und möchte Ihnen zunächst mein aufrichtiges Beileid aussprechen.«

»Das können Sie sich sparen.«

Nun, als Legrande – noch immer von den Beamten auf die Bank gedrückt – zu ihm hoch sah, bemerkte Reiber, dass er rote verweinte Augen hatte und geweitete Pupillen. Womöglich hatte er Kokain genommen. Aber als Landvermesser? Reiber konnte sich das nicht vorstellen.

»Ich verstehe ja Ihre Verzweiflung …«

»Nichts verstehen Sie. Mein Junge ist tot! Mein Anton!« Legrande schrie das geradezu heraus und brach dann in ein Schluchzen aus, das die beiden Rechtsmedizin-Helfer einen Schritt zurücktreten ließ, so laut und herzerweichend war es. Selbst die Beamten lockerten ihren Griff, mit dem sie Legrande in Schach hielten. Legrande wollte sich die Tränen abwischen, hatte aber Schwierigkeiten, dies mit seinen gefesselten Händen zu bewerkstelligen. Reiber bedeutete den Beamten, ihm die Handschellen abzunehmen.

»Danke«, sagte Legrande leise, während er die Tränen abwischte. Er schien sich zu beruhigen. »Diese Rabenmutter«, zeterte er dann aber weiter, »konnte nicht mal auf Anton aufpassen. Was konnte die schon. Nichts. Gar nichts. Und wir haben es immer wieder probiert. Nur wegen Anton. Und jetzt? Sie ist schuld … nur sie, wenn ich doch gleich …« Legrande sprach nicht zu Ende, er vergrub das Gesicht in seinen Händen und schluchzte.

»Herr Legrande, es muss furchtbar sein für Sie, aber …« Reiber wurde sofort wieder von Legrande unterbrochen.

»Nichts aber, ich will zu Anton. Zu Anton! Sofort!« Legrande war aufgesprungen, aber von den beiden Beamten sogleich wieder auf die Bank gedrückt worden.

»Herr Legrande, das geht jetzt nicht«, nun nahm die Stimme von Reiber Befehlstonqualität an. »Sie können zu Ihrem Sohn, selbstverständlich. Aber nicht jetzt. Später. Wir müssen uns hier erst einmal in Ruhe unterhalten.« Reiber schaute bei diesen Worten zu den Rechtsmedizinhelfern, die gerade dabei waren, den Sarg aus dem Eingangsbereich zu schieben. Sie deuteten mit Blicken und Kopfbewegungen auf eine Tür, auf der »Privat« stand, und hinter der Reiber wohl mit Legrande reden konnte.

Die beiden Streifenpolizisten blieben an der Seite von Legrande und begleiteten ihn über den Flur. Reiber bemerkte, dass unter der Bank ein in eine durchsichtige Plastiktüte verpacktes T-Shirt lag. Es musste bei der Rangelei heruntergefallen sein. Er hob die Tüte auf und wusste sofort, dass es das T-Shirt war, das Anton zuletzt getragen hatte. Reiber drehte die Tüte in seinen Händen, er sah sowohl das Einschussloch als auch Blut.

»Der stürmte einfach so herein. Die Tür zum Sektionsbereich war offen, und da konnten wir nichts machen, er war so schnell, und dann hat Frau Doktor auch schon um Hilfe gerufen.« Einer der beiden Rechtsmedizinhelfer sah, dass Reiber die Tüte gefunden hatte, und wollte sich rechtfertigen.

»Verstehe«, sagte Reiber.

»Wir konnten ihn gerade noch von dem Sektionstisch abdrängen, aber das T-Shirt hat er sich geschnappt.«

»Haben Sie alles richtig gemacht, danke.«

Reiber ging in das Zimmer, in das die beiden Streifenpolizisten Legrande gebracht hatten. Als er gerade die Tür schließen wollte, sah er Cordula in ihrem Arztkittel kommen, also ging er zurück auf den Flur, um sie zu begrüßen. Sie legte den Kittel ab und nahm ihn kurz in den Arm. Sie weinte, wischte sich aber sogleich die Tränen ab.

»Tut mir leid, Kurt, tut mir leid, alles ein bisschen viel. Jetzt noch dieser Vater …«

»Kann ich gut verstehen, klar.«

Als sich Cordula wieder von ihm gelöst und im Griff hatte, zeigte ihr Reiber die Plastiktüte.

»Das ist das T-Shirt von Anton, offenbar mit eigenen Fotos bedruckt, der Vater wollte es gar nicht mehr loslassen.«

»Hast du etwas Ungewöhnliches gefunden?«, wollte Reiber wissen.

»Nein, nichts bislang. Keine Spuren von Misshandlungen oder Schlägen, wenn du das meinst. Ich glaube nicht, dass er eine Obduktion verhindern wollte, der schien einfach nur völlig verzweifelt.«

Reiber nickte, auf die Idee, dass der Vater etwas verbergen wollte, was bei der Obduktion herauskommen könnte, war er gar nicht gekommen.

Legrande saß auf einem alten Holzstuhl, wie man ihn aus Betriebskantinen kannte, an einem Tisch, auf dem eine lachsfarbene Wachsdecke mit Kaffeetassenrändern lag. Das höchstens 13 Quadratmeter große Zimmer war der Aufenthaltsraum der Rechtsmedizin-Helfer, ausgestattet mit Filterkaffeemaschine, Mikrowelle, Spüle, Fernseher und einem Sideboard, auf dem die aktuellen Boulevard-Zeitungen und zwei Autozeitschriften lagen. Die beiden Streifenpolizisten hatten sich wie in einem Gemälde rechts und links hinter Legrande aufgestellt – jederzeit bereit einzugreifen. Legrande hatte seine Ellenbogen auf die Schenkel gestützt, sein Gesicht in den Händen vergraben. Erst als Reiber in den Raum kam, das Radiogerät ausschaltete, das die Hits der 70er- und 80er-Jahre sendete, hörte man, dass Legrande leise weinte. Reiber rückte einen Stuhl zurecht und setzte sich Legrande gegenüber.

»Herr Legrande, ich kann gut nachvollziehen, wie Sie sich fühlen.«

Keine Antwort.

»Ich verstehe, dass Sie hier die Nerven verloren haben.«

Noch immer keine Antwort.

»Aber ich denke, das haben wir nun überstanden. Und wir beide kommen nun alleine klar und können die beiden Polizisten wieder gehen lassen. Was denken Sie?«

Legrande schaute auf. Er sagte immer noch nichts. Aber er nickte.

»Also Kollegen, vielen Dank, Sie können wieder.«

»Wir schicken Ihnen dann das Protokoll wegen der Anzeige.«

»Anzeige?« Reiber ärgerte sich. Allein dieses Wort könnte das Vertrauen zu Legrande, das er ja noch nicht einmal aufgebaut hatte, wieder zerstören.

»Naja, Hausfriedensbruch, Widerstand, Beleidigung …«

»Vergessen Sie das jetzt mal. Ich erklär es Ihnen später.« Reiber blickte dabei so eindringlich die beiden Beamten an, dass keiner zu widersprechen wagte. Sie verschwanden. Grußlos.

»Werde ich jetzt angezeigt?« Legrande fixierte Reiber.

»Nein. Dafür sorge ich.« Reiber wollte freundschaftlich klingen, doch der Ärger über die beiden Beamten klang in seiner Stimme noch nach.

»Danke.«

»Ich weiß, Herr Legrande, es ist kein guter Zeitpunkt und kein schöner Ort. Aber ich muss Ihnen ein paar Fragen stellen.«

Legrande nickte.

»Ihre Frau und Sie …«

»Machen wir es kurz«, Reiber merkte, wie sich Legrande bemühte, nicht mehr weinerlich zu klingen, »viel drüber reden, das tut nur weh. Deshalb sage ich es gleich. Unsere Ehe ist nur noch Fassade. Jeder geht seinen Weg. Wir wohnen getrennt. Wir sind nur wegen Anton nicht geschieden.« Nun musste sich Legrande doch wieder die Tränen aus den Augen wischen.

»Gut, dass Sie das gleich so offen sagen. Hatte Ihre Frau einen anderen?«

»Was tut das zur Sache?«

»Ehrlich gesagt, ich weiß nicht, inwiefern das wichtig ist für den Fall. Ich will mir erst mal ein Bild verschaffen.«

»Ich weiß auch nicht.«

»Was?«

»Ich weiß nicht, ob sie einen hat. Sie hat nach der räumlichen Trennung vor einem Jahr mit einigen rumgemacht. Aus dem Internet und so …«

»Und Ihnen hat das nichts ausgemacht?«

»Nein, ich sehe das pragmatisch. Ich suchte mir ja auch, was ich brauchte. Es ist eben so ein Arrangement.« Legrande schien sich gefangen zu haben.

Reiber war beeindruckt von diesem Ausmaß kühl-kalkulierender Geschäftsmäßigkeit in Beziehungsdingen. Aber dass das alles so problemlos funktionieren sollte bei einem Paar, das sich einst liebte, das konnte er sich nicht vorstellen.

»Das heißt also, Sie haben eine Freundin?«

»Naja, also …«

»Ich will ehrlich sein. Ich habe gehört, Sie haben was mit Jule.«

»Was soll's? Ja, das stimmt.«

»Das hat Darryl Würthe aber nicht gefallen. Oder?«

»Naja …«

»Er war eifersüchtig. Er hätte Sie am liebsten umgebracht.« Reiber bluffte einfach.

»Also wenn Sie da eh Bescheid wissen, er hat mich ein paar Mal angeschrien, als er mich bei Versammlungen der BI traf, einmal auch auf der Straße. Aber sonst war nichts.«

Ob er sich vorstellen könnte, dass Würthe deshalb Anton umbrachte, diese Frage ersparte Reiber Legrande. Er wollte das Gespräch, das sich ganz gut entwickelte, nicht gefährden.

»Hat Würthe Ihnen gedroht?«

»Ja schon, aber der ist doch nur so ein Maulheld. Hat Jule auch immer gesagt.«

»Warum hat sie sich nicht getrennt von ihm.«

»Das hat sie ja jetzt.«

»Wie?«

»Naja, vor ein, zwei Wochen hat sie es Darryl offiziell gesagt das mit uns und hat ihn dann verlassen.«

»Und?«

»Keine Ahnung. Seither ist er wohl verschwunden. Ich hab ihn auch nicht mehr gesehen.«

»Gut. Wie kamen Jule und Anton denn miteinander aus?«

»Naja, war ja lange nicht offiziell mit uns wegen Darryl. Also Jule kennt Anton gar nicht richtig, also kannte ihn nicht …« Legrande machte eine Pause, um zu schlucken, um sich erneut bewusst zu werden, dass er von Anton in der Vergangenheitsform reden musste.

»Verstehe. Aber Sie hatten ein gutes Verhältnis zu Ihrem Sohn?«

»Natürlich.«

»Und das T-Shirt?« Reiber hatte die Plastiktüte mit dem blutigen Kleidungsstück mit ins Zimmer gebracht, sie aber so geschickt auf den Stuhl gelegt, über den er danach sein Sakko hängte, dass Legrande die Tüte nicht sah. Nun zog er sie hervor und hielt sie hoch.

Legrande schaute das T-Shirt mit traurigen Augen an.

»Das hab ich Anton geschenkt. Gestern Abend hab ich es ihm mitgebracht. Heute Morgen hat er es zum ersten Mal angezogen.«

Reiber tat etwas, das er bei Männern eigentlich nie machte, nun aber spürte er, es würde vielleicht helfen – er legte dem sich langsam wieder in Rage redenden Legrande seine rechte Hand auf den Unterarm. Das schien den tatsächlich ein wenig zu beruhigen.

»Nicole fand das T-Shirt blöd. Sie sagte gestern Abend, Anton würde sich lächerlich machen damit. Trotzdem hat er es heute angezogen – sicher mir zuliebe.« Legrande wischte sich ein paar Tränen ab.

»Was sind denn da für Fotos drauf?«

»Anton wollte immer einen Hund. Nicole war dagegen. Er mochte diese kleinen französischen Bulldoggen. Ich habe eine fotografiert. Einmal von vorne und einmal von hinten. Hinten auf das T-Shirt hab ich ihm das Fotos des Bulldoggengesichts draufdrucken lassen – und vorn das vom Hinterteil …«

»Wie?«

»Naja, ich fand das lustig, so falsch herum, das war dann so, als ob der Hund durch Anton hindurch spaziert und hinten wieder rausschaut. Ich weiß, das ist vielleicht komisch. Nicole fand es auch blöd.«

»Nein, nein, das ist lustig.«

»Meinen Sie?«

»Ja klar. Ich habe einen Mops. Ich mag auch Bulldoggen. Ich versteh das.«

»Wirklich?«

»Ja, mein Mops heißt Juliane. Eine schwarze Mopsdame.«

Nun lächelte Legrande. Nur kurz. Aber Reiber bemerkte es.

»Darf ich das T-Shirt haben? Wissen Sie, es war das Letzte, das Anton …« Legrande versagte die Stimme.

»Ich verstehe, Herr Legrande, aber noch sind die Untersuchungen nicht abgeschlossen.«

»Aber danach?« Legrande hatte sich wieder gefasst.

»Ich schau, was ich machen kann, versprochen.«

Irgendwas, dachte Reiber, muss es mit dem T-Shirt auf sich haben. Oder mit dem Aufdruck. Er wusste nicht so recht, was, aber er hatte so ein Gefühl. Als er die Tüte zu Cordula zurückbrachte, die wieder in ihrem Arztzimmer saß, bat er sie, ihm Handschuhe zu geben, dann holte er das T-Shirt aus der Tüte.

»Schon komisch, der lässt sein Kind mit einem Hundearsch auf dem T-Shirt durch die Stadt laufen und druckt den Kopf nach hinten. Ist der so ein komischer Typ?«, wollte Cordula wissen.

»So genau kann ich ihn auch nicht einschätzen, aber er hat sein einziges Kind soeben verloren. Der war echt neben der Spur.«

»Aber als er das T-Shirt drucken ließ, da lebte Anton noch.«

»Stimmt, der hat wohl einen etwas schrägen Humor. Lustig sieht das ja schon aus«, meinte Reiber, obwohl eher das lustig war, was er sich vorstellte, denn viel war von dem Aufdruck nicht mehr übrig geblieben nach dem Schuss.

»Der Täter muss dem Hund sozusagen mitten in den Kopf geschossen haben«, Cordula zeigte auf die Einschussstelle, die deutlich zu erkennen war.

»Du meinst, ich sollte das unseren Psychologen mitteilen, damit sie ein Täterprofil erstellen von einem Hundehasser, der nebenbei auch kleine Kinder erschießt?«

»Dein Humor wieder!« Cordula schüttelte den Kopf.

»Aber interessant ist das schon«, meinte Reiber, »der hat ja mit einem Zielfernrohr geschossen. Der muss die Hundeschnauze ganz groß gesehen haben, als er abdrückte.«

»Stimmt. Anton hatte ja keine Jacke drüber an. Dabei ist es ja nur mit T-Shirt schon noch ein bisschen kalt …«

»Da hast du recht, warum hatte der eigentlich keine Jacke an? Hm, hatte er eine dabei, in der Hand vielleicht?«

»Nein, als ich kam, hab ich keine gesehen.«

»Ich überprüf das mal.«

Reiber rief, als er wieder im Auto saß und Richtung Eberswalder Straße unterwegs war, wo er im Abschnitt 15 den Streifenwagen gegen den Dienst-Passat tauschen wollte, Sandra Faller an. Er hatte nun gleich zwei dienstliche Gründe, sich bei ihr zu melden – erstens wollte er die Jacken-Frage klären, und zweitens war es kein Fehler, sich zu erkundigen, wie es Nicole Legrande ging. Doch Reiber erreichte nur den Anrufbeantworter von Fallers Handy und hinterließ eine Nachricht. Er war noch nicht auf der Bernauer Straße, da rief sie zurück.

»Hi, ich hab Ihren Anruf nicht gehört, hab gerade Jannik aus der Klinik geholt.«

»Wo hatten die ihn hingebracht?«

»In die Charité.«

»Wie geht es ihm?«

»Naja, sag ich Ihnen ein anderes Mal.«

Reiber merkte, dass Jannik mithörte und sie deshalb nicht frei reden konnte. Er wollte sich gar nicht ausmalen, wie schlimm das war, als Kind mit ansehen zu müssen, wie ein Freund direkt neben einem erschossen wurde.

»Soll ich Sie abholen?«

»Wie? Warum?«

»Ich könnte Sie nach Hause fahren«, bot Reiber spontan an, »ich habe einen Streifenwagen dabei, vielleicht freut sich Jannik.«

»Das ist nicht nötig. Aber hm …«, Sandra Faller schien Jannik anzusehen und sich das noch mal zu überlegen, »naja, vielleicht gar keine so schlechte Idee.«

»Wo stehen Sie?«

»Noch direkt an der Luisenstraße, Ecke Hannoversche.«

»Bleiben Sie dort, ich beeile mich.«

Schon als er in die Luisenstraße einbog, sah er Sandra Faller mit Jannik an der Hand auf dem Gehweg stehen. Er nahm das Mikrofon in die Hand und tönte durch den Außenlautsprecher:

»Hallo Jannik!«

Reiber war nur noch wenige Meter von den beiden entfernt, und Jannik, der offenbar nicht wusste, dass Reiber mit einem Streifenwagen kam, schaute verdutzt auf.

»Hier spricht Kurt. Gleich fahr ich mit dir furt.«

Außer Sandra Faller und Jannik hatten natürlich auch alle anderen Passanten gehört, was für kindisches Geplapper aus dem Polizeiauto drang. Aber Reiber war sich sicher, keiner würde ihn deswegen anschwärzen.

Jannik grüßte zwar freudig und kletterte gleich auf den Rücksitz, aber Reiber merkte, dass an dem Jungen etwas anders war.

»Machst du das Blaulicht an?«, fragte Jannik, nachdem Sandra Faller auf dem Beifahrersitz Platz genommen hatte.

»Eigentlich darf ich das nicht.«

»Aber für mich. Bitte!«

»Gut!«

Als Reiber auf der Invalidenstraße war, schaltete er tatsächlich Blaulicht und Martinshorn an und überquerte bei Rot die Kreuzung an der Chausseestraße.

»Klasse!«, kommentierte Jannik.

»Danke«, sagte Sandra Faller. Viel mehr hatte sie nicht gesagt, seit sie im Auto saß. Reiber sah, wie sie ihren Plüschmaulwurf in den Händen knetete wie damals, als er sie nach dem ersten Kindermord befragt hatte.

»Wie geht es ihm?«, fragte Reiber.

Sandra Faller schaute ihn an, überlegte einen Moment, schien aber nicht zu wissen, wen er meinte.

»Ich meine den Maulwurf, der hat es momentan auch nicht leicht, muss ganz schön was mitmachen.«

Immerhin, ein kleines Lächeln konnte er damit auf das ungeschminkte Gesicht von Sandra Faller zaubern, deren Augen verweint aussahen.

»Naja, geht so. Und was macht Juliane?«

»Ich hab sie im Büro gelassen. Diese Welt hier ist nichts für kleine Mopsdamen.«

»Für Maulwürfe auch nicht.«

»Stimmt. Ziemlich Scheiße alles.« Reiber war froh, nun einen Ton gefunden zu haben, in dem er mit Sandra Faller reden konnte. Jannik saß derweil auf dem Rücksitz und schaute die ganze Zeit durchs Fenster in den Himmel.

»Wie geht es Frau Legrande?«

»Ihre Mutter ist bei ihr. – Haben Sie mit ihrem Ex geredet?«

»Ja.«

»Und?«

»Er ist völlig durch den Wind.«

»Kann ich verstehen.«

»Und noch was, erinnern Sie sich«, Reiber versuchte, in Gegenwart von Jannik den Namen Anton zu vermeiden, obwohl der sicher sowieso wusste, worum sich das Gespräch drehte, »an das T-Shirt?«

»Das Anton anhatte? Das mit der Bulldogge drauf?«

»Ja. Was wissen Sie darüber?«

»Wie? Es war neu, Anton hatte es von seinem Vater bekommen.«

»Voll uncool, das Teil«, sagte plötzlich Jannik.

»Warum?«, wollte Reiber wissen, aber Jannik antwortete nicht mehr, schaute wieder stumm in den Himmel.

»Und hatte er keine Jacke drüber?«, fragte Reiber weiter.

»Ist das denn wichtig?« Sandra Faller verstand den Sinn der Frage nicht.

»Vielleicht. Also hatte er?«

»Eigentlich schon …«

»Wir haben unsere Jacken ausgezogen und Nicole gegeben, bevor wir losrannten«, schaltete sich wieder Jannik ins Gespräch ein.

Zwischenzeitlich hatte Reiber schon die Wichertstraße erreicht, und selbstverständlich hatte er sich gemerkt, wo Sandra Faller wohnte, also hielt er direkt vor der Tür.

»Wollen wir morgen gemeinsam frühstücken?« Reiber hatte sich diese Frage nicht zurechtgelegt. Sie kam so plötzlich aus seinem Mund, dass er fast selbst darüber erschrak.

»Wenn Sie nicht schon vorher zum Abendessen vorbeikommen wollen, gern.« Das war schlagfertig. Dass man den Satz auch so verstehen konnte, da war selbst Reiber nicht drauf gekommen.

»So habe ich das nicht gemeint«, stotterte er.

»Schon gut, also rufen Sie an, wenn Sie in der Nähe sind. Ab neun.«

Reiber half Jannik beim Aussteigen, weil sich die hinteren Türen des Streifenwagens nicht von innen öffnen ließen.

NACHTS IN DER KLINIK

Gut, dass Lilly Dienst hatte. Reiber kannte sie noch aus seiner Kreuzberger Zeit. Sie war die Tochter eines Nachbarn gewesen. Nun studierte sie irgendwas. Er freute sich, sie in der »Giraffe« zu treffen. Der »Schleusenkrug« war zwar hipper, die »Giraffe spießiger«. Aber genau deshalb hatte er – nachdem er Juliane aus dem Kommissariat abgeholt hatte – den Weg durch den Tiergarten über die Straße des 17. Juni zur »Giraffe« gewählt. Dort war die Wahrscheinlichkeit geringer, dass ihn jemand erkannte. Und nun war auch noch Lilly da. Das war gut. Der musste er nichts erklären. Die kannte ihn. Einmal hatten sie nach dem Bergmannstraßenfest bis morgens gemeinsam Tequila getrunken. Damals war Lilly noch keine 18. Wenn das rausgekommen wäre – immerhin war er schon Kommissar gewesen. Und er hatte ihr danach nicht nur einen Abschiedskuss gegeben … Es war ihnen beiden peinlich gewesen. Inzwischen war Gras über die Sache gewachsen. Vor zwei Jahren hatte Reiber Lilly zufällig als Bedienung in der »Giraffe« wiedergetroffen. Seither machte sie ihm stets eine ganz besondere Freude und servierte ihm das Hefeweizen immer in einem Glas mit dem Aufdruck »alkoholfrei«, obwohl der Inhalt das natürlich mitnichten war. So geschah es auch an diesem Nachmittag. Viel Zeit hatte Reiber nicht. Er selbst hatte ja die Konferenz der Soko für 18 Uhr angesetzt. Aber es genügte für einen Salat mit Hähnchenbruststreifen und für das Weizen, aus dem dann doch zwei wurden, weil Lilly ebenso fix bediente, wie er trank.

»Die Fangschaltungen in zwölf Geschäften am Helmholtzplatz und drei Hausverwaltungen sind eingerichtet«, sagte ein Mitglied der Soko, dessen Namen Reiber immer wieder vergaß.

»Ich habe eine Frage bezüglich der zur Observation ausgewählten Objekte«, formulierte Muschwitz. »Nach meinen Recherchen gibt es mindestens 46 infrage kommende Gewerbetreibende im Umfeld des Helmholtzplatzes, des weiteren werden die dort angesiedelten Wohnungen von mehr als 13 Hausverwaltungen betreut – ich frage mich, wer diese Auswahl auf welcher Grundlage getroffen hat.«

»Das kann ich dir sagen«, entgegnete Reiber, der genervt war, weil er darüber reden wollte, was zu geschehen hatte, wenn sich der Erpresser meldete, und er keine rückwärtsgewandten Schlachten schlagen wollte, »ich habe das entschieden. Und die Grundlage dafür war mein Bauchgefühl. Wir haben nicht die Kapazitäten um alle infrage kommenden Telefonanschlüsse zu überwachen. Theoretisch könnte sich der Erpresser ja auch bei der Telefonseelsorge melden.«

Muschwitz sagte daraufhin nichts mehr.

»Glaubst du, dass der Erpresser auch der Mörder ist?«, wollte Gerd wissen.

»Wenn ich das wüsste – aber ich verspreche mir von dem Anruf heute Abend, dass wir das, auf welchem Wege auch immer, werden klären können.«

Die Stunden danach waren zermürbend. Zwar hatten alle genug mit den aktuellen Ermittlungen zu tun, doch so richtig konnte sich keiner konzentrieren. Alle warteten darauf, dass sich der Erpresser meldete. Reiber war mit Britta zum Helmholtzplatz gefahren. Er wollte einfach näher am Geschehen sein. Sie saßen nun in ihrem Sprinter oder standen davor und tranken Kaffee aus Pappbechern, den sie abwechselnd bei den umliegenden Kneipen holten.

Britta berichtete ihm, dass sich das Alibi von Legrande, das sie zu überprüfen hatte, als richtig herausgestellt hatte. Er war im Büro gewesen, als sein Sohn erschossen worden war. Jule, auch das hatte Britta recherchiert, war zwar außer Lebensgefahr, aber weiterhin nicht vernehmungsfähig, Brümm saß nach wie vor in der geschlossenen Psychiatrie, das mit dem Aufenthalt zuvor auf dem Campingplatz stimmte. Insofern gab es nur noch einen Hauptverdächtigen: Würthe. Und eben den Erpresser, falls der mit Würthe nicht identisch war.

»Was hat die Durchsuchung der Rollheimersiedlung gebracht?«, wollte Reiber wissen.

»Wir haben Würthe nicht gefunden – und auch sonst wenig.«

»Das heißt aber immerhin etwas?«, hakte Reiber nach.

»Ja. Die Rollheimer nutzten zum Teil wohl gefälschte Personalausweise – wofür auch immer. Wir haben drei Fälschungen sichergestellt.«

»Mist. Und das haben wir bei der ersten Durchsuchung nicht bemerkt. Das heißt, der Würthe kann unter falschem Namen geflüchtet sein.«

»Allerdings«, meinte Britta mit vollem Mund, weil sie sich zuvor einen Döner geholt hatte, »wir wissen nur nicht, welchen Namen er benutzt.«

»Scheiße, und das fällt dir erst jetzt ein?« Reiber sagte das so laut, dass ihn Juliane, die er mitgenommen hatte, vorwurfsvoll anschaute.

»Ach komm, Kurt, wir kriegen den schon«, Britta spürte, dass der Chef gereizt war, und wollte wieder gut Wetter machen. »Und was ist eigentlich mit der Faller? Läuft da was zwischen euch?«

»Wie kommst du denn darauf?«

»Ich kenn dich doch. So wie sie in deinen Armen lag heute …«

»Mensch, ich hab sie getröstet.«

»Daraus kann mehr werden.« Britta lächelte süffisant und pulte dabei eine Zwiebel aus einem ihrer Zahnzwischenräume.

Reiber mochte dieses herrlich unfrauliche Verhalten seiner Kollegin und konnte ihr auch wegen der indiskreten Frage nach Sandra Faller nicht böse sein.

»Ich geh mal eine Runde mit Juliane über den Platz, ruf an, wenn was ist.«

Reiber war noch keine fünf Minuten unterwegs, als sein Handy vibrierte. Es war Britta.

»Er hat sich gemeldet. Beim Italiener hier am Platz.«

»Okay, ich komm sofort hin.«

Reiber wusste, dass Passanten regelmäßig die sportlichen Qualitäten von Juliane unterschätzten, umso mehr freute er sich, wenn er dann in staunende Gesichter blicken konnte. Solche Gesichter sah er nun, als er über dem Helmholtzplatz eilte und Juliane ihm mit ihren kurzen Beinchen im Galopp folgte. Beim Italiener waren schon fünf Kollegen plus Techniker versammelt. Eine junge Bedienung hatte den Anruf entgegengenommen, der aufgezeichnet worden war. Noch bevor Reiber hören konnte, was der Erpresser sagte, platzte ein Techniker mit einer Neuigkeit in das kleine mit Klopapierrollen, Bodenreiniger und Tomatendosen vollgestellte Büro des Restaurants.

»Wir haben ihn. Er hat aus Madrid angerufen. Aus einer Telefonzelle an der Calle de Sta Isabel – das ist bei dem Museum für moderne Kunst.«

Reiber war überrascht, wie schnell die Technik solche Ergebnisse lieferte und was für ein umfassendes Wissen seine Mitarbeiter hatten.

»Prima. Danke. Aber er wird wohl nicht nur wegen der Picassos nach Madrid geflogen sein.«

»Nein, aber er will das Geld auch in Spanien, hör dir das mal an.«

»Hier spricht der Erpresser. Ich beantworte keine Fragen. Ich verlange eine Million Euro. Die eine Hälfte in 50-Euro-Scheinen. Die andere Hälfte in 20-Dollar-Noten. Und keinen Scheißumrechnungskurs bitte. Der Geldbote fliegt übermorgen mit der Sechsuhrmaschine nach Santa Cruz de La Palma. Dort liegt am Avis-Schalter ein Umschlag für ihn. Und keine Tricks. Sonst knallt es wieder, und es stirbt das nächste Kind. Adio.«

Die Stimme des Erpressers klang verzerrt. Wahrscheinlich hatte er den Text auf einem Diktiergerät aufgenommen und in der Telefonzelle abspielen lassen.

»Er hat nichts gesagt zu dem Mord von heute«, stellte Reiber fest.

»Vielleicht weiß er davon nichts, wäre ja denkbar, wenn es sich bei dem Erpresser um einen Trittbrettfahrer handelt und sich dieser in Spanien aufhält«, meinte Dieter.

»Auch dort gibt es Internet«, warf Britta ein.

»Wir müssen auf jeden Fall sämtliche Flugverbindungen checken lassen, die es heute zwischen Berlin und Madrid gab«, erklärte Reiber.

»Er könnte mit dem Zug nach Frankfurt gefahren und dann geflogen sein. Er könnte über München oder Zürich oder Barcelona oder Amsterdam geflogen sein. Da gibt es unzählige Möglichkeiten«, warf Gerd ein. »Und nach wem suchen wir eigentlich?«

»Naja, erst einmal nach Würthe und dann nach allen Reisenden, die ihr Ticket bar bezahlt haben. Und dann nach allen ohne Rückflug.« Reiber wusste, dass diese Sucherei die ganze Nacht in Anspruch nehmen würde, wenn das überhaupt reichte.

»Und wenn er einen falschen Ausweis dabei hat, das ist ja anzunehmen, wenn es Würthe ist?«, meinte Britta.

»Da hast du recht. Deshalb fahren wir beide jetzt gleich zu Jule«, entschied Reiber.

Es war halb zehn. Nicht gerade die Zeit, um eine schwerverletzte Patientin im Krankenhaus zu besuchen.

»Ich denke, die ist noch nicht vernehmungsfähig«, warf Gerd ein.

»Das wird sich gleich schlagartig ändern. Komm, Britta. Und fordert Amtshilfe an – in Madrid und vor allem auf La Palma.«

»Zahlen wir denn das Geld?«, wollte Muschwitz wissen.

»Das will Wischnewski mit dem Präsidenten und dem Innensenator entscheiden.

Der Blick, den Muschwitz erst Reiber dann Gerd zuwarf, entging Reiber nicht. Der war selbst auf dem Laptopbildschirm klar zu deuten. Muschwitz war der Dienstälteste, trotzdem beließ es Reiber dabei – Gerd sollte alles, was mit der Entführung zu tun hatte, in Händen halten, Muschwitz war Reiber einfach zu umständlich.

Reiber hatte das Blaulicht aufs Dach gepappt. Er fuhr für Brittas Geschmack einen Tick zu flott. Aber sie vertraute ihm. Reiber war ein guter Fahrer. Wie sie vorgehen würden, was sie sagen wollten im Unfallkrankenhaus Marzahn hatten sie noch nicht abgesprochen. Aber Reiber wusste, dass ihn Britta gut genug kannte, um jetzt kein Gespräch darüber anzufangen. Er brauchte seine Ruhe. Sie spürte das.

Reiber bog von der Petersburger Straße in die Frankfurter Allee ein. Ein bisschen, dachte er, ist es wie in einem jungen deutschen Film, wie sie beide nun in Richtung Osten rasten. Sprachlos in die Nacht. In dem Film würden sie in ein neues Leben rasen oder in den Tod. Er wunderte sich über seine Gedankenassoziationen. Er gab Gas. Das Ringcenter, die ehemalige Stasizentrale, der Weitlingkiez, alles raste draußen vorbei. Langsam fühlte sich Reiber besser. Als er nach links auf den Blumberger Damm einbog, ergriff er das Wort.

»Wir müssen Jule irgendwie zum Reden bringen.«

»Wir müssen erst einmal reinkommen«, entgegnete Britta.

»Wir wollen ja nur eines – den Namen, unter dem Würthe reist.«

»Ich weiß, viele wollen nur eines und kriegen das ein Leben lang nicht.«

»Sehr lustig«, Reiber war gerade in die Warener Straße eingebogen, sie waren angekommen. Er ließ den Wagen mit eingeschaltetem Blaulicht stehen.

»Zieh deine Waffe!«

»Wie bitte?«, fragte Britta und sah, dass Reiber seine Sig Sauer P 6 schon in der Hand hatte.

»Alles oder nichts. Komm schon. Jule ist in Gefahr, sagen wir einfach. Einer ist hinter ihr her – oder so …«

Der erste Impuls des Pförtners war, den Hausalarmknopf zu drücken, als er Reiber und Britta mit gezückten Waffen hereinstürmen sah. Dann aber bemerkte er noch rechtzeitig, dass Reiber in seiner Linken den roten Dienstausweis hochgehalten hatte. So schnell er trotz seines Schrecks konnte, sagte er den beiden, wo Jule lag. Reiber war froh, dass er sich von den Kollegen alles hatte geben lassen – auch ihren Nachnamen, Straub, den sie ihm ja zunächst nicht verraten wollte.

Die Gänge in der Klinik waren wie ausgestorben. Reiber und Britta hatten ihre Waffen zurück ins Holster gesteckt.

»Und jetzt?«

»Wir machen es wie 2008 im Urban.«

Britta verstand. Damals war die gesamte Mordkommission mit gezückten Waffen in eine Station des Krankenhauses am Urban gestürmt, angeblich auf der Suche nach einem verschanzten Amokläufer. In dem allgemeinen Tohuwabohu war es Reiber gelungen, sein Ziel zu erreichen – er wollte nämlich nur mit einem Patienten, der ein wichtiger Zeuge war, unter vier Augen reden. Der war von der Polizeiaktion so durcheinander, dass er bereitwillig die Aussage machte, auf die Reiber gehofft hatte. Allerdings hatte die Aktion damals heftigen Ärger gegeben. Reiber setzte trotzdem erneut auf die Karte »Schießen statt diskutieren«.

Als sich Britta und Reiber der gesuchten Station in der Klinik für Unfallchirurgie näherten, zückten sie wieder ihre Waffen und hielten sie in Brusthöhe vor sich. In der anderen Hand hatten sie jeweils ihren Dienstausweis. Eine junge Schwester, die gerade aus einem Krankenzimmer kam, blieb wie versteinert stehen. Reiber merkte, dass sie schreien oder etwas sagen wollte, aber sie brachte keinen Ton heraus.

»Alles gut, alles gut«, sagte Reiber leise. »Wir sind von der Mordkommission. Gehen Sie ins Schwesternzimmer. Verhalten Sie sich ruhig. Wir suchen nur jemanden. Alles gut. Nur keine Panik.«

Als sie sich immer noch nicht bewegte, setzte Reiber nach: »Bringen Sie sich in Sicherheit. Und sagen Sie den Kollegen, sie sollen in den Zimmern bleiben und nur im Notfall auf den Flur treten.«

Die Schwester nickte und eilte, so schnell es die rosafarbenen Plastik-Clogs erlaubten, in Richtung Schwesternzimmer.

Reiber hatte die gesuchte Zimmernummer bereits erspäht. Er gab Britta ein Zeichen. Als beide vor der Tür angekommen waren, warteten sie kurz, um nicht gar zu sehr außer Atem zu sein, dann riss Reiber die Tür auf, ohne zuvor angeklopft zu haben.

»Polizei. Alle liegen bleiben. Keine Angst!« Er sagte das befehlstonmäßig laut in das halbdunkle nur von einer Leselampe erleuchtete Zimmer.

Als Britta den Lichtschalter gefunden hatte, sah Reiber in hellem Neonlicht zwei Betten – eines davon leer. In dem anderen lag Jule. Sie hatte noch immer den Kopf verbunden und ein Bein war geschient. Auf ihrem Bett lag ein Taschenbuch. Wenn sie lesen konnte, konnte sie auch reden, dachte Reiber. Allerdings war sie noch nicht wieder ganz hergestellt, das merkte er – Jule hatte versucht, sich aufzusetzen, als Reiber und Britta ins Zimmer gestürmt waren, doch das war ihr nicht gelungen, mit schmerzverzerrtem Gesicht war sie zur Seite gesunken, sodass das Erste, was sie den beiden Eindringlingen präsentierte, ihr Po und das geschiente Bein war. Sie jammerte leise.

»Frau Straub«, fing Britta das Gespräch an, »wir erhielten einen Hinweis, dem wir nachgehen. Haben Sie Waffen hier?«

Gut gemacht, dachte Reiber, allein dieser Satz würde bei einer späteren Untersuchung ihres unkonventionellen Vorgehens einiges retten.

»Waffen?«, fragte Jule leise, und selbst Reiber merkte, dass ihr das Sprechen schwer fiel, »was für Waffen soll ich haben?«

»Jule, los, sagen Sie, wo Sie die versteckt haben!« Reiber schwenkte auf Brittas Vorlage ein.

Verdattert schaute Jule die beiden Kommissare an. Britta hatte bereits damit begonnen, Schränke und Schubladen zu öffnen und alles genau anzusehen.

»Ich habe nichts, was wollen Sie?«

»Erinnern Sie sich, was ich Ihnen über den Studenten erzählte?«, begann nun Reiber.

»Den … den … erschossenen …«

»Genau. Damals waren unsere Leute nervös, jetzt sind sie es noch mehr seit dem jüngsten Mord. Jule, sagen Sie uns, wo Darryl Würthe steckt.«

»Keine Ahnung, ehrlich.«

»Sie haben was mit dem Vater von Anton, mit Carsten Legrande.«

Jule schüttelte den Kopf.

»Leugnen hilft nicht, wir wissen alles. Und Darryl Würthe weiß es auch. Sie hatten ihn ja wegen Legrande verlassen. Nun wollte er sich rächen, wollte es Legrande heimzahlen und ihm das Liebste, was er hatte, nehmen.«

»Aber nein«, flüsterte Jule.

»Doch«, sagte Reiber laut, »und ein Problem war es nicht. Er hatte zuvor ja schon die Kinder dieser Immobilienleute umgebracht, um Angst und Schrecken in der Branche zu verbreiten. Sie wussten das, Sie steckten mit ihm unter einer Decke, von Anfang an.«

»Nein, nein«, Jules Stimme wurde nun etwas lauter. Aber sie klang ängstlich.

»Doch! Und was glauben Sie, was mit Würthe passiert, wenn wir den kriegen.«

»Nein!« Nun begann Jule zu weinen.

Britta setzte sich zu ihr aufs Bett, während Reiber stehen blieb. Britta strich Jule vorsichtig über die Schulter, während Reibers Blick keinen Deut freundlicher wurde. Es war das alte Spiel: guter Cop, böser Cop.

»Sie haben Angst um Darryl, das verstehe ich«, sagte Britta einfühlsam, »aber Sie müssen auch die Polizisten da draußen verstehen, wenn die einen Kindermörder kriegen …«

»Manche machen da kurzen Prozess«, ergänzte Reiber.

»Freilich nicht alle, in Deutschland sowieso nicht«, sagte Britta.

»Aber Ihr Würthe ist ja in Spanien und bald wohl auf den Kanaren. Da ticken die Uhren anders. Wenn da nicht unsere Beamten schneller sind und das deutsche Konsulat seine schützende Hand über ihn hält, dann gute Nacht.«

Jule schaute Reiber ungläubig aus ihren verweinten Augen an, dann wendete sie den Blick Britta zu und fragte: »Stimmt das?«

Britta nickte und strich erneut mit der Hand über Jules Schulter.

»Aber das ist doch nur eine leere Drohung?«

Britta schüttelte den Kopf.

»Jule, entweder Sie helfen uns jetzt, oder das war's«, sagte Reiber.

»Wie?«

»Sie können ganz schnell wegen Beihilfe zu mehreren Morden eingebuchtet werden, und das ist kein Witz, da werden sie länger einsitzen, als Lindi alt wird. Überlegen Sie sich das.«

»Aber ich hab doch gar nichts gemacht.«

»Nichts gemacht? Das können Sie dem Richter erzählen, Sie haben einem mehrfachen Mörder geholfen, Sie haben ihm geholfen, gefälschte Pässe zu bekommen, sodass er flüchten konnte. Damit ermöglichten Sie weitere Morde …«

»Ach … das … aber …« Jule stotterte, schien aber ehrlich entsetzt zu sein.

»Genau das. Und deshalb werden wir Sie nun festnehmen. Gibt ja schließlich auch ein Haftkrankenhaus.« Reiber klang überzeugend in der Rolle. Er spielte einen richtig miesen, mitleidslosen Kotzbrocken.

»Aber das können Sie doch nicht machen!«

»Doch, leider«, sagte Britta.

Jule schossen Tränen in die Augen.

Reiber holte sein Handy aus der Tasche. »Ich ruf den Krankenwagen der Haftanstalt, dann kriegen wir Sie heute Nacht noch hier raus.«

»Aber, ich muss doch …«

»Sie müssen gar nichts. Sie werden auch im Haftkrankenhaus nicht sterben.« Reiber merkte, dass er womöglich zu weit gegangen war. Jule schluchzte. Britta streichelte sie immer noch. Dann stand sie auf, ging auf Reiber zu und sagte leise, aber so laut, dass es Jule hören konnte: »Mensch Kurt, muss das sein?«

Reiber schaute erst Britta dann Jule an, sein Blick wurde milder.

»Naja, hm, also Jule«, fuhr Reiber fort, »wir hatten uns ja eigentlich ganz gut verstanden, Lindi und Juliane ja auch«, seine Stimme klang versöhnlicher. »Und jetzt das. Scheiße gelaufen. Aber wenn Sie uns nicht helfen …«

Jule wischte sich die Tränen ab und schaute zu ihm auf. Reiber steckte die Waffe, die er die ganze Zeit über in der Hand gehalten hatte, wieder ins Holster.

»Wenn ich ehrlich bin, Jule, glaub ich Ihnen ja, aber was soll ich machen. Wenn die Maschinerie erst mal anläuft, ist sie nicht mehr zu stoppen. Das ist so wie damals mit dem Studenten, und so wird es auch mit Darryl in Spanien sein. Der hat keine Chance, gar keine.«

»Keine?« Jule schaute ungläubig.

»Keine.«

»Aber Kurt, wenn unsere Jungs schneller sind, da könnten wir doch …«, wandte sich nun Britta erneut bittend an Reiber.

»Willst du das auf deine Kappe nehmen? Sie kommt uns überhaupt nicht entgegen«, entgegnete Reiber.

Jule verstand nur Bahnhof. »Was meinen Sie?«

»Also, Jule. Es muss schnell gehen. Wenn Sie uns helfen, da hat meine Kollegin recht, also wenn Sie uns helfen, Darryl zu fassen, also so, dass er überlebt, natürlich, dann könnten wir sozusagen auf dem kurzen Dienstweg so eine Art Kronzeugenregelung anwenden. Könnten Sie erst einmal hier lassen, könnten beim Staatsanwalt ein gutes Wort einlegen …«

Jule verstand sofort: »Und was muss ich tun?«

»Sagen Sie uns, unter welchem Namen, mit welchem falschen Pass Darryl Würthe unterwegs ist.«

Jule zögerte mit der Antwort, dann sagte sie: »Das weiß ich nicht.«

»Überlegen Sie«, sagte Britta, die sich nun wieder zu ihr auf die Bettkante gesetzt hatte.

»Komm lass, wenn sie nicht will«, wandte sich nun Reiber an Britta, »dann überlassen wir das den Kollegen, die sollen sie ins Haftkrankenhaus bringen, morgen ist auch noch ein Tag.« Reiber holte das Handy, das er zuvor in die Innentasche seiner Jacke gesteckt hatte, wieder heraus.

»Nein«, Jule weinte.

»Was nein?«, fragte Reiber barsch.

»Künzelsau«, sagte Jule leise.

»Wie bitte?« Britta verstand nur Bahnhof.

»Kommen Sie da her? Das kenn ich. Liegt im Hohenlohekreis«, bemerkte Reiber.

»Nein, Künzelsau. Karl Künzelsau. Das ist der Name.«

»Ach so.« Britta klang erleichtert.

»Hat er noch einen anderen?«, wollte Reiber wissen.

»Nein.«

»Sicher nicht?«

»Nein, wirklich nicht.«

»War er schon öfter auf La Palma?«

»Ja, wir waren da auch schon gemeinsam«, Jule wischte sich Tränen aus den Augen, »das war ganz am Anfang, als wir uns kennenlernten, das war schön … in diesen Höhlen …«

»Also hat Darryl Würthe Freunde auf der Insel?«, wollte Reiber wissen.

»Schon, der war da oft, ist so eine Community, aber ändert sich ja dort auch alles, ist nicht mehr so wie früher.«

»Also gut, Sie haben uns geholfen, Frau Straub«, sagte Reiber förmlich.

»Ja.« Nun erst schien Jule klar zu werden, was sie getan

hatte. »Aber bitte, bitte, verraten Sie nicht, dass ich Ihnen das gesagt habe. Und bitte, bitte, tun Sie ihm nichts.«

»Von Hundefreund zu Hundefreund«, sagte Reiber, »ich verspreche Ihnen, ich tu, was ich kann. Sie vergessen einfach unseren Besuch heute Abend hier. Und wir vergessen ihn auch. Wir waren nie hier bei Ihnen. Dann kann uns keiner was anhaben. Und, ach übrigens, wie geht es Lindi?«

Britta schaute Reiber fragend an. Er merkte, sie konnte das ganze Geschwätz über Hunde gar nicht verstehen, er hatte ihr ja nie von Lindi berichtet.

»Lindi ist bei einer Freundin. Und Juliane?«

»Danke auch gut. Wenn Sie wieder gesund sind, kommen wir beide vorbei.«

»Ja.«

»Wohnen Sie dann noch in der Wagenburg oder bei Legrande?«, fragte nun Britta.

Jule zuckte, so gut es im Liegen ging, mit den Schultern.

AB AUF DIE INSEL

Von unterwegs gab Britta telefonisch an die Kollegen durch, dass sie nicht nur nach Darryl Würthe, sondern auch nach einem Karl Künzelsau suchen sollten. Zurück an der Keithstraße herrschte in den Soko-Büros nachts kurz vor elf ein Betrieb wie montagmorgens an der Börse. Reiber ging in den Besprechungsraum, wo die Videokonferenzanlage stand und schon zwei Spanisch-Dolmetscher saßen. Muschwitz sollte die Zusammenarbeit mit Spanien koordinieren. Reiber bat ihn zu veranlassen, dass Würthe oder Künzelsau beim Abflug in Madrid oder spätestens bei der Ankunft auf La Palma festgenommen würde.

»Das habe ich auch schon probiert. Aber die Kollegen sagen, da gebe es keine Ausweiskontrollen.«

»Dann sollen Sie eben für uns kontrollieren.«

»Das machen die nicht ohne offizielles Amtshilfeersuchen vom Bundeskriminalamt. Das entspräche nicht ihren Richtlinien.«

»So?«

»Ja, ich hab alles probiert, hab sogar eine Schaltung zu Wischnewski gemacht und ihn mit Madrid reden lassen und ein offizielles Fax mit der Unterschrift des Staatssekretärs hingeschickt.«

So wenig er ihn mochte, so sehr war Reiber doch froh, Muschwitz in seiner Kommission zu haben. Er verstand seinen Job.

»Gut, und nun?«

»Wir haben ein Fahndungsfoto von Würthe nach Santa Cruz geschickt.«

»Wohin?«

»In die Hauptstadt von La Palma.«

»Ach, ich denke, Santa Cruz ist die Hauptstadt von Teneriffa?«

»Auch. Die eine heißt Santa Cruz de Tenerife, die andere Santa Cruz de La Palma.«

»Super, dann kann es ja überhaupt keine Verwechslungen geben, kommen wir da noch rechtzeitig hin?«

»Du meinst, unabhängig von unseren Dienstreiserichtlinien? Klar. Wir können mit dem Geldboten morgen früh fliegen, vorher geht nichts. Und später nur noch über Frankfurt und Madrid, dann wären wir aber erst am Abend da. Für den Geldboten und zwei Begleiter hab ich vorsichtshalber schon drei Plätze reservieren lassen.«

»Gut. Hat sich Wischnewski gemeldet, ob wir zahlen?«

»Ja, das hat der Regierende persönlich entschieden.«

Reiber hatte sich in sein Büro zurückgezogen. Juliane war auf seinen Schoß gesprungen. Er kraulte sie in ihren drei Mopsfalten. Viel helfen konnte er eh im Moment nicht. Die Kollegen – immerhin arbeiteten in der Nacht noch 16 Beamte – taten, was zu tun war. Er konnte nur auf Ergebnisse warten. – Britta brachte das erste.

»Wir haben ihn!«, sagte sie, nachdem sie ohne anzuklopfen ins Büro gekommen war.

»Wen?«

»Künzelsau. Karl Künzelsau hat einen Flug nach La Palma gebucht.«

»Super. Dann lassen wir ihn festnehmen und gestehen, und dann bummeln wir Überstunden ab.«

Juliane spürte die Erleichterung seines Herrchens, sie war vom Schoß gesprungen und auf Britta zugerannt, die sich nun bückte und den Mops streichelte.

»Schön wär's. Der ist gestern Mittag geflogen. Madrid – Santa Cruz de La Palma. Er ist schon dort."

»Mist. Aber der Anruf am Abend kam doch aus Madrid. Hat der einen Komplizen?«

»Das müssen wir checken.«

»Aber«, gestand sich Reiber dann selbst ein, »für ein bisschen Geld findet man in jeder Stadt der Welt irgendjemanden, der um eine gewisse Uhrzeit eine Telefonnummer wählt, ein Diktiergerät an den Hörer hält und auf Play drückt.«

»Hast recht, geantwortet hat der Erpresser ja nicht.«

»Ganz schön ausgebufft für einen Rollheimer.«

»Wenn er es denn war«, meinte Britta.

»Wie jetzt? Du glaubst, es ist Zufall, dass Würthe unter falschem Namen am Mittag von Madrid nach La Palma geflogen ist? Nee! Das sicher nicht. Und wie kam er überhaupt nach Madrid.«

»Da sind wir noch dran, die Verbindung haben wir noch nicht.«

Reiber stand auf, ging mit Britta ins Großraumbüro, wo einige Kollegen zusammenstanden und das neueste Ermittlungsergebnis diskutierten.

»Dann müssen die Kollegen in La Palma jetzt schauen, dass sie den Würthe schnappen. Hotels überprüfen und so«, erklärte Reiber.

»Auf – es heißt auf La Palma«, verbesserte ihn Muschwitz.

»Na gut, dann sollen sie aber auch machen – auf, auf!«

»Das ist nicht so einfach. Du kennst die Insel ja nicht«, warf Gerd ein.

»Ja und? Kann man da nicht in einer Nacht die paar Hotelgäste checken?«

»Können wir gern probieren, aber die Aussteiger dort, so Alt-Hippies, die leben gern in Höhlen, versteckt in Schluchten, in Barrancos.« Reiber erinnerte sich nun, dass auch Jule von Höhlen gesprochen hatte. »Das passt doch zu unserem Würthe«, fuhr Gerd nun fort. »Da kommt man nicht so leicht hin, und Meldezettel füllen die sicher auch keine aus. Außerdem gibt es eh nur wenige Hotels. Die meisten wohnen in Ferienhäusern, alten Bauernhäusern, verstreut über die ganze Insel. Wir werden auch bei allen Mietwagenfirmen nach Künzelsau und Würthe suchen. Ohne Auto geht dort nichts.«

»Du kennst dich aus!«, meinte Britta.

»Is ja auch eine schöne Insel. Ich flieg da schon seit Jahren mit meinen Wanderfreunden hin«, erklärte Gerd.

Reiber ging zurück in sein Büro. Er musste mit Wischnewski telefonieren und das weitere Vorgehen abstimmen. Gerd kannte sich auf La Palma aus. Außerdem war er innerhalb der Soko für die Erpressung zuständig. Reiber wollte vorschlagen, dass Gerd und zwei Beamte von der Fahndung mitflogen. Einer von denen könnte den Geldboten spielen. Das Geld sollte morgens um vier von der Landesbank eintreffen. Wischnewski war mit Reibers Plan einverstanden. Er hatte nur einen Wunsch – Gerd solle ihm »Mojo« mitbringen, diese rote Soße aus La Palma, die Wischnewski mal bei einem Urlaub dort lieben gelernt hatte.

Als Reiber zurück ins Großraumbüro kam, hörte er, dass inzwischen auch feststand, wie Würthe nach Madrid gekommen war. Würthe hatte am frühen Nachmittag einen Flug über Frankfurt gebucht. Ebenfalls unter dem Namen Karl Künzelsau. Also Zeit genug, den Mord an Anton zu begehen, hätte er gerade noch gehabt. Keine Frage, Würthe war der Hauptverdächtige – und gleichzeitig der einzige. Er hatte für alle Morde ein Motiv, und er war nun ja wohl auch der Erpresser. Trotzdem fiel es Reiber schwer, sich mit dem

Gedanken anzufreunden, dass tatsächlich ein Rollheimer hinter den Morden stecken sollte, dass diese Leute wirklich mit dem Töten von Kindern in der Immobilienbrache Angst und Schrecken verbreiten und Investoren vom Bauen abhalten wollten. Irgendwie sträubte sich in Reiber etwas dagegen. Sein Bauchgefühl sagte ihm, dass es Würthe nicht war.

So viel Geld auf einmal hatte Reiber noch nicht gesehen. Diese Menge an 50ern und amerikanischen 20er-Noten war schon beeindruckend. Die beiden Herren von der Landesbank und ein Beamter der Finanzverwaltung hatten im Besprechungsraum der Soko den Aluminiumkoffer geöffnet. Gerd und die beiden Fahnder wollten direkt zum Flughafen fahren, um sich persönlich darum zu kümmern, dass sie ihre Waffen mitnehmen konnten. Wischnewski hatte bereits in der Nacht ein Fax an die Fluglinie und die Bundespolizei geschrieben. Reiber hätte eigentlich nicht mit zum Flughafen gemusst, aber er wollte sich von Gerd verabschieden. Im Konvoi mit zwei Streifenwagen und einem Auto der Landesbank fuhr er mit seinem Wagen nach Tegel.

Die Tarnung war gut. Gerd und die beiden anderen Beamten hatten sandfarbene, beige und ockergelbe Regenjacken an und trugen dazu klobige Wanderschuhe. Sie saßen im Wartesaal von Terminal C zwischen ähnlich gekleideten älteren Ehepaaren. Auch ein paar jüngere Paare, bevorzugt in Aubergine und Moosgrün mit Babys und Kleinkindern warteten auf den Abflug.

»Wir haben Rückmeldung aus La Palma erhalten. Ihr bekommt dort einen Deutsch sprechenden Beamten.« Reiber sagte das in Anwesenheit der Herren von der Bank und der Senatsverwaltung für Finanzen ganz förmlich.

»Und du glaubst, wir fliegen da hin?« Gerd grinste Reiber an.

»Ich gehe davon aus. Wenn nicht, dann bitte ich dich, wenn ihr schon one-way in die Karibik umbucht, für mich auch nen Platz zu reservieren.«

Es dauerte einen Moment, bis auch die anderen den Witz verstanden.

»Und im Ernst, passt auf. Wenn Würthe unser Mann ist, dann ist er gefährlich. Ich will euch hier alle heil wiedersehen. Schon alleine, weil Wischnewski auf sein Mojo wartet.«

Um zehn Uhr Ortszeit, also um elf Uhr Berliner Zeit, würden die drei Beamten mit dem Geld auf La Palma landen. Reiber wollte versuchen, noch zwei Stunden zu arbeiten oder einfach in seinem neuen Schreibtischstuhl ein Nickerchen zu machen. Das ging hervorragend, er hatte es bereits einige Male erfolgreich probiert. Um neun, das hatte er sich vorgenommen, würde er Sandra Faller anrufen. Wenigstens eine Stunde Frühstück mit ihr, das hatte er sich ja wohl verdient.

»Dass Sie sich einfach so Zeit nehmen können an einem Werktag …« Sandra Faller begrüßte Reiber fröhlich. Sie hatte als Treffpunkt ein kleines Café an der Kastanienallee vorgeschlagen, das bereits um neun Uhr öffnete.

»Normalerweise kann ich das freilich nicht. Aber für Sie schon«, entgegnete Reiber und überlegte, kaum dass er das gesagt hatte, ob es nicht doch wieder ein bisschen zu aufdringlich war. Als er dann aber Sandra Fallers strahlende Augen sah, wusste er, es war okay gewesen.

»Das sagen Sie sicher zu vielen Frauen, die Sie als Zeuginnen kennenlernen«, entgegnete sie.

»Nein, ehrlich …« Er merkte dabei, dass er zu lange gedankenverloren das enge schwarze Top von Sandra Faller gemustert und sich daran erinnert hatte, wie es gewesen war, sie tröstend im Arm zu halten. Seine Schlagfertigkeit ließ zu wünschen übrig. Er fand keinen originelleren Satz, den er nachschieben konnte.

»Schon okay, ich freu mich ja auch, dass wir uns wieder sehen«, sagte sie und schenkte Reiber ein Lachen, das in Frauenzeitschriften und Flirtratgebern als »offen« bezeichnet worden wäre.

»Ja. – Wie geht es Jannik, wie hat er das alles verkraftet?«

»Er ist schon wieder in der Kita. Irgendwie schiebt er alles weg, will nicht drüber reden. Ich glaube, wenn das so bleibt, geh ich mit ihm mal zu einem Psychologen oder so …«

»Wenn Sie Hilfe brauchen, also wir haben da ausgezeichnete Fachleute …«

»Danke.«

Das Gespräch dümpelte noch eine ganze Weile an der Small-Talk-Oberfläche, so wie sanfte Wellen gegen einen flachen Sandstrand schwappen. Irgendwie war es nicht sein Tag. Er musste immer wieder an die Geldübergabe denken. Nachdem sie Vorzüge und Nachteile des Wohnens in Prenzlauer Berg abgehakt, die neuesten Kinofilme durchgesprochen und die aktuellen Schaubühnen-Inszenierungen erwähnt waren, brachte Sandra Faller das Gespräch auf die Bürgerinitiative.

»Mir kommt das alles vor wie früher«, meinte Sandra Faller, »diese Überwachung, diese Kontrolle, diese Spitzelei …«

»Wie meinen Sie das?«

»Ich kenn das ja nicht aus eigener Erfahrung. Sie auch nicht, oder? Sie kommen doch auch aus dem Westen?«

Reiber lachte »Keine Angst, jaja.«

»Angst hätt ich sowieso nicht. Ich hab nichts gegen Ossis, mein Ex …«

»… war ein Ossi?«

»Genau.«

»Der muss ja schön blöd …«

»Was sagst du da – äh, entschuldigen Sie, also, was sagen Sie da?«

»Also«, Reiber hob seine große und fast leere Milchkaffeetasse, »wir können das ruhig so halten, wie Sie gerade angefangen haben, wir können gerne zum Du übergehen.«

»Gern. Und mit Kaffee anstoßen?«

»Naja, wir werden es wiederholen mit anderen Getränken – also ich bin Kurt.«

»Na dann, welche Überraschung, ich heiße Sandra! Aber, was war das nun mit meinem Ex? Was hast du da gesagt? Der war gar nicht blöd«, offenbar hatte er Sandra getroffen, oder besser gesagt, sie kannte ihn und seine Sprüche noch nicht gut genug.

»Nein, so war das nicht gemeint, ich meinte, er war schön blöd, eine Frau wie dich sitzen zu lassen.« Reiber bemerkte, wie ihr das schmeichelte, wie sie leicht errötete, und dann fügte er noch hinzu: »... und nicht nur dich, sondern auch so einen netten Kerl wie Jannik hat er einfach zurückgelassen.«

Sandra strahlte. Das war ein klarer Punkt für ihn.

Während des Gesprächs über die Bürgerinitiative war Reiber eingefallen, dass er Dieter gebeten hatte, etwas über den BI-Chef herauszufinden. Dieter war aber nie darauf zu sprechen gekommen. Zurück in der Keithstraße, wollte Reiber ihn danach fragen. Dieter hatte gerade den Laptop an den Beamer angeschlossen und eine Seite mit der Karte von La Palma aufgerufen.

»Bevor wir zur Urlaubsplanung übergehen, Dieter, eine Frage noch«, eröffnete Reiber das Gespräch.

»Urlaub? Deinen Humor möchte ich mal haben.«

»Wie auch immer, Dieter, was hast du eigentlich über Thaler rausbekommen?«

»Thaler? Oh! Ich habe, wie ich von dir ja gebeten wurde, bei den Konferenzen nie davon gesprochen und dann, ja und dann, es tut mir aufrichtig leid, lieber Kurt …«

»Komm schon, was ist denn?«

»Dann muss ich es wohl ganz vergessen haben, dir davon zu berichten.«

»Is schon gut. Nu aber los, was ist mit Thaler?«

»Er stammt aus der ehemaligen DDR, wo er als Jurist gearbeitet hat. An der Uni. Nach der Wende hat er sich, wie es ein Weggefährte von ihm ausdrückte, ganz gut rüber gerettet. Er hat, so könnte man auch sagen, ein neues Leben angefangen. Er bekam einen gut dotierten Job bei einer Wohnungsbaugesellschaft in der Geschäftsführung. Und er lebte fortan allein in Prenzlauer Berg. Kontakt zu seiner Ex-Frau, die im Jahr 2005 verstarb, und zu seiner Tochter hat er nie aufgenommen.«

»Noch was?«

»Dieser abrupte Neubeginn in Thalers Leben erschien mir auf den ersten Blick unerklärlich. Aber in diesem Punkt sind meine Recherchen noch nicht abgeschlossen.«

»Wie meinst du das?«

»Also der Birthler-Behörde fehlen in diesem Fall Unterlagen.«

»Du meinst, Thaler war ›Inoffizieller Mitarbeiter‹ gewesen?«

»Nein, wenn, dann mehr.«

»Wie? Hauptamtlich bei dem Verein? Is ja ein Ding!«

»Ja, Kurt, das ist ein Ding. Aber nur, wenn es stimmt. Wie gesagt, ich weiß es noch nicht.«

»Aber da muss es doch Akten geben.«

»Müsste es. Allerdings fehlen, was Thaler angeht, da doch einige belastende Papiere.«

»Dieser Gutmensch ein Stasiarsch!«

»Kurt, das kannst du so nicht behaupten!«

»Klar kann ich. Aber nun mal ehrlich, Dieter, war er nun bei der Stasi oder nicht?«

»Ich denke schon. Alles, was ich so zusammengetragen habe, deutet darauf hin, dass Thaler dort wohl – flapsig ausgedrückt – ein hohes Tier gewesen ist. Aber Kurt, noch kann ich das nicht beweisen.«

»Hat er sonst noch irgendwie Dreck am Stecken, dieser Thaler?«

»Ich muss dich enttäuschen, Kurt. Außer drei Knöllchen wegen Falschparkens im zurückliegenden Jahr ist Thaler nie aktenkundig geworden. Er lebt sozusagen auf großem Fuß, aber er kann es sich auch leisten. Er hat keinerlei Schufa-Einträge oder so etwas, wenn dich das auch noch interessiert.«

»Prima, Dieter, gut gemacht.«

»Wenn du einen auf dem Kieker hast, lässt du nicht locker, was?«

»Der ist doch aber auch ein Unsympath. Und außerdem, wer weiß, wie er uns als BI-Chef das Leben noch schwer machen kann. Da ist es gut, wenn wir was gegen ihn in der Hand haben. Also Dieter, bleib an dieser Stasi-Sache dran.«

Nun kamen Muschwitz und Britta mit weiteren Soko-Mitgliedern in den Raum. Dieter verfolgte am Computer online die Landungen auf dem Flughafen von Santa Cruz de La Palma. Nun warteten sie gespannt, bis sich Gerd melden würde. Der Telefonapparat mit Raumlautsprecher stand bereit, die Spanisch-Dolmetscherin war auch da. Sieben nach elf rief Gerd an und berichtete, was in dem Umschlag des Erpressers war.

»Da steht drin, dass der Geldbote einen Mietwagen nehmen und zum Hafen von Tazacorte fahren soll.«

Dieter verfolgte auf dem an den Beamer angeschlossenen Laptop mit der Maus den Weg vom Flughafen zum Puerto de Tazacorte auf der anderen Inselseite.

»Dort am Hafen«, fuhr Gerd fort, »sollen wir neben der alten Bar in einem der vielen kleinen Geräteschuppen der Fischer ein Behältnis finden. Genauer gesagt, in dem Häuschen mit der Nummer 17.«

Dieter blendete nun das Google-Maps-Satellitenbild des Hafens von Tazacorte ein. Man konnte die kleinen Häuschen sehen, die wie Umkleidekabinen am Rand standen.

»Wir sollen dort das Geld in das Behältnis packen und wir fänden auch weitere Instruktionen.«

»Ist der Erpresserbrief auf Deutsch?«, wollte Reiber wissen.

»Ja, der ist offenbar auf einem Computer geschrieben und ausgedruckt worden, die Kollegen hier werden ihn gleich scannen und mailen.«

Die spanische Polizei hatte von Würthe alias Künzelsau noch keine Spur.

»Also, so lange, bis Gerd mit dem Geld am Hafen ist, können wir nun erst mal unsere Arbeit weiter machen. In 50 Minuten treffen wir uns wieder hier«, entschied Reiber. »Und Dieter, kommst du bitte noch kurz zu mir ins Büro wegen dieser La Palma Karten.«

»Was willst du denn von den Karten wissen?«, fragte Dieter, als er vor Reibers Schreibtisch saß.

»Nichts. Ich wollte nur nicht, dass alle hören, worüber wir reden. Mir fiel vorhin noch ein, dass doch der Opa von Felix, also von unserem ersten Mordopfer, den du damals besucht hast, doch auch bei der Stasi war.«

»Ja stimmt, der Kühle, der Vater von Melanie Keinen. Hast recht, der war sogar hauptamtlich beim Ministerium für Staatssicherheit.«

»Wenn nun also Thaler auch bei der Stasi war …«

»Was dann? Ich verstehe dich nicht ganz, Kurt. So eine große Ausnahme war das in der untergegangenen DDR nun auch wieder nicht.«

»Da hast schon recht. Ich denke ja nur, irgendwie ist das komisch. Der Opa eines Opfers bei der Stasi, der Vorsitzende der BI bei der Stasi …«

»Jetzt mal langsam, Kurt. Ob Thaler wirklich als Hauptamtlicher beim Ministerium für Staatssicherheit geführt worden ist, können wir ja noch gar nicht mit 100-prozentiger Sicherheit sagen. Und selbst wenn, sind wir verbeamtete Ermittler und keine Anhänger irgendwelcher dubiösen Verschwörungstheorien.«

»Hast ja vielleicht recht …« Aber irgendwie hatte Reiber so ein komisches Gefühl im Bauch, deshalb gab er noch nicht klein bei: »Trotzdem, Dieter, hast du die Adresse von diesem Kühle?«

»Selbstverständlich. Kann ich dir, wenn du willst, sofort per Mail schicken.«

Gernot Kühle wohnte in der Barther Straße in Hohenschönhausen. Reiber wollte unbedingt mit Kühle reden. Er wusste selbst nicht so recht, warum, aber er beschloss, seinem Bauchgefühl nachzugeben.

Wieder hatten sich alle um den Besprechungstisch versammelt. Die spanischen Kollegen hatten eine Webcam installiert, sodass sich Reiber und seine Kollegen ein Bild von den dortigen Hafenanlagen machen konnten. Die Berliner Soko verfolgte auf dem an die Leinwand geworfenen Webcam-Bild gespannt, wie Sprengstoff-Suchhunde an dem Häuschen mit der Nummer 17 schnüffelten, bevor Gerd und die beiden Fahnder die Tür öffneten.

»Da drin steht so eine Art Öltonne, die verdrahtet ist, an der auch ein Gerät befestigt ist. Auf der Tonne liegt ein Umschlag. Den öffne ich mal«, sagte Gerd, der nun wieder vor die Tür trat, sodass er von der Webcam erfasst werden konnte.

»Ich lese mal vor: ›Legen Sie das Geld in die Tonne. Verschließen Sie die Tonne vorschriftsmäßig. Nehmen Sie sich ein Boot und fahren Sie mit der Tonne zu folgender Position‹ … das ist ja komisch«, Gerd hatte nun aufgehört vorzulesen, »wir sollen die Tonne an einer bestimmten Stelle weit draußen im Meer mitsamt Geld ins Wasser werfen.«

»Wie, mit einem Seil?«, wollte Reiber wissen.

»Nee, einfach so. Moment, wir lassen das mal den spanischen Kollegen übersetzen«, sagte Gerd. Er gab sein Handy einem Spanier in Zivil.

»Ich grüße nach Berlin«, klang es aus dem Tischlautsprecher an der Keithstraße, »ich bin ein Kollege. Und ich kann Ihnen sagen, dass diese Methode oft benutzt wird bei uns. Eigentlich von Rauschgiftschmugglern.«

»Welche Methode?« Reiber war mal wieder ungeduldig.

»Ach so, ja, entschuldigen Sie, ich kann Ihnen das Procedere beschreiben.« Der Spanier sprach ausgezeichnet Deutsch. »An der wasserfesten und druckdichten Tonne, die mit einem Gewicht gefüllt ist, sind eine Druckluftflasche oder eine Sauerstoffflasche angebracht, außerdem eine Art zusammengefalteter Ballon, ein wasserdichter Funkempfänger und eine kleine Sprengladung. Wenn jemand auf einer speziellen Frequenz ein Funksignal sendet, wird an dem Gerät ein Verschluss gesprengt, die Druckluft- oder Sauerstoffflasche wird geöffnet, und der Ballon bläst sich auf. Dieser Ballon trägt dann die Tonne an die Oberfläche des Meeres.«

»Geniale Idee«, entfuhr es Reiber.

»Sie haben recht. Es ist nämlich schwer, so eine Tonne rund um die Uhr auf dem Meer im Auge zu behalten, so kann sie jederzeit raufgeholt werden. Drogendealer, die von Übersee kommen, deponieren auf diese Weise oft ihre Ladung, und Schmuggler von hier übernehmen dann die Tonnen.«

»Nun bin ich es wieder«, erklang Gerds Stimme aus dem Lautsprecher. »Wir müssen ja das Geld nicht reinlegen. Der Erpresser weiß nicht, was wir in die Tonne tun.«

»Stimmt«, sagte Reiber, »lass uns das mal überlegen.«

In diesem Moment klingelte das zweite Telefon im Besprechungsraum. Britta nahm ab, sagte zunächst nichts, wedelte dann aufgeregt mit dem linken Arm und stellte auf laut.

»Kommt bloß nicht auf die Idee, kein echtes Geld rein zu tun. Ich sehe alles. Und egal, wann immer ich die Tonne hole. Wenn dann kein Geld drin ist, dann werden wieder Kinder sterben. Und zwar gleich mehrere. Also keine Tricks.«

»Hallo, Herr Würthe, sagen Sie uns doch …« Britta versuchte, den Anrufer in ein Gespräch zu verwickeln, aber er hatte gleich wieder aufgelegt.

»Woher kam der Anruf?«, wollte Reiber wissen.

»Ging über unser Bürgertelefon 4664 4664 ein und wurde dann durchgestellt«, antwortete Britta.

»Wissen wir schon, woher?«, Reiber schaute zu Dieter.

»Das Gespräch kam von einem Handy, eine nicht registrierte Prepaid-Karte, aber aus La Palma. Eine Funkzelle ganz in der Nähe des Hafens«, sagte Dieter.

»Hast du gehört, Gerd, der Erpresser, der ist bei euch ganz in der Nähe, sag das mal den Kollegen, die sollen das Gebiet durchsuchen.«

»Okay.«

Auf der Webcam sahen Reiber und seine Kollegen, wie immer mehr Mannschaftswagen auf den Hafenplatz fuhren.

Polizisten suchten zwischen Booten und in dem unwegsamen Gelände nach dem Erpresser.

Plötzlich klingelte das zweite Telefon wieder, diesmal drückte Britta zuerst die Lausprechertaste.

»Hallo, ich bin es noch einmal …«

»Herr Würthe …«, unterbrach Britta.

»Keine Namen, keine Fragen. Wenn die Tonne nicht in der nächsten halben Stunde auf dem Meer ist, stirbt hier auf der Insel der erste deutsche Tourist. Gibt ja genug.«

Nach diesem Satz war die Leitung tot. Er hatte wieder eingehängt.

»Scheiße«, entfuhr es Reiber.

»Gerd! Der droht mit einem weiteren Mord, wenn ihr die Tonne nicht in einer halben Stunde auf dem Meer habt.«

»Okay, die Kollegen hier haben schon ein Polizeiboot angefordert. Wir können an Bord das Geld gegen Papierschnipsel austauschen. Sollen wir?«

»Muss ich Wischnewski und den Präsidenten fragen«, erwiderte Reiber, stand auf und ging in sein Büro. Er mochte es nicht, wenn er wichtige Gespräche mit Vorgesetzten zu führen hatte und Kollegen zuhörten.

Als er kurz darauf zurückkam, sah er auf dem Bild der Webcam bereits das Polizeiboot. Ein paar Männer waren damit beschäftigt, die Tonne an Bord zu bringen.

»Gerd, du wirst das echte Geld nehmen und in die Tonne füllen. Verstanden? Bitte wiederholen.«

»Wir nehmen das echte Geld. Also das echte Geld kommt in die Tonne.«

»Genau so«, bestätigte Reiber.

Dann bat Reiber Muschwitz, mit ihm auf den Flur zu kommen, dort sagte er ihm, er solle sofort mithilfe der Spanisch-Dolmetscherin auf dem Festnetz aus einem anderen Zimmer den Einsatzleiter auf La Palma anrufen.

»Wir können nicht sicher sein, dass der Erpresser nicht doch irgendwie die Handys abhört oder einen Maulwurf hat. Also Jürgen, erklär dem Chef dort, er soll einen Kellner aus der kleinen Bar am Hafen mit einem Tablett und ein paar Tassen Café solo zu Gerd und den Kollegen schicken. Vorher soll der Verbindungsbeamte, der Deutsch kann, auf ein Stück Papier eine Nachricht schreiben. Diese soll der Kellner dann auf die Untertasse legen und Gerd geben – die müssen ihm halt erklären, wer Gerd ist. Auf dem Zettel soll stehen: Änderung vom Amt. Geld doch austasucchen. Das sagt Reiber. Gruß von Juliane

Reiber ging wieder in den Besprechungsraum. Es schien alles zur Abfahrt des Polizeibootes bereit.

»Gerd, hörst du mich?«, fragte Reiber.

»Ja.«

»Wir haben noch zehn Minuten Zeit, bevor das Ultimatum abläuft. Warte noch einen Moment, Britta kommt gleich wieder, sie will auch sehen, wie das Boot in See sticht.«

Gerd ließ sich einen Moment Zeit mit der Antwort, er schien zu merken, dass es da noch einen anderen Grund gab.

»Okay, mach ich«, sagte er schließlich.

Dann endlich sah man einen Kellner Kaffee bringen.

»Was ist das denn?«, fragte Britta.

»Schon okay«, sagte Reiber und deutete auf den Lautsprecher. Ihre Gespräche im Raum konnte Gerd – und womöglich auch jemand, der die Verbindung anzapfte, mithören.

Alle schienen verstanden zu haben. Keiner fragte mehr etwas. Alle beobachteten, wie der Kellner den Kaffee servierte und Gerd eine Tasse gab. Er steckte das Papierchen unauffällig in seine Hosentasche und ließ es dann, als er sein Taschentuch aus der Hosentasche nehmen wollte, mitsamt Taschentuch fallen. Beim Aufheben schien er den Text mit einem Blick zu lesen. Schnell schnäuzte er sich und steckte Papierchen und Taschentuch wieder ein.

»Also alles klar hier«, meldete Gerd nun. »Wir machen alles wie vereinbart. Grüße an Juliane.«

»Gute Reise«, sagte Reiber.

Reiber beneidete Gerd um diesen Ausflug. Der Anblick von Meer sorgte bei ihm immer für Fernweh. Er holte Juliane aus seinem Büro. Sie stupste ihn vor Freude gegen die Waden. Dabei war sie am Vormittag noch grantig gewesen und hatte auf Streicheln mit leichtem schnarchartigem Knurren reagiert. Schließlich hatte sie wegen Reibers Nachtschicht kaum schlafen können. Fehlende Nachtruhe, das mochte sie gar nicht. Nun ging er mit ihr zum Bio-Currywurststand am Wittenbergplatz. Unterwegs klärte er mit ein paar Anrufen, dass die dreiköpfige Delegation noch ein paar Tage auf La Palma bleiben konnte. Womöglich würde Würthe schon bald versuchen, ans Geld zu kommen. Und die spanischen Kollegen hatten versprochen, die versenkte Tonne mit einem Sender derart zu präparieren, dass sie mitbekommen würden, wenn diese gehoben wurde.

TIEF IM OSTEN

Die Kollegen aus dem Osten hatten ihm ja immer wieder gesagt, es sei nicht so, wie er und viele dächten. Hohenschönhausen und Marzahn und Hellersdorf, diese Plattenbauviertel, hätten auch schöne Ecken, dort lebten auch Menschen, die gerne dort wohnten, dort gebe es nicht nur ehemalige SED-Kader und Stasispitzel, Arbeitslose, Alkoholiker, Spätaussiedler, ewig-gestrige Linke und neue Rechte. Wer trotzdem so denke, der sei ein intoleranter, unverbesserlicher Wessi. Gut, dann war er eben so einer, dachte Reiber, als er vor dem Haus in der Barther Straße stand. Alles, was er sah, bestätigte seine Vorurteile. Honecker hatte an der Barther Straße 1984 den Grundstein für das Neubaugebiet gelegt, und nach der Wende waren die Häuser allesamt saniert worden. Trotzdem, Reiber fühlte sich unwohl.

Laut Klingelschild wohnte Gernot Kühle im vierten Stock. Aber niemand antwortete. Reiber drückte an der Haustür abwechselnd Klingelknöpfe links oben und rechts unten, bis sich jemand meldete, er »Werbung, bitte« murmelte und der Türöffner gedrückt wurde. Reiber nahm den Fahrstuhl und war froh, dass er Juliane im Auto gelassen hatte. Ihre empfindliche Nase hätte sich noch mehr als Reibers an dem Geruch gestört, den menschlicher Mageninhalt hinterlässt, wenn er halb verdaut in irgendwelche Ecken gespuckt wird. Im vierten Stock öffnete ihm schließlich ein Nachbar Kühles – eine weitere Verkörperung von Reibers Vorurteilen: männlich, kahl geschoren, Basecap, Mitte 20, muskelbepackt, offenbar arbeitslos.

»Was wollen Sie?«

Reiber zückte seinen Dienstausweis. »Mordkommission. Reiber mein Name.«

Reiber bemerkte ein Zucken in dem Gesicht seines Gegenübers.

»Was soll das? Ich hab nix gemacht.«

»Was Sie angeht, kann ich das nicht beurteilen. Ich suche Herrn Kühle.«

»Wen?«

»Ihren Nachbarn.« Reiber zeigte auf die Tür nebenan.

»Nee, hat der Gernot Scheiße gebaut? Ich glaub's ja nicht. Echt, ey!«

»Herr …«, Reiber wartete vergeblich, dass ihm der junge Mann seinen Namen verriet, auf dem Klingelschild, das hatte er schon bemerkt, stand kein Name, deshalb fuhr er eben so fort, »… nein, also Herr Kühle hat, wie Sie es ausdrücken würden, keine Scheiße gebaut. Ich suche ihn lediglich als Zeugen. Wissen Sie, wo ich ihn finden kann?«

»Das sagen doch alle. Nur als Zeuge und dann, kurzer Prozess, ist man im Bau. Keine Ahnung, wo der ist. Würde eh keinen verpfeifen.«

»Wenn das so ist, stimmt eigentlich, dann könnte ich ja mal die Kollegen von der Steuer fragen, ob bei Ihnen was mit Schwarzarbeit läuft. Oder mal die Jungs vom Rauschgiftdezernat … Wenn ich es mir so recht überlege, riecht es hier schon so ein bisschen auffällig … und die nehmen gerne mal eine Wohnung auseinander. Irgendwas findet sich ja immer. Und überhaupt, darf ich Ihren Ausweis sehen?«

»Halt, halt, in welchem Film sind wir denn jetzt? Ey, so hab ich das nicht gemeint.«

»Ihren Ausweis!«

Reibers Befehlston zeigte Wirkung. Der junge Mann verschwand und kam mit seinem Personalausweis zurück. Reiber notierte sich Name, Geburtsdatum, Ausweisnummer.

»Also, Herr Kuttschner, ist Ihnen eingefallen, wo ich Ihren Nachbarn finden könnte?«

»Das sind ja Methoden. Die Bullen hier im Kiez, also die sind nicht so.«

»Sagten Sie ›Bullen‹, Herr Kuttschner, dann muss ich Sie leider anzeigen. Beamtenbeleidigung!«

»Was is denn nun wieder los? Also …«

»Wo ist Herr Kühle?«

»Das mit der Anzeige und den ganzen Polypen, die Sie schicken wollten, also das ist dann vergessen, oder?«

Reiber nickte. »Wo ist er?«

»Sitzt tagsüber im Imbiss im ›Linden Center‹. Aber heut ist ja schönes Wetter, dann sitzt er mit seinem Köter eher hinterm Haus auf ner Bank. Weit ist der nie.«

Tatsächlich saß in dem großen begrünten Innenhof, der sich bis zur Zingster Straße zog, ein Mann, den Reiber auf 60 bis 75 schätzte – er hatte bei rüstigen Rentnern und Frauen unter 25 ja immer so seine Schwierigkeiten mit der Altersbestimmung. Vor dem Mann saß ein kleiner Rauhaardackel. Bevor der Mann, neben dessen Einkaufstasche eine geöffnete Plastikbierflasche stand, Reiber erblickt hatte, ging dieser zurück zu seinem Wagen. Vielleicht verstand sich Juliane ja mit dem Dackel.

»Herr Kühle?«, Reiber war langsam mit Juliane an der Leine zu der Bank geschlendert und hatte ihn, als der Mann aufschaute, angesprochen.

»Wer will das wissen?«, kam es misstrauisch zurück.

Reiber zog seinen Dienstausweis hervor und hielt ihn dem Mann vors Gesicht. Der Mann holte eine Brille aus seiner beigen Sommerjacke und studierte den Ausweis. Sein Dackel hatte derweil Gefallen an Juliane gefunden. Die beiden beschnupperten sich. Das bemerkte auch der Mann. Reiber glaubte, dabei ein Lächeln auf seinem von Falten, wohl Sorgenfalten, geprägten Gesicht zu sehen.

»Sie sind also Herr Reiber.«

»Ja.«

»Und Sie sind Herr Kühle.«

»Ja.«

»Haben Sie den Mörder meines Enkels?«

»Nein, noch nicht.«

»Warum? Warum nur? Sagen Sie mir wenigstens, warum er sterben musste.« Die Stimme des Mannes klang traurig.

»Ich weiß es leider auch nicht. Noch nicht. Aber Herr Kühle, glauben Sie mir, ich will es auch wissen und werde es herausfinden.«

»Und warum sind Sie hier? Ich kann Ihnen nicht sagen, wer es war. Wenn ich den kriegen würde! Wenn mir der vor die Flinte käme!« Nun belebte sich der alte Herr zusehends, er griff zur Bierflasche und nahm einen großen Schluck. Reiber setzte sich, ohne zu fragen, neben Kühle auf die Bank.

»Herr Kühle. Das bringt doch nichts. Ich versteh Sie ja, aber zum Verbrecher-Schnappen sind wir da …«

»Jaja, aber dann machen Sie das doch auch. In dieser so genannten Demokratie macht ja jeder, was er will, und keiner interessiert sich für was, keine richtigen Strafen gibt es mehr …«

»Das ist ein anderes Thema.« Allein, dass er so gelassen reagierte und diese Steilvorlage nicht zum Anlass nahm, den Unrechtsstaat DDR in Grund und Boden zu reden, freute Reiber. Er hatte sich besser im Griff als früher. »Darum geht es jetzt nicht, Herr Kühle, wir machen unsere Arbeit, Schritt für Schritt. Ich bin gerne offen zu Ihnen.« Reiber dachte, wenn er erst einmal darauf los redete, schaffte das Vertrauen, und was konnte es schon schaden, diesem alten Mann etwas mehr zu erzählen, als er es sonst bei Zeugen getan hätte. Deshalb fuhr er fort: »Wir werden nun zunächst einmal diese Erpressung klären.«

Bei dem Wort »Erpressung« erschrak Kühle richtiggehend – so sehr, dass Reiber ebenfalls vor Überraschung inne hielt.

»Die Erpressung?«, fragte Kühle nach einem Moment der Überraschung zaghaft wie ein kleines Kind, das sich ertappt fühlte.

Dass es auf La Palma zu einer Geldübergabe gekommen war, hatten sie vor der Presse diesmal erfolgreich geheim halten können. Aber natürlich war die Erpressung ein großes Thema in allen Zeitungen. Davon musste auch Kühle etwas mitbekommen haben. Warum er so überrascht reagierte, konnte sich Reiber nicht erklären.

»Ja, die Erpressung. Ist ja nur ein Nebenschauplatz. Aber deshalb ist ja der ganze Helmholtzplatz noch gesperrt.«

»Ach ja, ja klar.« Kühle schien erleichtert und er fügte eher zu sich als zu Reiber noch an: »Jaja, diese Erpressung … Stimmt ja.«

Nun wurde Reiber erst recht neugierig. Kühle hatte gesagt »diese« Erpressung, das entging einem alten Hasen wie Reiber nicht. Offenbar hatte Kühle zunächst an eine ganz andere Erpressung gedacht, als er so erschrocken reagiert hatte. Das reimte sich Reiber aus diesem einen Wörtchen »diese« zusammen. Vielleicht war er ja auch übersensibel. Trotzdem, er musste versuchen, diesen Faden aufzunehmen.

»Ja klar, diese Erpressung. Die ist ja auch durchgesickert.«

»Hab gelesen davon.«

»Die andere haben wir ja noch geheim gehalten vor den Medien«, nun bluffte Reiber und pokerte hoch. »War nicht einfach. Früher wäre das leichter gegangen, da haben Sie recht, aber heute mit der Pressefreiheit und all diesen Boulevardmedien, die zahlen für Informationen, da ist das alles anders, fast nichts kann man noch geheim halten.«

Reiber hatte, während er sprach, Kühle genau beobachtet, bei den Worten »die andere« hatte Kühle reagiert, hatte Reiber wie ertappt angeblickt, aber nur ganz kurz, um sich gleich darauf seinem Dackel zuzuwenden.

»Herr Kühle«, fing Reiber erneut an.

»Was? Was haben Sie gesagt?« Nun reagierte er doch.

»Ich hatte nur gesagt, dass wir die zweite, die andere Erpressung noch geheim halten konnten. Aber Sie, ich weiß ja, dass Sie …«

»Was? Also, was wissen Sie?« Kühle war kein guter Pokerspieler, sicherlich, dachte Reiber, war er früher bei der Stasi auch nicht für Verhöre zuständig.

»Aber Herr Kühle, das muss ich Ihnen doch nicht sagen«, Reiber bluffte erneut, »deshalb bin ich hier, ich dachte, wir reden zunächst einmal ohne Protokoll, einfach von Mann zu Mann.«

Kühle schaute ihn erstaunt an.

»Wie meinen Sie das, wollen Sie mich jetzt erpressen?«

»Um Gottes willen, nein, ich will Sie auch nicht als IM anwerben.« Reiber lachte. Kühle nicht.

»Was wollen Sie dann?«

»Ich will einfach nur mal wissen, wie es dazu kam. Will nicht nur eine Seite hören, verstehen Sie, ich will Ihre Sicht der Dinge kennenlernen.«

»Woher wissen Sie überhaupt davon? Das, das können Sie doch gar nicht …«

»Oh doch. Wir haben auch unsere Informanten.«

»Blödsinn. Das konnte keiner wissen. Keiner. Sagen Sie erst mal, was Sie wissen und woher.«

»Nee, so läuft der Hase nicht, Herr Kühle. So nicht. Dann geben Sie nur zu, was ich ohnehin weiß, und so ein Geständnis ist nicht ein Pfifferling wert.«

»Sie wollen *was*? Sie wollen ein Geständnis von mir?«

»Noch will ich Sie erst einmal verstehen. Wir ermitteln noch gar nicht offiziell – also gegen Sie. Wir prüfen erst noch, also, ich will mir zunächst ein Bild machen. Vielleicht …«, Reiber hielt kurz inne, bevor er weiter sprach, »Sie sind doch schon gestraft genug.«

Kühle senkte den Kopf, dann drehte er ihn in Richtung Reiber, schaute diesen an: »Da haben Sie recht. Allerdings … Aber sagen Sie mir wenigstens zuerst, wie kamen Sie drauf?«

Reiber wusste genau, auf das, was er nun sagte, kam es an, an dieser Antwort würde es liegen, ob er Kühles Geheimnis lüftete oder nicht. Er sagte einfach, ohne irgendetwas zu wissen: »Er hat geredet.«

»Nein! Nein! So ein Idiot!« Offenbar hatte es gewirkt. Kühle regte sich mächtig auf, wollte gar nicht mehr von Reiber wissen. »Der macht ja alles kaputt. Dieser Idiot.«

»Keine Ahnung, warum«, Reiber fühlte sich mit diesem Bluff zunehmend unwohl.

»Und jetzt? Wollen Sie mich festnehmen?« Kühle schien bereit, sich seinem Schicksal zu ergeben.

Misslich war, dass Reiber gar nicht wusste, was Kühle denn überhaupt Strafbares getan hatte.

»Naja, das mit dem Festnehmen muss vielleicht nicht sein. Sie haben ja einen festen Wohnsitz und so … Erzählen Sie doch einfach mal, wie alles anfing.« Reiber bückte sich, streichelte Juliane und dabei auch den Dackel. Kühle bemerkte das wohlwollend.

»Aber das wissen Sie doch längst.«

»Wie gesagt, aber noch nicht von Ihnen, ich kenne nicht Ihre Sicht.«

»Also gut. Es war blöd. Es war saublöd, das gebe ich zu. Und es war nur meine Idee. Nur ich habe das gemacht. Meine Tochter hat damit nichts zu tun.«

Reiber nickte. Nun hatte er ihn geknackt.

»Also dieser Thaler war ja so ein Schlawiner, oder besser gesagt, ist immer noch einer.«

Nun wurde Reiber hellhörig.

»Der hat es nach der Wende geschafft, ein neues Leben anzufangen. Dabei steckte der auch ganz schön mit drin. Sie wissen das ja sicher.«

»Die Stasi-Geschichte, ja klar, haben wir recherchiert.«

»Das wiederum glaub ich Ihnen nicht, dass Sie das wasserdicht recherchiert haben. Ich war es nämlich, der damals Thaler zuliebe ganz schön viele Akten verschwinden ließ. Wissen Sie, ich war – naja, nun muss man ja nichts mehr beschönigen – also ich war Thalers Führungsoffizier. Ich habe es für ihn getan, das Vernichten, er war jünger, und wir waren befreundet. Waren!« Kühle nahm erneut einen Schluck aus seiner Bierflasche und streichelte seinem Dackel über den Kopf und dann auch Juliane. »Ein schönes Tier haben Sie.«

»Danke, das ist Juliane.«

»Meiner ist schon älter, Rudi heißt er.«

»Auch ein Lieber.«

»Allerdings, eine treue Seele.«

»Und Thaler, der war nicht so treu?«, nahm Reiber den Faden auf.

»Wie man es nimmt. Nach der Wende machte er noch mal Karriere. Auf einmal kannte er einen nicht mehr. War was Besseres, wollte nichts mehr von einem wissen. Zog in dieses Schickimickiviertel und verleugnete seine Vergangenheit.«

»Hm, ja aber …«

»Aber Sie meinen, das ist nicht verboten? Stimmt. Meine Melanie zog mit ihrem Mann auch da hin. Deshalb sah ich Karl ab und an. Also Thaler. Arrogant war der geworden. Dann ging Melanies Ehe in die Brüche. Aber sie wollte unbedingt in der Gegend bleiben, in der teuren. Da wurde dann das Geld knapp.«

»Verstehe.«

»Nee, ich glaube, Sie verstehen das nicht. Da arbeitet man sein Leben lang, zieht Kinder groß und muss mit ansehen, wie so ein arroganter Arsch, entschuldigen Sie, sich gibt, wie ein schnöseliger Graf. Der hielt regelrecht Hof im Kiez. Dem haben es die Wessis mit ihren Betriebsrenten und Abfindungen vorne und hinten reingeschoben. Und meine Melanie, die wusste, als sie allein war mit Felix, nicht mehr, wie sie die Miete bezahlen sollte. Die hatte echt zu knapsen. Und dann war er auch noch so herablassend zu uns, so gemein.«

»Dann kamen Sie auf die grandiose Idee, Ihrem Ex-Untergebenen ein bisschen Geld abzunehmen. Schließlich wussten Sie ja von Thalers unschöner Vergangenheit«, kombinierte Reiber.

»Naja, ich habe ihn halt gebeten, sozusagen gefragt, ob er uns unterstützen kann. Also Erpressung war das nicht wirklich …«

»Aber Sie haben doch sicher gedroht, wenn er nicht zahlt, hängen Sie seine Stasi-Vergangenheit an die große Glocke, und er verliert seinen guten Ruf und wohl die Betriebsrente und so?«

Kühle bückte sich zu Rudi, streichelte ihn.

»Was ich ja nicht verstehe«, sprach Kühle nun weiter, ohne auf Reibers Frage einzugehen, »ist, dass der Thaler erst zahlt und dann zur Polizei geht. Dann hätte er doch gleich zur Polizei gehen können. Komisch …«

»Tja. Er hat ja gezahlt, oder?«

»Ja, natürlich, vier Mal je 10.000 Euro. Das muss er Ihnen doch gesagt haben. Sicher will er sein Geld zurück.«

»Ja, klar.«

»Und was ist nun mit mir?«

»Naja, Herr Kühle, das müssen wir prüfen. Also machen Sie sich erst einmal nicht zu viele Sorgen. Vielleicht können wir das irgendwie glimpflich regeln. Sie haben mir ja so viel erzählt.«

»Aber das wussten Sie doch schon alles.«

»Ja natürlich«, beeilte sich Reiber zu antworten, »natürlich, aber es ist doch immer was anderes, wenn der Täter von sich aus gesteht.«

»Nu aber mal halblang bitte, ja! Wer ist hier schon Täter. Ich hab mir nur ein bisschen Geld geben lassen, von einem ehemaligen Freund, so würde ich sagen.« Kühle, der zuvor noch kleinlaut gestanden hatte, regte sich nun wieder richtig auf.

»Eine Straftat ist es trotzdem, auch wenn ich Ihre Wut verstehen kann.«

»Na also.«

»Hat der Thaler denn so schnell klein beigegeben?«, wollte Reiber nun wissen.

»Nee, das nicht. Erst als ich ihm ein paar Kopien von damals schickte. Ich habe natürlich nicht alles vernichtet. Sie verstehen?«

»Ach so«, sagte Reiber und dachte, wie hinterhältig doch dieser Kühle war, ein echter Stasioffizier eben. »Und dann hat er gezahlt, sich doch aber sicher geärgert?«

»Und wie, der hat mich auf der Straße beschimpft, hat gesagt, das werde ich noch bereuen und er werde dafür sorgen, dass ich meines Lebens nicht mehr froh werde.«

»Entschuldigen Sie, wenn ich so offen bin, aber das mit dem frohen Leben, Herr Kühle, das haben Sie ja nun seit Felix' Ermordung wirklich nicht mehr.«

»Stimmt«, Kühle wurde leise, »da haben Sie recht, manchmal denke ich, es war eine Strafe dafür, dass ich Thaler das Geld weggenommen habe. Aber das ist natürlich Quatsch, Kinder glauben an einen strafenden Gott, wir an die notwendige Veränderung gesellschaftlicher Verhältnisse.«

Thaler, dachte Reiber, könnte, zumindest für den ersten Mord, ein Motiv gehabt haben. Er hätte es seinem Erpresser Kühle heimzahlen und ihm sein Liebstes, seinen Enkel, nehmen können.

»Hat Thaler eigentlich auch Enkel?«

»Ja, ein Mädchen.«

»Aber Tochter und Enkelin tauchen da am Helmholtzplatz wohl nie auf?«

»Das stimmt. Die Tochter hat mit ihm gebrochen. Wenn ich es recht weiß, hat sie nicht einmal zugelassen, dass Thaler seine Enkelin kennenlernt.«

In Reibers Gedanken veränderte sich die Person Thalers mit einem Mal – von einem unangenehmen spießigen Kleinbürger mutierte sie zu einem hasserfüllten alten Mann.

»Und was war der Grund für das Zerwürfnis?«

»Genau weiß ich das gar nicht. Es ging wohl um Politik. Thalers Tochter heiratete so einen FDP-Heini aus dem Bundestag. Da gab es dann Krach in der Familie. Irgendwie eskalierte das dann. Thaler ist ja aufrechter Sozialist.«

Reiber war Kühle dankbar. Hatte er nun doch einen ganz neuen Blick auf den Fall gewonnen. Er beschloss, diese neue Erkenntnis in der Soko zunächst nicht an die große Glocke zu hängen. Nichtsdestotrotz würde er ein Ermittlungsverfahren gegen Kühle einleiten müssen. Schließlich hatte er als Beamter von einer Straftat Kenntnis erlangt, wie es so schön im Polizistendeutsch hieß. Aber er würde das, anders als sonst, mit der beamtenmäßigen Ruhe angehen. Nachdem er Britta und Dieter in Kühles Neuigkeiten eingeweiht hatte, beschloss Reiber, Feierabend zu machen.

LEICHTE BEUTE

Neuigkeiten aus La Palma gab es erst einige Stunden später. Um Viertel vor fünf wurde Reiber aus dem Bett geklingelt. Der diensthabende Soko-Kollege hatte ihm in Kurzfasung geschildert, was geschehen war. Würthe hatte versucht, an das Geld zu kommen, er war bei der Festnahme angeschossen und schwer verletzt worden. Gerd hatte sich einen Fuß gebrochen. Für sechs Uhr ließ Reiber den Inner Circle der Ermittler zusammentrommeln.

»Kollegen, ich darf Ihnen, allen voran Herrn Reiber, ein großes Lob aussprechen. Und gleichzeitig möchte ich unserem verletzten Kollegen Stegner von hier aus alles Gute und beste Genesung wünschen.« Wischnewski war auch pünktlich um sechs erschienen und drückte sich selbst vor der Handvoll übermüdeten Kollegen so gewählt aus, als hielte er eine Pressekonferenz ab.

»Ich gehe davon aus, dass nun diese Mordserie ein Ende hat, dass dieser schreckliche Fall gelöst ist. Ich werde sogleich den Präsidenten und den Senator davon unterrichten.«

»Aber ich dachte, Würthe sei nicht vernehmungsfähig. Wir wissen doch noch gar nichts Genaues«, warf Reiber ein.

»Er hat aber, als er gefragt wurde, ob er der Täter sei, genickt. Noch bevor er bewusstlos wurde.« Mit diesem Satz wollte Muschwitz glänzen.»Na, so ein Nicken genügt dann ja wohl für ein Lebenslänglich«, entfuhr es Reiber.

»Meine Herren«, schaltete sich nun Wischnewski ein, »soviel ich weiß, hat der Verdächtige Würthe für keine der Taten bislang ein Alibi erbringen können, aber für alle hat er ein Motiv, und nun ist er auch noch als Erpresser geschnappt worden. Für mich ist das ziemlich eindeutig. Oder haben Sie einen anderen Täter zur Hand, Herr Reiber?«

Reiber überlegte kurz. Die Erpressungsgeschichte von Thaler und dass dieser womöglich ein Motiv für den ersten Mord gehabt haben könnte, wollte er jetzt nicht zur Sprache bringen. Er hatte keinerlei Beweise. Es war nicht mehr als eine Spekulation, vor allem genährt durch Reibers Abneigung gegenüber Thaler. Wenn, dann musste er in die Richtung erst mal alleine weiter forschen.

»Nein«, antwortete er, »aber genug Beweise, dass Würthe der Täter ist, haben wir auch nicht. Ich würde gerne erst einmal zu Ende ermitteln, bevor wir Erfolge verkünden.«

»Aber Reiber, der Helmholtzplatz ist noch gesperrt. Presse und Politik sitzen uns im Nacken, wir müssen etwas vorweisen«, meinte Wischnewski.

»Trotzdem, wir haben nicht genug zum Vorweisen.«

»Das lassen Sie mal meine Sorge sein. Wir werden sofort die Sperre des Helmholtzplatzes aufheben. Und am frühen Nachmittag werden wir eine Pressekonferenz abhalten. Bis dahin haben Sie Zeit, etwas zusammenzutragen, das wir vorweisen können.«

Reiber nickte.

Nach der Besprechung rief er erst mal Gerd an.

»Beim Wandern hier ist mir nie etwas passiert. Ausgerechnet jetzt muss ich über so ein blödes Tau stolpern.« Gerd gab lieber gleich zu, dass er nicht bei einer halsbrecherischen Verfolgungsjagd auf Würthe verunglückt, sondern nur im Hafen gestolpert war.

»Die Ärzte sagen, der Mittelfußknochen ist gebrochen, aber so richtig traue ich denen nicht. Jedenfalls haben die gleich alles zugegipst.«

»Sollen wir versuchen, dich mit einem Ambulanzflieger zurückholen zu lassen?«

»Ach was, ich kann auch mit einer Linienmaschine fliegen, alles nicht so schlimm. Aber ich will ja gar nicht zurück.«

»Wie?«, Reiber verstand nicht ganz.

»*Noch nicht* jedenfalls. Würthe hat ja bis jetzt so gut wie nichts gesagt.«

»Aber es ist doch klar, dass …«

»Sicher, der wurde quasi in Flagranti erwischt.«

»Ja aber was ist mit den Morden?«

»Du bist mal wieder ungeduldig, also der Würthe wurde bei der Festnahme gefragt, ob er der Täter sei. Da hat Würthe wohl genickt. Das ist aber auch schon alles.«

»Sonst nichts? Hast du da nicht nachgehakt?«

»Ich war nicht dabei. Das war auf dem Boot. Danach war er dann nicht mehr ansprechbar.«

»Wie?«

»Würthe war rausgefahren mit einem Boot. Zwei Kumpels, die offenbar hier leben, haben ihn mit einem zweiten Boot begleitet. Die waren auf dem Weg zur Tonne. Als dann der Sender anschlug, sind die Kollegen mit dem Schnellboot ihnen nach.«

»Und du warst nicht dabei?«

»Nein, bis die uns informierten und wir am Hafen waren, da war das Boot schon los.«

»Okay.«

»Als die Kollegen dann mit dem Polizeiboot draußen auf dem Meer waren, waren die beiden Boote schon wieder auf dem Rückweg. Würthe hatte die Tonne in seinem Boot. Die Kollegen haben ihn verfolgt und auch geschossen. Er wurde getroffen, sie haben ihn dann ins Polizeiboot geholt und versucht, ihn zu befragen. Das andere Boot konnte zunächst entkommen.«

»Erst mal zu Würthe, ist er lebensgefährlich verletzt?«

»Naja, ich denke, bei uns wär das nicht lebensgefährlich, aber hier, bei dem Krankenhaus … Er hat viel Blut verloren.«

»Scheiße.«

»Das kannst du laut sagen, der Würthe liegt noch im Koma.«

»Mist. Gerd, du musst so schnell wie möglich mit ihm reden.«

»Ach nee, was glaubst du, warum ich noch hier bleiben will?«

»Klar. Und die anderen beiden, seine Kumpels?

»Die wurden dann an Land festgenommen. Die sind für uns uninteressant. Wie die Kollegen hier sagen, sind das Aussteiger, wohnen im Nordwesten der Insel, zum Teil in Höhlen, sind polizeibekannt. Die können kaum in Berlin geschossen haben, denn sie wurden in den letzten Tagen wegen vermuteter Drogengeschäften überwacht.«

Reiber lehnte sich zurück. Nun spürte er die Müdigkeit. Es war erst kurz nach sieben. So früh war noch so gut wie niemand in den Büros. Viel zu tun, überlegte er, gab es ja trotz der Festnahme von Würthe nicht – zumindest nicht für ihn, nicht um diese Zeit. Er könnte seinen Schreibtisch aufräumen, überlegte er, vorsorglich mal Berichte schreiben. Doch er hatte keine Lust und beschloss, diese Aufgaben weiter vor sich her zu schieben und erst einmal im Computer ein bisschen rumzusurfen auf der Suche nach günstigen Flügen. Sollte nun dieser Mammutfall abgeschlossen sein, würde er gerne mal wieder in die USA reisen. Aber kaum hatte er die ersten Flugpreise auf dem Schirm, vibrierte sein Handy.

»Hoff Du hast nen Morgen ohne Sorgen. Wenn Du bist zurück, trinken wir ein Bier am Stück. Bis dann. Sandra.«

Reiber musste schmunzeln als er das las und vor allem musste er nachschauen, was er ihr am späten Abend zuvor geschrieben hatte, er las es nochmals nach:

»Noch immer auf Mörderjagd, das ist leider Fakt. Aber, Sandra, der Drink zum Du, er kommt im Nu. Erst einmal ein Gruß aus der Ferne und das sehr gerne.«,

Sandra hatte seine SMS also richtig verstanden und offenbar ein ebensolches Faible für alberne SMS wie er. Nun lag es an ihm, passend zu antworten – das war angesichts der frühen Stunde nicht ganz so einfach.

»Mir fehlt gerade Kreativität, denn mein Akku noch lädt. Freu mich auf ein Wiedersehen – das wird schöhen«, schrieb er.

Keine zwei Minuten später kam per SMS ein lächelndes Smiley von Sandra zurück.

Würthe war am Morgen immer noch nicht ansprechbar – Reiber telefonierte mehrmals mit Gerd und fragte nach. Trotzdem gelang es Reiber nicht, Wischnewski davon abzubringen, um 14 Uhr eine Pressekonferenz abzuhalten und die Festnahme des Kindermörders von Prenzlauer Berg zu verkünden. Reiber schrieb Wischnewski eine Mail und kündigte darin an, nicht an der Pressekonferenz teilzunehmen, weil er es als unverantwortlich erachte, ohne gesicherte Ermittlungsergebnisse vorschnell an die Öffentlichkeit zu gehen. Reiber wollte ihn nicht noch mal anrufen. Er fürchtete, sich am Telefon angesichts Wischnewskis Sturheit womöglich im Ton zu vergreifen. Deshalb, und auch um später einen Beweis für wen auch immer zu haben, wählte er die Schriftform.

Nachdem das erledigt war, redete er nochmals mit Britta und Dieter über Thaler. Alle drei waren sie sich einig, diesem mal auf den Zahn zu fühlen, aber inoffiziell, denn sie hatten ja nicht einmal einen Anfangsverdacht, und wenn die Aktion auch nur in der Soko bekannt würde, wäre die Gefahr groß, dass etwas durchsickerte. Und Berichte über Ermittlungen gegen den BI-Chef, zumal wenn sie nichts ergeben sollten, wären nicht das, was Reiber in der Presse über seine Soko lesen wollte.

»Kurt, ist dir eigentlich klar, was du da machst? Ich krieg hier 'ne Einladung für eine Pressekonferenz. So wie jeder Praktikantenfuzzi. Das ist ja wohl ein Witz! Ich hatte schon dem Chef versprochen, dass ich zuerst was krieg in dem Fall. Und jetzt? Wie steh ich jetzt da? Wie ein Depp!«

»Jörg! Jörg! Hör mir doch zu!« Reiber hatte Mühe, den aufgebrachten Schiebitz am Telefon zu unterbrechen.

»Überhaupt nicht hör ich zu.«

»Jörg, verdammt noch mal, halt mal einen Moment die Luft an.« Jetzt wurde Reiber laut – das wirkte. »Ich hab dir versprochen, ich sag dir zuerst etwas. Aber das geht nur, wenn ich kann, also wenn ich auch was weiß. Nun gab es eine Festnahme. Auf La Palma heute morgen um fünf. Das wusste ich ja selbst nicht.«

»Das ist dein Problem.«

»Jörg, bitte. Ich kann die Festnahme doch nicht einen Tag lang verheimlichen, nur damit du sie dann exklusiv als Erster melden kannst. Komm mal wieder runter von deinem Trip.«

»Hättest mir ja gestern Abend Bescheid sagen können.«

»Sehr lustig, bin ja kein Wahrsager. Aber versprochen, ich sag dir was.«

»Mehr als den anderen nachher?«

»Klar.«

»Also Würthe wurde auf La Palma festgenommen, das bestätigst du mir nun?«, fragte Schiebitz ungeduldig.

»Ja. Das wird nachher auch bei der PK gesagt.«

»Aber ich kann das jetzt schon online melden?«

»Kannst du, aber Jörg, von mir hast du es nicht.«

»Klar, du redest ja gar nicht mit mir«, Schiebitz lachte. »Also ist dieser Rollheimer der Mörder. Ehrlich gesagt, hätt ich nicht gedacht.«

»Langsam, langsam, Jörg, wenn du auf Nummer sicher gehen willst, schreib nur, dass der Festgenommene dringend tatverdächtig ist, die Erpressung begangen zu haben.«

»Und die Morde?«

»Dazu sag ich nichts.«

»Wie? Was ist denn jetzt schon wieder los? Kurt, keine Spielchen!«

»Ich meine es ernst, Jörg, ich weiß nicht, ob Würthe der Mörder ist.«

»Aber das verkündest du doch nachher.«

»Ja und nein.«

»Wie bitte?«

»Wischnewski leitet die Pressekonferenz. Ich bin nicht dabei. Wirst ja hören, was er sagt.«

»Ich will es aber jetzt hören. Von dir! Warum bist du nicht dabei?«

»Du hast ein gutes Näschen, Jörg. Der Chef aller Mordkommissionen verkündet eben gern selbst, wenn ein Mörder geschnappt wurde.«

»Eben. Und warum bist du dann nicht dabei?«

»Ich bin eben nicht dabei. Ich hab dir gesagt, dass ich nicht weiß, ob es Würthe war. Verdammt, versteh doch!«

»Und woher will es dann Wischnewski wissen?«

»Eben, Jörg. Dazu sag ich nur: kein Kommentar.«

»Kurt, ich warn dich …«

»Okay, Jörg, ich sag dir jetzt nichts. Gar nichts. Aber ich erzähl dir, was du auf La Palma recherchieren kannst. Frag mal, wer dort im Krankenhaus liegt. Gibt nur eines. Und frag mal, ob derjenige ansprechbar ist.«

»Verstehe. Würthe ist gar nicht vernehmungsfähig, und

ihr präsentiert ihn trotzdem als Täter, weil ihr eine Erfolgsmeldung braucht.«

»Nicht wir. Wischnewski.«

»Du bist mir so einer, clever. Fütterst mich mit Infos, die mich ruhigstellen und gleichzeitig deinen Chef beschädigen.«

»Darum geht es nicht.«

»Worum denn dann?«

»Ist doch immer gut, wenn ein Journalist, die Wahrheit kennt.«

»Egal. Welches Hühnchen du mit deinem Chef zu rupfen hast, geht mich nichts an. Ich will nur sicher sein, dass ich das Richtige schreibe und mir keine Gegendarstellung einfange.«

»Kannst dir sicher sein, Jörg.«

»Aber kann ich mir auch sicher sein, dass das kein anderer rauskriegt?«

»Weiß nicht, wie gut deine Mitbewerber sind.«

Kaum gönnte sich Reiber mit Juliane einen kleinen Vormittagsspaziergang, vibrierte auch schon sein Handy.

»Reiber, haben Sie das der Presse gesteckt? Da läuft schon eine Agenturmeldung, dass Würthe als Tatverdächtiger festgenommen wurde, und sogar dass er nicht ansprechbar ist. Was soll das denn?«

»Das fragen Sie ausgerechnet mich? Warum sollte ich das tun? Ich hab Ihnen eine Mail geschrieben, dass ich den Fall – was ja nicht oft vorkommt – anders als Sie beurteile. Ich bezweifle, dass Würthe alle Morde begangen hat. Zumindest, denke ich, können wir ihm das nicht nachweisen. Und da glauben Sie, ich gebe solche Infos, die ich selbst nicht glaube, an die Presse?«

»Sie wissen genau, wie man über die Bande spielt.«

»Ich kann überhaupt kein Billard.«

»Reiber, ich warne Sie, wenn Sie der Berliner Polizei jetzt in die Parade fahren, bei diesem Erfolg … Das ist – das ist Verrat von Dienstgeheimnissen sag ich da nur.«

»Ja, Herr Wischnewski, aber …«

»Nichts aber, Sie haben keine Berechtigung, mit der Presse zu sprechen. Generell nicht. Und in diesem Fall schon gar nicht.«

»Keine Angst, ich rede nicht und ich komme auch nicht zur Pressekonferenz.«

WOHNZIMMER-GEDANKEN V

So was, denkt er, gibt es sonst nur bei Fußballweltmeisterschaften. Und ja, 2001 am 11. September, da hat er es auch erlebt, dass Gaststätten Fernseher aufstellten, vor denen sich Menschen versammelten. Sprachlos vor Entsetzen. Damals war er in den USA auf Rundreise gewesen. Nun ist er hier in seiner Heimatstadt, und die Leute vor den Fernsehapparaten sind nicht sprachlos, die sind eher erleichtert. Sie bleiben stehen auf dem Gehweg. Sie halten an den Tischen im Gespräch inne. Ein kleiner Farbfernsehapparat, provisorisch auf einen Barhocker auf dem Gehweg gestellt, zieht die Aufmerksamkeit auf sich. Das Interesse ist groß. Klar, gerade hier am Helmholtzplatz, wo erst am Morgen die Sperre aufgehoben worden ist. Er schaut auch zu. Schon am Mittag hat er im Radio gehört, dass auf La Palma der mutmaßliche Kindermörder geschnappt worden war, und dass es um 14 Uhr eine Stellungnahme der Polizei geben werde. Diese sieht er nun bei seinem zweiten Grauburgunder. Mit der Fernsehübertragung hier auf dem Gehweg neben der Kneipe »Wohnzimmer« hat er nicht gerechnet.

»Wir sind überzeugt, mit dem auf der kanarischen Insel La Palma festgenommenen Deutschen denjenigen gefasst zu haben, der für die schrecklichen Kindermorde verantwortlich ist«, hört er einen Mann im Fernseher sagen. Am unteren Bildrand steht »Jörg Wischnewski, Chef der Berliner Mordkommissionen«. Dass die das sogar live übertragen. Er staunt. Er trinkt. Hinter ihm hört er, wie eine junge Frau zu ihrem Freund sagt, wie froh sie sei, dass dieses Schwein nun hinter Schloss und Riegel ist. Wenn er so was hört, bekommt

er glatt wieder Lust, noch einmal zu schießen. Einfach, um denen allen zu beweisen, dass die in diesem Staat ja nichts hinkriegen und keine Ahnung haben. Um zu zeigen, dass er noch immer die Macht hat. Andererseits könnte er es nun dabei bewenden lassen. Mit der Mutter des letzten Opfers hat er ja schon zwei, drei Mal gesprochen, hat sie sogar einmal tröstend in den Arm genommen. Das war doch vielleicht ein Anfang für eine neue Lebensphase auch bei ihm. Deren Mann will ja sowieso nichts mehr von ihr. Das kann er gar nicht verstehen, bei dem, was er schon bei dem ersten Umarmen spürte. Es fühlte sich gut an.

»Stimmt es, dass der Festgenommene noch gar keine Chance hatte, sich zu den Vorwürfen zu äußern? Dass er nichts gestanden hat bisher? Dass er im Koma liegt?«

Normalerweise schaut er Bedienungen, vor allem dann, wenn sie hübsch sind wie diese hier, in die Augen, nun aber hat er seine Aufmerksamkeit ganz dem Fernsehapparat zugewandt. Was fragte dieser Journalist da gerade? Wenn das stimmt, würde die Polizei schnell weitersuchen müssen nach dem richtigen Täter.

»Ich kann aus ermittlungstaktischen Gründen – ich bitte, das zu verstehen – nicht allzu viel sagen zu Ihren Fragen. Aber ich kann Ihnen versichern, dass wir sehr wohl handfeste Beweise haben gegen den festgenommenen Mann, und auch, dass er sich bereits eingelassen hat zu den Taten und diese pauschal einräumte.«

Das war ja eine windelweiche Antwort. Das Weinglas fühlt sich schön kühl an in seiner Hand an diesem warmen Frühsommernachmittag. Womöglich haben die wirklich nicht viel in der Hand gegen den Geschnappten. Vielleicht brauchten die nur – auf Teufel komm raus – eine Erfolgsmeldung? So viel anders, denkt er, ist dieser neue Staat ja eben doch nicht als die DDR. Der Journalist meldet sich nochmals.

»Also stimmt es, dass der Festgenommene zu den einzelnen Morden nicht befragt worden ist? Dass er im Koma liegt?«

Nun ist er gespannt. Er trinkt schnell, zwei, drei kleine Schlucke. Wieder kommt dieser Wischnewski ins Bild. Wenn er jetzt keine gute Antwort weiß, könnte es eng werden für seine weitere Karriere. Erst so einen Aufriss veranstalten und dann nichts in der Hand haben …

»Wie gesagt, viel kann ich dazu nicht sagen. Es stimmt, dass der mutmaßliche Täter bei der Festnahme verletzt wurde. Wir haben Berliner Beamten vor Ort, die bereit stehen, um ihn zu vernehmen. Aber ich bitte Sie, Verständnis zu haben, dass ich nicht weiter darauf eingehen kann.«

Er schaut nochmals auf den Bildschirm, um sich den Namen zu merken – Wischnewski. Wenn er jetzt gleich hoch ginge aufs Dach und noch mal schießen würde? Vielleicht gleich zwei Kinder ausknipsen würde, so kurz nach dieser inszenierten Erfolgspressekonferenz, das wäre sicher das Aus für diesen Armleuchter. Andererseits, warum diese Eile? Er könnte es denen, wenn er wollte, immer noch heimzahlen.

In diesem Moment fällt ihm auf, dass dieser jüngere ermittelnde Kommissar gar nicht auf dem Podium sitzt. Diesem arroganten Typen würde er es gerne zeigen. Wenn der so was gesagt hätte, dann würde er wohl wirklich gleich zahlen und noch mal schießen gehen. Aber der ist gar nicht zu sehen. Komisch. So, als gäbe es so etwas wie Gedankenübertragung meldet sich dieser gleiche Journalist wieder mit einer Frage zu Wort.

»Die Ermittlungen wurden von Hauptkommissar Reiber, dem Leiter der 3. Mordkommission geführt. Üblicherweise ist der Chefermittler dabei, wenn bei derart spektakulären Fällen ein Ergebnis präsentiert wird. Warum ist er nicht hier? Hat er Zweifel an den Ermittlungsergebnissen?«

Nun reagiert dieser Wischnewski nervös, er bemerkt, wie sich dessen Gesichtszüge verhärten, wie seine Kiefermusku-

latur arbeitet, das sieht man sogar auf dem Bildschirm. Der Kameramann hat ihn herangezoomt.

»Nein. Unser Kollege Reiber, dem ich ja schon eingangs für seine hervorragende Ermittlungsarbeit dankte, ist heute nicht hier, weil er dienstlich an anderer Stelle unabkömmlich ist. Aus keinem anderen Grund.«

Das war schwach, womöglich weiß dieser Journalist, der so hartnäckig fragt, einfach mehr. Womöglich sucht dieser Reiber ja tatsächlich noch nach einem weiteren Täter – oder nach DEM Täter. Wie sie dem Typen, den sie nun festnahmen, die Morde nachweisen wollen, weiß er nicht. Sein Gewehr jedenfalls ist noch in seinem Versteck. Er hat es gestern Abend nochmals kontrolliert. Die Polizei hat es nicht gefunden. Also wird sie die Tatwaffe auch nie finden. Und wenn der andere leugnen sollte? Wie wollen sie ihm beweisen, dass er es war? Das hier ist doch angeblich ein Rechtsstaat. Früher, freilich, wäre es gegangen. Beweise ließen sich fälschen. Keiner weiß das besser als er. Aber heute? Ob das noch immer so ist? Er kann es sich vorstellen. Vielleicht sollte er warten, bis der Prozess läuft. Oder bis dieser zu Ende ist. Und dann noch mal schießen. Um allen zu zeigen, dass es das System eben doch nicht geschafft hat, den Täter zu schnappen …

NOCH EIN SCHUSS

Reiber klappte seinen Laptop zu. Er hatte die Pressekonferenz auf dem Computerbildschirm in seinem Büro verfolgt. Er ärgerte sich, weil er es nicht geschafft hatte, den richtigen Täter zu schnappen und weil er nicht geschickt genug war, Wischnewski davon abzuhalten, sich in den Gedanken, dass Würthe der Mörder ist, zu verrennen. Er ärgerte sich auch, wie so oft, über diese hierarischen Polizeistrukturen. Man konnte ihm einfach so einen Maulkorb verpassen. Am meisten ärgerte er sich aber darüber, dass er das alles nicht einfach mit einer gehörigen Portion Gelassenheit hinnahm. Oft ist ihm das schon gelungen. Diesmal nicht. Juliane stupste ihn mit ihrer Kräuselnase gegens Schienbein. Sie wollte raus, an die frische Luft. Ihm würde das auch gut tun. Er beschloss, eine große Runde durch den Tiergarten zu drehen.

Kaum war er am Interconti vorbei auf dem Katharina-Heinroth-Ufer und fast am »Café am Neuen See«, da zerrte Juliane an der Leine. Reiber bückte sich, ging ihr hinterher ins Unterholz. Er stieß sich den Kopf an einem Ast, als er sich aufrichtete, um das Handy, das vibrierte, aus der Tasche seiner engen Jeans zu angeln.

»Kurt? Kurt! Kurt!« Die Stimme von Muschwitz wurde in Reibers Handy immer lauter. Muschwitz hörte offenbar erst nur das Fluchen von Reiber, als er sich den Kopf angestoßen hatte, dann das Rascheln der Blätter.

»Ja, bin ja da, was ist denn?«

»Wo bist du?«

»Was ist passiert?« Reiber hatte keine Lust, Muschwitz seinen Standort zu verraten.

»Du glaubst es nicht! Er hat wieder geschossen?«

»Wer?«

»Unser Kindermörder!«

»Nein, sag das nicht.« Reiber war sichtlich getroffen. Obwohl er ja überzeugt davon war, dass Würthe nicht der Mörder war, hatte er nicht damit gerechnet, dass der richtige Täter erneut zuschlagen würde. Nicht einmal halbherzig hatte er sich am Morgen gegen die Aufhebung der Sperre des Helmholtzplatzes ausgesprochen.

»Doch, wieder am Helmholtzplatz. Wenn wir Glück haben, überlebt das Kind.«

»Wie das? Schlecht gezielt, unser Mann?«

»Kurt, bitte! Aber ja, irgendwie schon. Nur ein Streifschuss. Ein Mädchen ist aus Italien, eine Touristin, fünf Jahre alt.«

»Scheiße, verdammte Scheiße …«, entfuhr es Reiber. Er war, während er telefonierte, schon schnellen Schrittes in Richtung Straße des 17. Juni unterwegs. Dort würde er ein Taxi bekommen und sich in die Keithstraße zurückfahren lassen.

»Das kannst du laut sagen, Wischnewski dreht hier fast durch.«

»Na, das hat er jetzt davon«, das konnte sich Reiber nicht verkneifen.

»Du nun wieder!«

»Ich komm sofort zurück – du veranlasst alles wie immer. Sperre, Kontrollen, Durchsuchungen. Übung haben wir ja inzwischen.«

»Gut. Und wo bist du?«

»Bin gleich zurück.« Reiber legte auf.

Als Reiber – mit Juliane auf dem Beifahrersitz – in dem Dienst-Passat in die Schliemannstraße einbog, kam ihm bereits der Notarztwagen des Bundeswehrkrankenhauses mit Blaulicht und Martinshorn entgegen. Auf dem Platz bot sich ihm dann das gewohnte Bild: Die Straßen rund um den Platz waren mal wieder abgesperrt, man erwartete – wie üblich – die Mannschaftswagen der Hundertschaften, die mal wieder Wohnungen und Dachböden durchsuchen würden. Reiber ließ Juliane im Wagen. Als er ausstieg und auf die Polizeiabsperrung zuging, sah er schon, was ihn erwartete: Auf einer Bank, umringt von Polizisten, saß ein Mann Mitte 50, besser gekleidet und modischer frisiert als die üblichen Passanten hier. Er hatte den Arm um einen vielleicht zwölfjährigen Jungen gelegt, der ebenfalls, soweit es Reiber erkennen konnte, teure Kleidung trug. Auf der anderen Seite, neben ihm auf der Bank, saß ein hübsches Mädchen mit langen schwarzen Haaren, vielleicht 14, 15 Jahre alt. Alle drei schienen nicht so wirklich hierher zu gehören. Reiber wusste sofort, das waren die Angehörigen des Opfers. Der Junge weinte, das Mädchen starrte vor sich hin. Die Mutter war sicher mit ihrer verletzten Tochter auf dem Weg ins Krankenhaus. Während sich Reiber das alles zusammenreimte, stürmte Thaler auf ihn zu.

»Herr Kommissar! Moment! Ich muss Sie mal sprechen! Warum, um alles in der Welt, haben Sie die Sperre aufgehoben? Sie sehen, prompt passiert wieder etwas! Ihre Behörde ist völlig unfähig, für Sicherheit zu sorgen. Sie präsentieren irgendeinen Festgenommenen, um die Öffentlichkeit zu beruhigen. In Wirklichkeit aber haben Sie keine Ahnung, wer der Täter ist.« Thaler redete sich in Rage, während er sich direkt vor Reiber aufbaute, um diesem den Zugang zu versperren. Reiber packte Thaler an der Schulter und drängte ihn zurück.

»Herr Thaler, mit Ihnen kann ich jetzt nicht diskutieren. Sie stehen im Weg.«

»Ach so ist das, kritische Bürger stehen also im Weg. Kritische Nachfragen dulden Sie nicht. Das hat man ja heute bei der Pressekonferenz gesehen. Da gab es nur einen kritischen Journalisten. Einer, der nicht gleichgeschaltet war, und der wurde runtergebügelt. Ich lasse mir jedenfalls nicht das Wort verbieten!«

Nun griff Reiber Thaler, der immer noch vor ihm stand, an beiden Oberarmen und hielt ihn fest.

»Sie behindern hier die polizeilichen Ermittlungen Herr Thaler, ich spreche gegen Sie einen Platzverweis aus. Wenn Sie nicht augenblicklich den Helmholtzplatz verlassen, werde ich Sie festnehmen und ins Gewahrsam bringen lassen.«

»Was? Was fällt Ihnen ein! Unterstehen Sie sich! Wissen Sie überhaupt, mit wem Sie reden? Schließlich vertrete ich hier die Bürgerinitiative!«

»Und ich muss hier ermitteln. Also lassen Sie mich durch und verschwinden Sie!«

Als Reiber das sehr laut sagte und dabei Blickkontakt mit zwei Schutzpolizisten herstellte, die an der Absperrung standen, eilten diese herbei und bauten sich neben Thaler auf.

»Das ... das ist ja ... also das ist ja die Höhe, das wird Konsequenzen haben für Sie, das sag ich Ihnen!«

Reiber ließ Thaler los, die beiden Beamten drängten ihn ab.

»Jaja, Verstärkung holen, das können Sie, und sich an junge Frauen ranmachen hier, sonst aber nichts!«

Nun war Reiber wirklich sauer, er hatte Mühe. sich zu beherrschen.

»Tja, manche haben halt Glück bei den Frauen«, sagte Reiber dann doch vor sich hin, laut genug, damit es Thaler hören konnte, und ging weiter.

Reiber drehte sich nicht mehr um, er ging direkt auf die Familie auf der Bank zu. Nachdem er sich vorgestellt und bewusst langsam und deutlich gesprochen hatte, stand der Vater des angeschossenen Mädchens auf.

»Guten Tag, mein Name ist Lorenzo Zanolla, ich bin der Vater von Alessia.«

»Es tut mir sehr leid, was passiert ist, Herr Zanolla«, sagte Reiber, der sich über das perfekte Deutsch des Italieners wunderte.

»Danke, Sie sind dafür natürlich nicht verantwortlich.«

»Ja, aber trotzdem … Also, Sie sind mit Ihrer Familie hier in Urlaub?«

»Meine Familie schon, das ist meine Tochter Viola, das ist mein Sohn Luca«, sagte Zanolla und zeigte auf die beiden Kinder auf der Bank, »ich bin öfter hier, geschäftlich. Ich investiere hier. In Immobilien.«

»Ah okay, okay«, Reiber unterbrach Zanolla. Schon wieder ein Kind eines Immobilieninvestors! »Investieren Sie hier auch an der Margarete Sommer Straße?«

»Nein. Wir sind im Westen tätig, bauen Stadtvillen, Townhouses in Dahlem und so. Nicht hier. Aber warum fragen Sie?«

»Nur so, nur so, wir hatten da gerade so einen Fall, nicht der Rede wert. Also, Sie waren hier spazieren, als Ihre Tochter plötzlich getroffen wurde?«

»Ja genau. Wir gingen über den Platz. Und Alessia lief zu dem Schiff da, und dann passiert es auch schon.«

»Haben Sie gesehen, woher der Schuss kam, haben Sie irgendwas bemerkt?«

»Nein. Gar nicht. Nur nachdem es passiert war, rannten alle in Panik weg, niemand blieb bei uns und half uns. Das war komisch.«

»Ja, hier sind alle etwas nervös.« Zanolla wusste offenbar

nicht, dass schon zuvor Kinder erschossen worden waren. Reiber fragte sich, wie er nichts von den Vorfällen auf diesem Spielplatz hatte mitbekommen können.

»Herr Kommissar, wäre es möglich, dass wir nun zu meiner Frau und meiner Tochter könnten?«

»Selbstverständlich.« Reiber wunderte sich, wie gewählt Zanolla sich ausdrückte, und ihm fiel auf, dass er zunächst keine Gefühlsregung erkennen konnte. Nur die Fältchen um Zanollas schwarze Augen zuckten ab und an leicht. Reiber bemerkte es. Er war froh darüber, denn es war ein Zeichen dafür, dass sich hinter der Fassade des eleganten Mannes offenbar Gefühle eines sich sorgenden Familienvaters regten. Aber auch die beiden Kinder waren ungewöhnlich ruhig, gefasst. Mehr als wohlerzogen. Womöglich war die emotionale Regungslosigkeit auf eine langjährige Familienmitgliedschaft bei der Mafia zurückzuführen, oder sie war genetisch bedingt. Eines Tages, dachte Reiber, würde es so etwas vielleicht geben, genetisch manipulierte Menschen mit weniger Gefühlen, so wie es Joghurt mit weniger Fett gibt oder laktosefreie Milch.

»Ich werde sofort veranlassen, Sie hinzubringen.« Während er sich bemühte, das so ruhig wie möglich zu sagen, sah er Britta aus einem Eingang der Häuser stürzen, die gerade durchsucht wurden. Gleichzeitig vibrierte sein Handy. Er hatte gerade noch Zeit, einen Kollegen heranzuwinken, der sich um die Italiener kümmern sollte, da war Britta auch schon neben ihm, und er hatte just in dem Moment den Anruf entgegengenommen.

»Wir haben das Gewehr!«, rief Dieter ins Telefon, der, weil Gerd ja auf La Palma weilte, nun nicht nur fürs Backoffice zuständig war.

»Kurt, wir haben die Waffe!«, sagte Britta quasi gleichzeitig neben ihm.

»Dieter, ich komme, Britta ist da«, sagte Reiber ins Handy.

»Wo ist es?«, fragte er dann Britta.

»Es liegt auf dem Dachboden des Hauses, das wir schon gleich nach dem ersten Mord durchsucht hatten.«

»Und wie habt ihr das Versteck gefunden?«, fragte Reiber, während sie in Richtung des Hauses eilten.

»Versteck? Nee, kein Versteck, das Gewehr lag einfach da, auf dem Dachboden, so als wäre der Täter in Panik geflüchtet.«

»Wir haben Fingerabdrücke!«

Dieser Ausruf eines Kriminaltechnikers war das Erste, das Reiber hörte, als er auf dem Dachboden ankam. Reiber schaute sich an, wo das Gewehr gelegen hatte: Unter einem offenen Dachfenster, aus dem offensichtlich geschossen worden war.

»Komisch, irgendwie ist alles anders. Er trifft nicht richtig. Er lässt das Gewehr einfach liegen und hinterlässt sogar Fingerabdrücke. Da stimmt doch was nicht.«

»Wie meinst du?« fragte Britta, »Denkst du, dass es ein anderer Täter war?«

»Ja«, sagte Reiber. »Das passt nicht zu unserem Kindermörder, der kann treffen und hat die Ruhe weg, der flüchtet nicht in Panik, das hat der nie gemacht.«

»Nur am Auslöser und am Griff sind Fingerabdrücke, sonst ist alles penibel abgewischt«, teilte der Kollege von der Spurensicherung mit.

»Das passt doch«, meinte Britta, »der Mörder wischt seine Abdrücke ab, und nun schießt ein anderer, einer, der gar nicht daran denkt, Spuren zu verwischen.«

»Einer, der das Gewehr vielleicht zufällig gefunden hat«, meinte Reiber.

»Nee, nee, das kann nicht sein«, mischte sich nun Dieter ein, der neben einer Leiter stand, die durch eine Luke aufs

Dach führte. »Unsere Kollegen haben hier alles abgesucht. Und nicht nur einmal. Wir haben kein Versteck gefunden, keine Spur, überhaupt nichts. Wie soll da jemand das Gewehr nun zufällig gefunden haben?«

»Keine Ahnung, vielleicht einer, der schlauer ist, als die Polizei erlaubt«, entgegnete Reiber.

»Sehr witzig«, meinte Britta. »Wir müssen jetzt ganz schnell klären, ob wir die Fingerabdrücke zuordnen können.

»Ja, kümmer du dich drum«, sagte Reiber.

»Und was ist mit Thaler, ich meine, wer soll sich jetzt um ihn kümmern, ich wollte damit gerade anfangen …«

Reiber warf Britta einen strengen Blick zu, der so viel bedeutete, wie »darüber wird hier nicht geredet«. Sie verstummte.

»Das muss nun hinten anstehen«, entschied Reiber, »erst einmal die Spuren hier klären, und die andere Sache«, damit meinte Reiber die Recherchen über Thaler, »die kann Dieter übernehmen.«

Dieser nickte. »Ich will nur noch schnell mal aufs Dach. Da haben wir zwar auch schon jedes Mal gesucht, aber mal schauen.«

Alle Spuren, die zu sichern waren, würden eingesammelt werden, da machte sich Reiber keine Sorgen. Und alle Zeugen und Hausbewohner würden befragt werden. Was nötig war, machten die Kollegen korrekt. Wie der Täter aufs Dach kam, stand wohl auch fest: Die Tür war unverschlossen gewesen, wie Dieter ihm gesagt hatte. Und durch die Eingangstür eines Berliner Mietshauses kam man ja immer irgendwie. Reiber ging zurück zu seinem Auto, holte Juliane und ging in Ruhe über den Platz, der zum Großteil schon wieder freigegeben war. Er hatte das veranlasst. Sein Handy vibrierte.

»Granatenscheiße.« Sofort wusste er, dass Wischnewski am Telefon war.

»So kann man es ausdrücken.«

»Haben Sie schon was Neues, Reiber? Wir müssen sofort an die Presse gehen, vorhin haben wir erst gesagt, dass wir den Täter haben, und nun das, wir müssen das erklären, irgendwie ...«

»*Sie* müssen das erklären, nicht wir«, Reiber konnte sich das nicht verkneifen.

»Wie meinen Sie?«

»Sie wollten doch unbedingt Würthe als Täter präsentieren. Ich war dagegen. Sie mögen doch Pressekonferenzen, jetzt können Sie gleich die nächste einberufen.«

»Herr Reiber«, brauste Wischnewski auf, »das ist nicht der richtige Moment, Ihre Befindlichkeiten und Eitelkeiten zu klären. Wenn Sie sich bei den Ermittlungen quer stellen, wird das Konsequenzen haben. Wir stecken tief in der Scheiße. Wir alle zusammen. Da müssen wir wieder raus. Gemeinsam. Da müssen Sie mir helfen. Das ist eine Anweisung, verdammt noch mal. Also was machen wir? Was schlagen Sie vor?«

Reiber ärgerte sich, dass Wischnewski auch nicht im Entferntesten auf die Idee gekommen war, wenigstens anzudeuten, dass die Aktion mit der überstürzten Pressekonferenz vielleicht nicht die beste gewesen war. Er schluckte seinen Ärger hinunter, nahm sich an dem italienischen Familienvater ein Beispiel und versuchte, ganz ruhig weiter zu sprechen.

»Momentan kann ich Ihnen nur sagen, dass wieder mit dem gleichen Kaliber geschossen wurde. Nun haben wir die Waffe gefunden und Fingerabdrücke sichergestellt.«

»Und?« Jetzt war Wischnewski so ungeduldig wie sonst Reiber.

»Die sind noch bei der Auswertung. Jedenfalls waren außer diesen wenigen Abdrücken, die wohl von der aktuellen Tat herrühren, alle andere Stellen der Waffe penibelst gesäubert.«

»Was meinen Sie damit?«

»Ich meine, dass es wohl ein Trittbrettfahrer war. Jemand, der vielleicht die Waffe fand und dann mal ausprobieren wollte.«

»Wie? Die Waffe *fand*? Wie soll das denn gehen, ich denke Ihre Leute haben jedes Mal Wohnungen durchsucht und jeden Putzlappen auf den Dachböden umgedreht.«

»Ja natürlich haben wir das. Ich kann mir auch nicht erklären, wieso man die Waffe auf einmal finden konnte.«

»Dann klären Sie das gefälligst. Wenn es heute ein Trittbrettfahrer war, kann Würthe ja trotzdem die anderen Morde auf dem Gewissen haben. Und Sie halten mich auf dem Laufenden, klar?«

»Selbstverständlich.«

GEGENGESCHÄFTE

Kaum dass Reiber zurück im Büro war, stürzte Britta herein.

»Wir haben ihn!«

»Wen?«

»Na den Täter – die Fingerabdrücke auf dem Gewehr passen zu Franz Allwein.«

»Wer soll das denn sein?«

»Ein Stammkunde. Aber eigentlich harmlos. 55 Jahre alt, seit Ewigkeiten obdachlos. Er wird immer mal wieder geschnappt – mal wegen Schwarzfahrens, mal wegen Diebstahls, mal wegen Beleidigung. Er hat sich auch mal geprügelt.«

»Und, habt ihr ihn schon?«

»Aber sicher, und gewaschen und rasiert ist er auch schon, er wartet fein duftend nebenan auf dich. Nein Kurt, du spinnst ja wohl. Wir haben ja jetzt erst die Fingerabdrücke identifiziert, aber die Fahndung nach ihm läuft.«

»Aber keine Beamtenfahndung, eine echte, bitte!«

»Klar.«

»Und wo, verdammt noch mal, hat er das Gewehr her, habt ihr denn nicht das Dachgeschoss auf den Kopf gestellt?«

»Haben wir – aber nichts, gar nichts, nirgends ein Versteck.«

»Hm – und noch was, Britta«, Reiber merkte, dass sie schon wieder auf dem Sprung war, »die DNA, die wir damals an dem Papiertaschentuch auf dem Dachboden fanden, die konnten wir ja noch immer nicht zuordnen. Passt die denn zu diesem Allwein?«

»Weiß noch nicht. Von Allwein haben wir nur Fingerabdrücke, keine DNA.«

Britta und Wischnewski gaben sich quasi die Klinke von Reibers Bürotür in die Hand. Dabei wollte er doch noch einen Moment nachdenken, bevor er Wischnewski Bericht erstattete. Nun war es zu spät dafür.

»Und was sagen wir nachher den Geiern von der Presse?«

»Dass es ein Trittbrettfahrer war«, antwortete Reiber gelassen, »der Schütze von heute ist sicher nicht der Kindermörder, den wir suchen. Wir haben die Fingerabdrücke analysiert, die gehören zu einem aktenkundigen kleinkriminellen Obdachlosen.«

»Und wenn der nur mal das Gewehr angefasst hat, aber der andere auch heute wieder geschossen hat? Das könnte doch auch sein.«

»Könnte, ist aber unwahrscheinlich, dass er dann zum ersten Mal das wertvolle Gewehr einfach so liegen lässt, und unwahrscheinlich auch, dass er nicht besser trifft.«

»Gut, Reiber. Sag ich doch, es war Würthe. Nun bleibt nur noch die Frage, wie der Penner an die Waffe kam. Das erklären Sie dann mal den Journalisten.«

»Ich? Aber …«

»Ja, Sie leiten ja die Ermittlungen. Ich habe der Pressestelle gesagt, sie bekommt bis 17.30 Uhr eine schriftliche Stellungnahme. Und zwar eine, die Sie schreiben werden. Interviewwünsche sollen die abbügeln. Ganz klar. Nur eine schriftliche Erklärung. Eine Pressekonferenz gibt es nicht. Und Sie, Reiber, sagen auch nichts. Nur dass das klar ist.«

Wischnewski drehte sich beim Gehen nochmals kurz um.

»Und was ich noch fragen wollte, was Neues von Würthe?«

»Nein, der ist noch im Koma. Und sein Anwalt steht sicher gleich bei uns auf der Matte und wird Haftverschonung beantragen wenn er das hier alles mitkriegt.«

»Der war schon bei mir. Gleich nachdem über den neuen

Fall im Radio berichtet worden war. Aber keine Angst, allein die Erpressung reicht ja für die Haft. Also dann.«

Reiber hatte noch den forschen Ton des Soko-Beamten im Ohr – »diesen Penner kriegen wir noch heute« – den er in der Zentrale aufgeschnappt hatte, als er mit seinem Audi S3 neben einem neuen auberginefarbenen 7er BMW und einem aufgemotzten silbrigen M-Klasse Mercedes, die beide im Halteverbot standen, parkte. Hier, an der Neuköllner Boddinstraße kümmerten sich nicht viele um Gesetze. Und um Parkverbote schon gar nicht. Reiber kannte sich hier ein bisschen aus. Früher, als er noch gar nicht in Berlin gewohnt hatte, hat er mal für sein Studium über situativ bedingte Delinquenz von Migranten der zweiten Generation geforscht und zwei Wochen lang in den Straßen von Neukölln zugebracht. Ehab kannte er noch von damals. Ob er wirklich Ehab hieß, wusste er bis heute nicht. Und er wollte es eigentlich auch gar nicht so genau wissen. Ehab nützte ihm mehr, wenn er in Freiheit war und ihm ab und an mal etwas verriet, als wenn er in einer Tegeler Zelle schmorte. Reiber sah das pragmatisch. Er hatte schon gleich nach dem ersten Mord versucht, mit Ehab Kontakt aufzunehmen, weil der sicher Kontakte zu Waffenhändlern hatte. Aber da sagte man ihm, er sei für längere Zeit verreist. Nun also startete er einen zweiten Versuch.

»Du solltest bei den Albanern mal fragen. Kennst du die Bar an der Hermannstraße?« Ehab hatte etwas von einem Privatdetektiv aus US-Filmen der 50er-Jahre. Die eng geschnittenen und inzwischen nicht mehr – oder schon wieder – modischen Anzüge umschlossen seinen Körper, der auch der eines 17-jährigen Gymnasiasten hätte sein können, perfekt. Er sah viel jünger aus, als er war. Und gut. Ehab war ein Frauentyp. Schmales orientalisches Gesicht, Augen so schwarz wie guter Espresso und trotz seines schlaksigen Körperbaus Oberarme, die Kraft vermuten ließen. Er ließ die Zigarettenasche in ein kleines Messingschälchen fallen, dann zeigte er Reiber seine vielen elfenbeinfarbenen Zähne. Er lächelte. Reiber hatte nicht geantwortet auf seine Frage. Er hatte sein Teeglas, an dem er genippt hatte, noch in der Hand.

»Du brauchst nicht zu antworten. Ich weiß, ihr seid schon dort gewesen und habt nichts gefunden. Stimmt's?«

Reiber nickte. Es war ruhig in dem neonhell erleuchteten Nebenzimmer des Cafés, an dessen Decke gelbliche Styroporplatten pappten, und dessen Wände ringsum von Feuchtigkeitsflecken, losen Putzstellen und vergilbten Fotos der al-Haram-Moschee von Mekka verziert waren. Der Kellner, der auch der Leibwächter von Ehab hätte sein können und es wahrscheinlich auch war, hatte die Musik ausgeschaltet, hatte die Tür geschlossen. Nun hörten die beiden Männer nur das Schlabbern von Juliane. Sie hatte vom Kellner ein Schälchen mit Wasser bekommen. Keines aus Plastik. Sondern ein schönes aus Kupfer.

»Du kannst bei denen auch nichts finden«, fuhr Ehab ruhig fort. »Nicht so was. Eine normale kleine Knarre sicher. Aber nicht, was du suchst. Die sind raus aus der großen Nummer. Die machen noch was mit Frauen. Und so. Minderjährige. Widerwärtig. Aber das ist ja nicht unser Thema.«

Reiber hatte sich schon vor Jahren, beim ersten Mal, als er sich mit Ehab unterhielt, gewundert, wie gut dieser Deutsch sprach und wie gewählt er sich ausdrücken konnte.

»Das kannst du mal der Sitte stecken, Kurt, wenn du willst. Aber nicht jetzt. Erst wenn du denen mal was schuldest. Und wenn wir dann auch profitieren können. Du verstehst. Könnte mal ein Gegengeschäft werden.« Ehab zog an seiner Zigarette.

Reiber wusste, dass es in den Kreisen nicht unüblich war, die unliebsame Konkurrenz bei der Polizei hinzuhängen und dadurch doppelt zu profitieren – zum einen durch eine zumindest zeitweise Ausschaltung des verpfiffenen Mitbewerbers und zum anderen durch Vorteile, die man fürs Tippgeben bei der Polizei und der Staatsanwaltschaft aushandelte. Reiber hatte, anders als manche Kollegen, nichts gegen solche Gegengeschäfte.

»Du bist ungeduldig, Kurt. Ich spüre das. Das seid ihr oft, ihr Deutschen.«

»Ehab, du kennst mich. Ich reite die Albaner wegen dieser jungen Nutten nicht rein, keine Angst. Diesen Deal überlass ich dir und den Jungs von der Sitte. Mit denen kannst du direkt verhandeln. Du weißt, dass es mir um was ganz anderes geht. Diese Dragunow …«

»Ich weiß, ich weiß. Aber noch mal. Die Albaner sind da raus. Die haben so was nicht mehr. Ware mit diesem Baujahr verkaufen die nicht – einfach zu alt. Verstehst du?« Ehab lachte über seinen Witz. Reiber nicht. Dann fuhr er fort. »Ich würd da auch gern einsteigen. Aber unsere Familie, unsere Religion, du weißt, nein, so was machen wir nicht.«

»Ich werde dich vorschlagen, Ehab, wenn die mal wieder Ethiklehrer suchen.«

»Lach nicht, meine Tochter muss sich den Scheiß anhören hier, das ist ja das Letzte, und die Lehrer, kann ich dir sagen, die haben keine Ahnung von Moral. Christen wollen das sein, pah!«

»Ehab, bitte, ich bin echt ein bisschen …«

»Ich weiß, du bist mal wieder unter Druck und besuchst mich nur, wenn du was willst. Und immer, immer muss es schnell gehen.«

»In diesem Fall schon, Ehab, ich hab dir gesagt, warum.

Kinder wurden umgebracht, und ich such jemanden der so ein Ding, ein Scharfschützengewehr, gekauft hat.

»Glaubst du, die zahlen dann mit ihrem guten Namen auf einer goldenen Visa-Card? Oder vereinbaren Ratenzahlung mit Schufa-Auskunft? Aber okay, ich weiß schon, was du willst, ich schau, was ich für dich tun kann.«

»Danke, Ehab. Rufst du mich an?«

»Besser, du kommst wieder. Morgen.«

»Heute Abend?«

»Gut, da esse ich in dem Lokal an der Sonnenallee, wo wir früher …«

»Ich weiß, ich komm hin, um neun bin ich da«, sagte Reiber und stand auf.

Reiber setzte sich ums Eck in einen Dönerladen, holte sich eine 0,5er-Flasche Berliner Pilsener aus dem Kühlschrank und setzte sich an einen der drei freien Tische. Er klappte sein Subnotebook auf der mit Fettschlieren überzogenen Resopaltischplatte auf und begann, den von Wischnewski geforderten Text für die Pressestelle zu tippen. Er hatte keine Lust, erst wieder ins Büro zu fahren. Außerdem war so eine Umgebung inspirierender für ihn.

An der ersten roten Ampel auf dem Weg zurück ins Kommissariat tippte er an Sandra eine SMS.

»Nicht aufgeben! Nicht die Hoffnung aufgeben! Wir schaffen das mit dem Abendessen! Ganz sicher. Noch vor meiner Rente. Schnellgruß – auch von Juliane – Kurt.«

Etwas Besseres fiel ihm nicht ein, aber er wollte sich auf jeden Fall melden, ihr wenigstens signalisieren, dass er an sie dachte. Nun hatte er auch noch vergessen, ihrem Sohn einen Gruß zu tippen. Egal. Das Auto hinter ihm hupte schon, und sein Handy vibrierte.

»Wir haben ihn!« Reiber wusste, es war Muschwitz' Stimme am Telefon, und er wusste auch, dass dieser nur Allwein meinen konnte.

»Wo?«

»Am Kotti.«

»Seid ihr noch dort?«

»Ja.«

»Ich bin in zwei Minuten da.«

»Okay.«

Reiber pappte das Blaulicht aufs Dach und gab Gas, fuhr auf dem Kottbusser Damm Slalom um in zweiter Reihe parkende Lieferwagen und nach links abbiegende 3er BMWs. Tatsächlich, zwei Minuten später war er am Kottbusser Tor. An den vier schwarzen Audi und Mercedes-Limousinen und dem VW-Bus, allesamt mit Blaulichtern auf dem Dach, erkannte er, dass das SEK zur Festnahme hinzugezogen worden war. War ja vorgeschrieben, wenn der Verdächtige bewaffnet sein könnte. In diesem Falle hielt es Reiber allerdings für übertrieben. Er fuhr ein Stück in die Adalbertstraße hinein und ließ dort seinen Wagen stehen. Allwein, so viel hatte er bereits gesehen, saß mit Britta und Muschwitz in einem neuen silbrig-blauen Polizei-VW-Bus. Als er dessen Schiebetür öffnete, fiel ihm sofort Brittas Bemerkung ein, wonach Allwein frisch gewaschen auf ihn warten würde. Das war ein guter Witz gewesen. Hier war die Realität. Die roch anders. Reiber ließ die Tür offen, stellte sich Franz Allwein vor, der mit seinem alkoholroten unrasierten Gesicht in seinen alten Jeans und dem grau verwaschenen T-Shirt mit verblichenem Hawaiimotiv genauso aussah, wie er ihn sich vorgestellt hatte. Reiber fing sogleich an, seine Fragen zu stellen, ohne auf Britta und Muschwitz und deren laufende Vernehmung Rücksicht zu nehmen.

»Herr Allwein, wo haben Sie das Gewehr gefunden?«

»Ich – ich weiß gar nicht, was Sie meinen.«

Muschwitz signalisierte Reiber mit einem scharfen Blick, dass er störte, dass sich diese Einmischung nicht gehörte. Dennoch machte er weiter.

»Sie wissen, Herr Allwein, drei Morde und ein Mordversuch werden wir Ihnen zur Last gelegt.«

»Halt.«, Allwein hob abwehrend den rechten Arm. Reiber erkannte eine tätowierte Schlange und ein Kreuz darauf.

»Nichts halt. Wir machen da kurzen Prozess. Wir haben Ihre Fingerabdrücke. Alle Kinder wurden mit ein und demselben Gewehr erschossen. Das war's dann mal, jetzt können Sie den Rest ihres Lebens gefilterte Luft atmen.« Manchmal benutzte Reiber diese abgegriffenen Metaphern gern.

»Herr Kommissar, machen Sie mal halblang, bei den Morden, verstehen Sie, das versuch ich ja auch Ihren Leuten hier zu sagen, also bei den Morden, da, da war ich gar nicht da. Da war ich nicht.«

»Das ist mir wurscht, wo Sie waren, ich will jetzt …«

Nun platzte Allwein, der sich doch noch nicht so viele Gehirnzellen weggesoffen hatte, wie Reiber dachte, mitten in den Satz von Reiber.

»Ich war im Knast.«

Das saß. Reiber schaute Britta an. Er sah die Röte in ihrem Gesicht aufsteigen. Wenn Allwein tatsächlich zum Zeitpunkt der Morde im Gefängnis gesessen haben sollte, würde Reibers Drohgebilde in sich zusammenstürzen. Und Britta schien bewusst zu sein, dass es ihr Fehler war, das nicht zuvor überprüft zu haben.

»Ich kann Ihnen den Entlassungsschein zeigen«, fuhr Allwein fort.

Britta sagte nichts. Muschwitz schaute sie vorwurfsvoll an. Reiber war es, der das Gespräch weiter in Gang hielt.

»Wir werden das prüfen, Herr Allwein.«

»Gute Polizisten überprüfen so etwas vorher.«

»Was verstehen Sie von guten Polizisten, halten Sie sich da mal schön raus«, entfuhr es Muschwitz, was die Situation nicht gerade entspannte.

»Schon gut, Herr Allwein, wir schauen erst einmal, was es mit all dem auf sich hat. Fehler machen wir ja alle, nicht wahr?«, versuchte Reiber einzulenken. Nun war er es wieder, der die bösen Blicke abbekam. Vor einem Penner Fehler einzuräumen, das schmeckte weder Muschwitz noch Britta. Aber Reiber sah darin die einzige Chance, Allwein noch zur Mitarbeit zu bewegen – und auf ihn waren sie ja angewiesen, wollten sie das Versteck des Scharfschützengewehrs und dort hoffentlich Spuren, die zum richtigen Täter führten, finden.

»Na also, geben Sie es zu. Mit Drohen und Täuschen wollten Sie mich reinlegen.«

»Herr Allwein, ich – wir – wir wollen Sie nicht reinlegen. Wir wollen, dass Sie uns helfen, denjenigen zu schnappen, der kleine Kinder abknallt. Das wollen wir.«

»Ach und gerade eben haben Sie noch behauptet, ich wäre das gewesen. Und einsperren wollen Sie mich ja trotzdem, wie ich Sie kenne.

»So wird es sein. Den Schuss auf das kleine Mädchen – für den werden Sie geradestehen müssen. Das war versuchter Mord.«

»Oder fahrlässige Körperverletzung«, sagte Allwein.

»Wie bitte?«, fragte Britta, die von Allweins juristischem Wissen verblüfft war.

»Naja, ich wollte das Gewehr ja nur ausprobieren. Zielte auf den Mast des Schiffes. Da war niemand. Keiner. Auch kein Kind. Ich wollte nur ballern, naja, ich war wohl ein bisschen zittrig, und dann tauchte die Kleine plötzlich auf – aus dem Nichts. Ich hab die gar nicht gesehen. Glauben Sie mir!«

»Ob wir Ihnen glauben oder nicht, Sie werden vor Gericht kommen.«

»Aber auch da kann man handeln.«

Der weiß, wo es lang geht, dachte Reiber, das war ein Ausgebuffter.

»Kann man. Aber nur, wenn man Verhandlungsmasse hat. Wenn Sie uns etwas bieten, können wir auch schauen, was wir Ihnen bieten können.«

»Was wollen Sie von mir?«

»Das Versteck.«

»Was krieg ich dafür?«

»Kann ich Ihnen noch nicht sagen.«

»Keine Anklage wegen versuchten Mordes. Das müssen Sie mir versprechen. Vorher sag ich nichts mehr. Gar nichts mehr. Ab jetzt.«

»Das kann ich hier nicht alleine entscheiden. Das wissen Sie doch ganz genau.« Allwein machte seine Ankündigung wahr. Er sagte wirklich nichts mehr.

»Herr Allwein, jetzt seien Sie nicht kindisch, wir müssen doch die Vernehmung hier zu Ende bringen«, mischte sich Britta ein – ohne Erfolg.

»Los, reden Sie, sagen Sie uns, wo Sie das Gewehr her haben, wir können Sie ganz schön lange schmoren lassen, so einen wie Sie vermisst keiner so schnell.« Nun war Muschwitz der Kragen geplatzt. Bevor er weiter reden konnte, bedeutete ihm Reiber innezuhalten.

»Es ist Ihr gutes Recht, Herr Allwein, nichts zu sagen. Es ist auch Ihr gutes Recht, einen Anwalt anzurufen. Nur ganz ohne Sprechen geht auch das schlecht. Wir werden Sie nun in die Gefangenensammelstelle bringen lassen. Sie können jederzeit nach uns klingeln. Und wir werden Sie innerhalb der vorgeschriebenen Frist einem Ermittlungsrichter vorführen, dieser wird dann einen Haftbefehl gegen Sie erlassen. Das ist so sicher wie das Amen in der Kirche. Also, Sie tun sich mit dem Schweigen keinen Gefallen.« Reiber wartete nicht auf eine Antwort. Als er zu Ende gesprochen hatte, ging er.

Reiber beschloss, kurz nach Hause zu fahren. Bis er um neun wieder bei Ehab sein musste, waren es noch gut drei Stunden. Er meldete sich in der Zentrale ab, dann nahm er den Weg über die Oberbaumbrücke zurück nach Friedrichshain. Wenigstens ein Stündchen würde er sich aufs Ohr legen können. Dachte er.

Aber zu Hause fand er keine Ruhe, das lag nicht nur an den beiden Espressi, die er sich gleich nach der Rückkehr – und nachdem die Maschine vorgeheizt war – zubereitet hatte. Das lag vor allem daran, dass er immer wieder an Allwein denken musste, dass dieser Penner seine Drohung wahr machen könnte. Was hatte der schon zu verlieren. Wegen versuchten Mordes würde er womöglich wirklich nicht verurteilt. Und ihnen konnte er mit seinem Schweigen gehörigen Ärger bereiten. Reiber konnte sogar verstehen, dass Allwein dies genoss. Schadenfreude war ihm nicht fremd. Trotzdem, dass ihm Allwein die Ermittlungen vermasselte, das durfte er nicht zulassen. Sie mussten das Versteck des Gewehrs finden. Je schneller, desto besser. Ohne Allwein würde ihnen dies aber womöglich nie gelingen.

»Für die ersten zwei Morde kommt er nicht infrage. Ganz klar«, sagte Britta, nachdem Reiber sie angerufen hatte. »Da saß Allwein wegen wiederholten Schwarzfahrens in der U-Bahn eine Haftstrafe ab.«

»Und der dritte Mord?«

»Den hätte er begehen können … aber Kurt …«

»Nein, ich glaub das auch nicht. Ich will nur so eine verdammte Zusage kriegen, dass er nicht wegen versuchten Mordes angeklagt wird, damit er uns das Versteck zeigt.«

»Das wird schwer. Er hätte die dritte Tat, also einen vollendeten Mord, begehen können.«

»Eben.«

»Der ist doch Alkoholiker, wenn der lang genug nichts zu trinken bekommt, und wir ihm dann was anbieten …«

»Ob das klappt, bezweifle ich ja«, meinte Reiber, »und selbst wenn. Aber weißt du was, ich könnte Cordula zu ihm schicken als Staatsanwältin.«

»Sonst geht es dir noch gut?« Britta war entsetzt.

»Naja, ist vielleicht eine unkonventionelle Idee.«

»Das ist mindestens so verboten wie ihm Alkohol anzubieten. Wenn das rauskommt, können wir alle einpacken.«

»Hm, ich überleg mir was.«

Reiber, der während des Telefonats mit Britta auf dem Sofa gesessen und Juliane gekrault hatte, stand auf. Er ging zum Kühlschrank. Er holte die Flasche Riesling heraus, von der er am Abend zuvor die Hälfte getrunken hatte und, als Juliane unverdrossen mit der Nase gegen sein Schienbein stupste, für sie das übrig gebliebene Wiener Würstchen. Beladen mit diesen Leckereien zog er sich auf den Balkon zurück. Nach dem zweiten Glas Wein hatte er seinen Plan gefasst.

Reiber versuchte, Ehab auf dessen Handy zu erreichen. Aber das war wie so oft abgeschaltet. Er rief in dem Café an, in dem er Ehab getroffen hatte. Natürlich sagte der Kellner, er kenne keinen Ehab. Reiber kannte das Spielchen schon und ließ dem »unbekannten« Ehab ausrichten, dass es heute Abend nicht ging, aber morgen, gleiche Uhrzeit, gleicher Ort. Er wollte, bei all dem, was er vorhatte, sich nicht von einem folgenden Termin unter Druck setzen lassen. Dann machte er doch noch eine Flasche Riesling auf. Sein Bruder hatte ihn wieder gut hinbekommen, dachte er. Gern wär er jetzt dort gewesen in Maikammer. Dort, das dachte er manchmal, war das Leben auf gewisse Art und Weise doch einfacher oder auch nur langsamer. Oder langweiliger. Aber auf jeden Fall irgendwie angenehmer. Er schaute auf sein Handy und stellte fest, dass Sandra auf seine SMS noch nicht geantwortet hatte. Sonst war sie immer schnell damit. Die Spielchen, zu warten, bis eine Angebetete antwortete, und anhand der verstrichenen Zeit den Grad der Zuneigung zu errechnen, hatte Reiber längst hinter sich. Er schrieb Sandra einfach noch mal.

»Rente nicht in Sicht. Aber bald das Ende des alles aufzehrenden Falls. Grüß Jannik und sag ihm, er soll kein Polizist werden, wenn er ein Privatleben haben will.«

Reiber hielt inne, dann löschte er die letzten Worte nochmals und formulierte draufgängerischer.

»… sag ihm, er soll kein Polizist werden, wenn er mal eine Freundin haben will. Liebgruß Kurt.«

»Keine Eile. Kein Stress. Erst mal viel Erfolg. Und Jannik braucht sowieso noch keine Freundin ☺. Aber er grüßt dich. Deine Sandra.«

Keine Minute später war diese Antwort gekommen. Das war mehr, als er erwartet hatte. So schnell die Antwort, mit einem Smiley sogar und dann noch ein »Deine«. Reiber, der nur in Boxershorts und altem T-Shirt auf dem Balkon gesessen hatte, zog sich nun ein T-Shirt mit einem historischen Reklameaufdruck der US-Schokoladenfirma Hershey's an, dazu für seine Verhältnisse sehr alte Jeans und Turnschuhe. Kleidung, die er üblicherweise nicht im Dienst trug.

Immer, wenn er über die Oberbaumbrücke fuhr, von Ost nach West, drehte er wie jeder Berlinbesucher den Kopf gen Westen und genoss den Blick über die Spree zum Fernsehturm. Er mochte diese Stadt. Er mochte die Hochbahn, das ehemalige Pissoir, das linkerhand unter den Gleisen kam und nun eine Hamburgerbude war, und er mochte es, mit offenen Schiebedach und Fenster gemütlich durch Kreuzberg zu cruisen. War doch besser hier als in Maikammer, dachte er jetzt. Er kam gar nicht auf den Gedanken, sein Blaulicht zu nutzen. Das war selten. Gemütlich fuhr er den Mehringdamm entlang, vorbei an Finanzamt und Curry 36 in Richtung des ehemaligen Flughafens Tempelhof.

Am Eingang zur Gefangenensammelstelle wies sich Reiber ordnungsgemäß aus. Dabei kannte er die Beamten hier alle. Einen Tag später, wenn Allwein in Moabit in Untersuchungshaft säße, hätte es mehr Formalitäten bedurft, den Häftling zu sehen.

Allwein schwieg, als Reiber ihn in der Zelle begrüßte. Und am Grad seines Mitteilungsbedürfnisses änderte sich auch nichts, als sich die beiden Männer kurz darauf im Besucherraum gegenübersaßen.

»Wir wissen nun, Herr Allwein, dass Sie zur Zeit der ersten beiden Morde eine Haftstrafe verbüßt haben.«

Allwein nickte nicht einmal.

»Für den dritten Mord allerdings haben Sie wohl kein Alibi. Oder doch?« Reiber hielt inne. Nun regte sich etwas in Allwein, Reiber bemerkte, dass sein Blick an ihm vorbei durchs Zimmer wanderte. Reiber bildete sich ein zu sehen, dass Allweins Hände leicht zitterten.

»Ich sagte doch, ich war es nicht. Ein Alibi hab ich.«

»Na, dann können Sie mir das ja nennen.«

»Das liefere ich beim Prozess. Frühestens. Ich verschieß mein Pulver doch nicht zu Beginn.«

Ein echter Pokerspieler.

»Gut, das ist Ihr gutes Recht, nur …« Reiber hielt inne, stand auf, ging um Allwein, der sitzen geblieben war und ihm mit Blicken folgte, herum, nahm seinen Stuhl und stellte diesen ganz dicht neben Allweins. Dann setzte er sich neben ihn – all den körperlichen Ausdünstungen zum Trotz.

»Mit Drohen is nicht«, sagte Allwein, ohne dass Reiber auch nur den Mund aufgemacht hätte. »Ich hab keine Angst im Knast.«

»Sie meinen, ich würde Ihnen mit Jungs drohen, die es gar nicht mögen, wenn man ihnen Kindermörder oder Kinderschänder in die Zelle legt? So einer bin ich nicht.«

Nun schaute Allwein Reiber endlich direkt an.

»Aber Sie haben mir gedroht. Mit Mordanklage. Heute Nachmittag.«

»Da waren meine Kollegen dabei.«

»Und?«

»Jetzt bin ich allein.«

»Ich lass mich hier nicht einlullen. Entweder die Zusage, oder ich sage nichts.«

»Soll ich ehrlich sein zu Ihnen?«

»Sind Sie ja eh nicht. Sie sind Polizist. Und ich sag jetzt bewusst nicht ›Bulle‹.«

»Also ein Kompliment?«

»Ja.«

»Und wenn ich doch ehrlich bin?«

»Kann ich auch nichts ändern. Haben Sie was zu rauchen?«

»Nee, leider nicht. Das Laster hatte ich nie. Ich trink dafür lieber einen.«

»Soso, haben Sie denn dann was zu trinken dabei?«

»Nicht hier.«

»Okay, dann lassen wir diesen ganzen Quatsch. Ich geh zurück in meine Zelle, Sie suchen noch ein bisschen das Versteck, und in einem halben Jahr sehen wir uns vor Gericht.«

»Alternativvorschlag?«

»Der wäre?«

»Wir reden von Mann zu Mann«, sagte Reiber, nachdem er aufgestanden war.

»Und dann?«

»Einigen wir uns. Wir stecken beide in der Scheiße, irgendwie. Also, kommen Sie.«

Allwein schwieg. Reiber stand nun vor dem Obdachlosen, die Hände in den Hosentaschen. Er sagte nichts. Es dauerte. Eine lange halbe Minute. Diesmal unterdrückte Reiber seine Ungeduld perfekt. Allweins zittrige Finger umspielten den Kaffeebecher, den er in den Besucherraum mitgebracht hatte. Dann endlich schaute er Reiber ins Gesicht und rang sich durch, etwas zu sagen.

»Gut, aber nicht hier.«

»Sie sind lustig. Sie sind hier in Haft.«

»Hier haben die Wände Ohren. Und es gibt nichts zu trinken.«

»Ich kann Sie nicht rausholen.«

»Können Sie, wenn Sie wollen.«

Reiber schwieg einen Moment, vermittelte Allwein den Eindruck, er würde intensiv nachdenken. Dann sagte er: »Wenn Sie mir helfen …«

»Keine Drohung. Keine Erpressung.«

»Auf ein Bier?«, fragte Reiber nun in kumpelhaftem Ton.

Das war das Schlüsselwort. Allwein schaute Reiber an, innerlich, das ahnte Reiber, freute er sich wie ein kleines Kind. Nach außen zeigte er nur ein kleines Lächeln.

Dass er Allwein wahrscheinlich zu einer Tatortbegehung werde mitnehmen müssen, hatte Reiber wohlweislich den Beamten schon bei seiner Ankunft gesagt. Die waren zwar etwas stutzig gewesen, weil er ohne Begleitung den Gefangenen mitnehmen wollte, aber sie kannten ja Reiber und dessen unorthodoxen Methoden, und sie wussten, dass sie wegen ihm noch nie Ärger bekommen hatten. Deshalb ließen sie Reiber und Allwein ziehen. Allerdings legten sie dem Verdächtigen Handschellen an. Reiber fuhr zielstrebig Richtung Prenzlauer Berg.

»Was Sie da mit mir machen – Ihre Vorgesetzten wissen das aber nicht, oder?«

»Ich leite die Ermittlungen.«

»Sicher, ich mein ja nur, wenn ich mich jetzt aus dem Auto fallen lassen und flüchten würde, hätten Sie ganz schön Scheiße an der Backe …«

»Keine Erpressung, keine Drohung hatten Sie gesagt. Das gilt für beide.«

Allwein lächelte zum zweiten Mal. »Sie sind echt ein komischer Typ«, sagte er.

Es war noch früh am Nachmittag. Reiber durfte mit Allwein auf keinem Fall einer der BI-Mütter oder gar Thaler in die Arme laufen. Deshalb hatte er von zu Hause schon in seiner Lieblingsweinbar »Mauerwinzer« angerufen. Diese war zwar offiziell um diese Zeit noch geschlossen, aber er als guter Kunde durfte schon früher rein. Als er dann gegenüber von Allwein am Tisch saß, merkte Reiber, wie die Anspannung von ihm abfiel. Er hatte sich seinem Gast angepasst und ausnahmsweise keinen Wein, sondern so ein Craft-Beer von Flessa-Bräu geordert.

»Danke fürs Bier, darf ich auch etwas zu Essen bestellen?«, fragte Allwein, der sein Schweigegelübde ganz offenbar aus pragmatischen Gründen abgelegt hatte.

»Selbstverständlich. Und«, Reiber schaute auf Allweins Bierglas, in dem nur noch ein etwa zwei Zentimeter hoher Rest schwappte, »ein Bier wohl auch noch.«

Allwein suchte sich einen Flammkuchen und eine Wurst- und Schinkenplatte aus, Reiber verzichtete auf Essen und konzentrierte sich stattdessen auf die taktisch kluge Gesprächsführung.

»Herr Allwein.«

»Kannst Franz sagen.«

»Okay, ich bin Kurt – allerdings nur für hier und jetzt.«

»Is klar.«

»Also Franz, ich rede erst mal von mir und bin, wie vorhin gesagt, ehrlich zu dir, das ist einfacher als lügen, und vielleicht hilft es ja.«

Allwein nickte.

»Ich sitz in der Tinte, weil wir das Versteck fürs Gewehr von diesem verdammten Mörder noch nicht gefunden haben. Dort gibt es hoffentlich Spuren. Denn, was du nicht weißt und auch gar nicht wissen darfst«, nun legte Allwein, dessen Essen bereits gekommen war, Messer und Gabel hin, schluckte runter und schaute Reiber erwartungsvoll an, »der Typ, der auf La Palma gefasst wurde, das war offenbar nicht der Mörder.«

»Aber das haben doch alle gesagt?«

»Ja klar«, erwiderte Reiber, »mein Chef glaubt das auch. Aber ich bin mir da nicht so sicher. Ganz im Gegenteil, ich glaub nicht, dass der arme Wagenburger und Hausbesetzer ein Killer ist.« Reiber betonte bewusst die Worte *Wagenburger* und *Hausbesetzer* und hoffte damit, Allweins Sympathie für den Festgenommenen anzustacheln.

»So einer ist das?«

»Ja, so ein linker Aussteiger. Der hat kein Alibi, und einiges spricht gegen ihn.«

»Dann bin ich ja fein raus.«

»Das schon, aber er ist dann drin – im Bau. Und womöglich unschuldig. Dabei war es vielleicht doch ein anderer. So ein großkopfertes Arschloch und nicht der kleine Anarchokämpfer.«

»Das sagst du jetzt nur so, um mich weich zu klopfen.«

»Was haben wir gesagt, Franz, ehrlich unter Männern? Also bitte!«

»Krieg ich noch ein Bier und – also – und 'nen Korn oder«, Allwein schaute sich um, das war wohl nicht die Eckkneipe die Korn führte, »oder vielleicht sogar 'nen Obstler?«

»Klar. – Gut, nun kennst du den Hintergrund. Finden wir das Versteck, können wir wohl den Hausbesetzer entlasten und den anderen am Arsch kriegen.«

»Und du kannst deinem Chef eins auswischen. Ich seh doch, wie der Hase läuft.«

»Hast recht.«

Reiber setzte alles auf eine Karte, sagte Allwein mehr, als er jemals einem Verdächtigen hätte sagen dürfen. Er wusste, entweder es klappte, dann war das egal, oder es klappte nicht, und sein Alleingang flog auf, dann wäre sein Schlamassel eh groß.

Während der Biernachschub samt Obstler für Allwein kam, holte Reiber eine zusammengefaltete Karte des Helmholtzplatzes aus der Hosentasche, auf der sämtliche umliegenden Häuser exakt eingezeichnet waren.

»Aber«, fragte Allwein, nachdem er den Obstler gekippt hatte, »was hab ich jetzt davon, das Versteck zu verraten. Wenn ich das denn überhaupt kenne.« Er lachte. »Die Zusage, die ich gefordert habe, kann die Staatsanwaltschaft wohl nicht liefern – was?«

»Ehrlich gesagt, nein. Aber …«

»Siehste.«

»Aber ich werde das natürlich in den Akten vermerken, dass du den entscheidenden Hinweis auf den Mörder gegeben hast, ich werde das auch aussagen, und ich werde mich einsetzen für dich, echt jetzt.«

»Und wenn nicht?«

»Glaubst du, ich hol dich aus dem Knast, um mit dir ein Bier zu trinken, setze meine Karriere, meinen Job aufs Spiel und halt dann nicht mein Wort?«

»Hm, stimmt, bist ein komischer Typ.«

»Eben.«

»Darf ich auch mal 'nen Wein probieren, so 'nen guten?«

»Klar. Und du gehst nachher noch mit uns zum Helmholtzplatz?«

»Mit uns? Wie meinst du das?«

»Ich brauch doch Zeugen, wenn du uns zum Versteck führst. Ist auch für dich wichtig, wir müssen ja beweisen, dass du es warst, der uns das Versteck gezeigt hat. Außerdem brauchen wir gleich die Spurensicherung.«

»Und du haust mich nicht übers Ohr?«

»Wie denn?«

Allwein überlegte. »Okay, aber dann sag ich dir auch erst dort, wo es ist.«

Nun war es an Reiber zu überlegen. Wenn er das, wie es im Polizeijargon hieß, »große Besteck« auffahren ließ und Allwein dann plötzlich einen Rückzieher machte, würde er ganz schön alt aussehen. Aber andererseits war er nun so nah am Ziel, und eine andere Chance hatte er nicht.

»Gut, dann machen wir das so.«

Reiber bestellte für Allwein einen Muskateller von Lergenmüller und für sich einen Syrah von Schreieck. Kurz telefonierte er mit Britta und bat sie, alles schnellstmöglich zu organisieren.

Reiber parkte an der Ecke Lychener und Danziger Straße. Den Rest würde er mit Allwein zu Fuß gehen. An der Ecke Lychener und Raumerstraße wartete Britta auf die beiden. Die anderen Wagen der Kripo hatten ums Eck die Raumerstraße zugeparkt. Noch wusste ja keiner der Beamten, wo das Versteck war.

»Mensch, Kurt, hättest ja mal was sagen können vorher«, begrüßte Britta ihren Chef, sichtlich verärgert über dessen Alleingang.

»Erklär ich später«, sagte Reiber knapp und wandte sich dann zu Allwein: »So, Herr Allwein, nun gehen Sie mal voran, zeigen Sie uns, wo Sie das Gewehr gefunden haben.«

»Ich hab eine Videodokumentationseinheit angefordert«, sagte Britta.

»Mich filmt niemand. Ich zeig das euch, aber nicht der ganzen Welt.« Allwein klang, vielleicht auch wegen des Alkoholkonsums, aggressiv.

»Gut«, sagte Reiber zu Britta gewandt, »muss ja auch nicht sein. Gehen wir doch erst einmal los.«

Es war eine merkwürdige Prozession, die sich nun die Raumerstraße entlang bewegte: Allwein, der Penner, voran, dicht dahinter Reiber im Freizeitlook und Britta im feschen Sommerkleidchen. Danach fünf Mann, Marke typischer Kriminalbeamter mit Poloshirt, Windjacke und je nach Alter mit Oberlippenbart oder gegelter Gockelhahnfrisur, von Spurensicherung und Kriminaltechnik, jeder bepackt mit mindestens einem Alukoffer. Allwein stoppte erst nach der Einmündung der Schliemannstraße.

»Hier, in dem Haus isses«, sagte er.

Es war das Haus, in dem sie auch nach dem letzten Schuss das Gewehr auf dem Dachboden gefunden hatten.

Britta gab das Muschwitz durch, der an der Keithstraße Innendienst schob, um sogleich mit Eigentümer oder Hausverwaltung Kontakt aufnehmen zu können. Ins Treppenhaus zu kommen indes, war kein Problem, dafür genügte die ausrangierte Ec-Karte eines Technikers.

»Is aufm Dach«, sagte Allwein. Und schon setzte sich die Prozession die Treppe hinauf in Bewegung. Nach dem zweiten Treppenabsatz hielt Britta Reiber zurück, um ihm, ohne dass alle mithören konnten, etwas zu sagen.

»Du hast meine Idee verfolgt, hast ihm Alkohol gegeben und ihn gefügig gemacht.«

»Gefügig, du spinnst wohl, ich bin doch nicht schwul.«

»Du weißt genau, wie ich das meine. Es war meine Idee.«

»Stimmt, aber ich hatte zuvor auch schon daran gedacht – außerdem wollte ich dich da nicht mit reinziehen. Wenn das rauskommt, gibt's richtig Ärger.

»Ach Kurt, und ich dachte, wir sind ein Team.«

»Sind wir auch, Britta«, sagte Reiber wenig überzeugend und stapfte weiter Allwein hinterher.

Die Stahltür zum Dachboden war verschlossen. Britta erfuhr von Muschwitz, dass er bislang weder Hausverwalterin noch Hausmeister oder Eigentümer erreicht hatte.

»Egal, wir müssen da rein, das entscheide ich jetzt«, sagte Reiber und fügte mit Blick auf die schwitzenden Kriminaltechniker hinzu: »Also los, Jungs.«

Der starke Akkubohrer brauchte keine Minute, dann war die Tür offen. Reiber ließ Allwein den Vortritt. Dieser kannte sich offensichtlich hier aus und ging zielstrebig über die alten Dielen um den Taubendreck herum zur Giebelwand, an der eine Bockleiter lehnte. Diese holte er und stellte sie – noch immer schweigend – unter eine Dachluke.

»Hier müssen wir durch. Wir müssen aufs Dach«, gab Allwein die Anweisung.

Reiber überlegte kurz, ob Allwein übers Dach würde fliehen wollen, aber er verwarf diesen Gedanken. Wie weit würde Allwein angesichts so vieler Beamten schon kommen. Allwein kletterte zuerst die Leiter hinauf – für sein Alter sehr flink. Reiber folgte, danach die anderen. Reiber versuchte, nicht nach unten zu schauen.

»Und wo isses nun, das Versteck?«, fragte Reiber.

»Nu mal langsam.« Allwein wischte sich den Schweiß mit einem Papiertaschentuch von der geröteten Stirn, auf der dabei ein paar weiße Papierflusel kleben blieben. Sie sahen aus wie kleine Maden auf einer Leiche, dachte Reiber.

»Bin ja kein D-Zug«, fuhr Allwein fort, »is noch ein Stück.«

Allwein zeigte in Richtung Westen auf vier Schornsteine, zu denen eine alte verrostete Eisenleiter hinaufführte. Er ging voran. Reiber dicht hinter ihm, dann kamen mit einigem Abstand – wohl um das Vertrauensverhältnis, das Reiber zu Allwein aufgebaut hatte, nicht zu stören – Britta und die Techniker. Ihre Schritte knirschten auf der von der Sonne erweichten Dachpappe. Als Allwein als Erster bei den Schornsteinen angekommen war, erklomm er flink die Leiter. Reiber riskierte es, den Blick kurz von Allwein abzuwenden und trotz Höhenangst über den Helmholtzplatz schweifen zu lassen. Von hier oben hatte man einen super Überblick. Seine Kollegen hatten hier doch alles abgesucht. Mehrfach. Ohne Erfolg. Daran dachte Reiber, als ihn ein Schrei aus den Gedanken riss. Es war Allwein. Er hatte die oberste Sprosse mit seinem Fuß nicht erwischt, war daneben getreten, hatte das Gleichgewicht verloren, hatte sich nicht schnell genug mit den Händen festhalten können ... wie auch immer, Reiber konnte in Sekundenbruchteilen nur rekonstruieren, was offenbar geschehen war. Als er sich umblickte, sah er den massigen Körper des Penners ihm und der Dachschräge entgegen plumpsen. Ihn aufzufangen, dazu war Reiber zu langsam, und es wäre auch nicht gegangen, Allwein hätte ihn mit in die Tiefe gerissen. Alles, was Reiber blieb, war todesmutig einen Sprung näher zur Kante der Dachschräge zu machen, an deren oberen Ecke Allwein soeben unsanft und laut stöhnend gelandet war, und wo er nun hilflos wie ein Käfer auf dem Rücken lag und im Begriff war hinunterzurollen. Zunächst aber schien sein Körper wie eine Comicfigur, die kurz in der Luft über dem Abgrund verharrt und erst dann in die Tiefe saust, einfach in der Bewegung innezuhalten. In diesem letzten Moment vor dem Absturz erwischte Reiber Allwein am Hosenbund und hielt ihn fest. Er selbst war auf die Knie gesunken, einerseits, um Allwein besser halten zu können, aber auch, um sich angesichts der Höhe sicherer zu fühlen. Schnell waren die anderen Beamten herbeigeklettert. Mit ihrer Hilfe hievte Reiber Allwein, der schon halb auf der Schräge hing, zurück auf das abgeflachte Dach neben die Schornsteine.

»Mein Fuß, mein Fuß!«, jammerte Allwein.

Einer der Kriminaltechniker schob ihm das Hosenbein etwas hoch, und sofort sahen alle, dass der Knöchel stark geschwollen und blau angelaufen war.

»Wir brauchen erst mal einen Rettungswagen«, stellte Britta fest und fragte Allwein: »Haben Sie sonst noch irgendwo Schmerzen?«

»Überall, alles, alles tut weh!«, klagte er.

»Diese Männer! Jetzt mal im Ernst Herr Allwein!«, rügte ihn Britta.

»Ehrlich, alles tut weh, die Schulter, die Arme. Ich kann gar nicht aufstehen.«

»Dann bleiben Sie mal liegen«, entschied Reiber. »Hilfe kommt gleich. Aber inzwischen können Sie mir erklären, was Sie auf der Leiter wollten.«

»Na, Sie wollten doch das Versteck sehen.«

»Da oben?«, fragte Britta, während einer der Techniker bereits die Leiter erklommen hatte und auf Anweisungen von unten wartete. Offenbar hatte er kein Versteck gesehen.

»Wo ist es nun?«, hakte Reiber nach, während Britta neben Allwein kniete und seinen Puls fühlte. Sie schaute Reiber vorwurfsvoll an. Er wusste, wenn nun rauskommen sollte, dass Allwein als gefasster Verdächtiger bei einer Tatortbegehung betrunken von einer Leiter fiel, bedeutete das viel Ärger, ganz viel Ärger für ihn. Britta kramte ein Fishermen's Friend aus ihrer Hosentasche und reichte es Allwein, der offenbar verstand und brav den Mund öffnete. Von Weitem hörte man schon das Martinshorn des Rettungswagens.

»Na da oben, im Schornstein«, sagte Allwein.

»Wie?«, fragte Reiber.

»Ich seh hier nichts«, rief der Techniker von der Leiter.

Das wäre eigentlich eine Vorlage für Allwein gewesen, sich nochmals über die Polizei lustig zu machen. Aber er nutzte sie nicht. Er sagte lediglich: »Im rechten. Schauen Sie in den rechten Schornstein, da ist eine Metallplatte drin, eine Abdeckung, so in einem halben Meter Tiefe. Is schwer ranzukommen, ich weiß …«

Reiber sah, wie sich der Techniker in den Schornstein beugte, der, wie die anderen in dieser Reihe auch, außer Betrieb war, weil das Haus eine moderne Gaszentralheizung hatte, deren Abgase aus einem anderen Schornstein entwichen. Der Techniker verlangte von seinem Kollegen eine Zange und eine Taschenlampe. Eine Weile fuhrwerkte er da oben herum. Allwein sagte nichts mehr, er atmete schwer.

»Das ist ja ein Ding!«, rief der Kriminaltechniker auf der Leiter schließlich, »da hat tatsächlich jemand die Schornstein-Öffnung von oben mit einer schwarzen Platte verschlossen. Das fällt überhaupt nicht auf.«

»Wie sind Sie drauf gekommen?«, wollte Reiber nun von Allwein wissen.

»Das war einer meiner Lieblingsplätze hier oben.«

»Wie meinen Sie das?«

»Naja, der Dachboden ist oft nicht verschlossen. Deswegen war ich öfter hier. Auch im Winter mal zum Schlafen. Und jetzt im Sommer ist es auch toll. Wenn man die Leiter hochklettert, hat man länger Abendsonne als auf dem Dach und man kann den Leuten unten zusehen, das ist wie Leben beobachten in so einer mit Schnee und Wasser gefüllten Glaskugel.« Reiber wunderte sich. Er mochte ja ein »komischer Kommissar« sein, wie Allwein zu ihm gesagt hatte. Der war aber auch ein »komischer Penner«.

»Und?«, fragte Britta, hinter der bereits zwei Sanitäter der Feuerwehr aus der Luke aufs Dach traten.

»Ich saß da oben eben öfter, trank mein Bier, und die Kronkorken ließ ich immer in die Schornsteine fallen. Und bei einem, da machte es dann plötzlich mal pling, da fiel das Ding offenbar nicht weit, da wusste ich, da muss was drin sein.«

»Ist das der Verletzte?«, fragte nun einer der Sanitäter und deutete auf Allwein. Hinter ihm kamen vier uniformierte Polizisten. Weil ein des Mordes Verdächtiger verletzt war, waren sie zur Überwachung der Fahrt ins Krankenhaus mitgekommen.

Reiber nickte. Nun gab es nicht mehr viel zu fragen, den Rest fanden die Kriminaltechniker heraus. Der Täter hatte eine schwarz lackierte Metallplatte mit einer Dichtung an den Seiten angefertigt, die exakt in den Schornstein passte. Darunter hatte er einen Haken in die Innenwand des Schornsteins geschraubt. Was sicherlich einiges handwerkliches Geschick erfordert hatte. Und an dem Haken hatte er dann das Scharfschützengewehr aufgehängt wie einen Aal in der Räucherkammer.

»Der musste dann also vor und nach jedem Mord aufs Dach«, stellte Britta fest, als sie neben Reiber wieder vor dem Haus stand.

»Stimmt, da müsste eigentlich jemand unseren Täter gesehen haben«, meinte Reiber, »andererseits …«, er schaute nach oben und stellte fest, dass er von den vielen Männern da oben auch nur die Sanitäter, die direkt an der Kante neben Allwein standen, sah, »das ist ein abgeflachtes Dach, man sieht da auch jetzt kaum jemanden.«

»Ja aber auf der Leiter des Schornsteins hätte man den Täter doch sehen müssen«, meinte Britta.

»Eigentlich schon. Aber wenn der schnell war, dann hatte er sein Gewehr versteckt, während auf dem Platz noch Panik herrschte und sich alle ums Opfer kümmerten. Bis sich jemand genau umschaute, war der längst weg.«

»Aber er musste einen Schlüssel zum Dachboden besessen haben«, meinte Britta.

»Naja, Allwein sagte ja, der war meistens offen. Trotzdem, drauf verlassen konnte er sich nicht. Stimmt. Und heute war er ja auch verschlossen. Find doch heute Abend mal raus, wer alles ’nen Schlüssel hatte. Sicher kann man die Dinger auch einfach nachmachen.«

»Und du machst dir ’nen gemütlichen Abend im Prater, oder wie?«

»Nein, ich hab noch was zu erledigen.«

Britta lachte vielsagend.

»Dienstlich.«

»Ich dachte, wir sind ein Team?« Britta hörte sich schon wieder eingeschnappt an.

»Britta, das sind wir auch. Versteh mich nicht falsch. Is nicht gegen dich. Ich hab da noch so einen Informanten …«

»Ach, und für den Kleinscheiß, für den bin ich zuständig, ja? Und dann recherchieren wir auch noch heimlich diesem Thaler für dich hinterher. Wo ja eh nichts rauskommt.«

Das saß. »Hast ja recht«, sagte er ein wenig schuldbewusst, »ich erklär dir das später, das ist nicht so …«

»Du meinst, das ist nicht so, wie ich denke. Komm, hör auf, das sagen alle Männer.«

Nun musste Reiber lachen.

EIN TIPP BEIM TEE

Reiber wollte schnell los, weil er merkte, dass er es noch rechtzeitig schaffen könnte zu dem Lokal, in dem Ehab zu Abend aß. Er hatte den Termin zwar auf den darauffolgenden Tag verschoben, aber wahrscheinlich war Ehab ja trotzdem auch an diesem Abend da, und Reiber wollte so schnell wie möglich mehr herausfinden. Er war schon Unter den Linden, als sein Handy vibrierte.

»Sieht gut aus, wir können in dem Versteck wohl DNA-Spuren sichern«, sagte Britta. Reiber hörte, dass sie sehr distanziert klang.

»Bist du sauer?«, fragte er.

»Warum sollte ich?«

»Britta, ich weiß, das mit dem Alleingang mit Allwein, das war nicht okay«, es kostete Reiber Überwindung, das zu sagen.

»Dass du das sagst, das ist nett, Kurt, ich weiß ja …«

»Ach Britta«, unterbrach er sie, »lass uns ein anderes Mal darüber reden, ich bin echt in Eile, aber ein anderes Mal versprochen. Jedenfalls schau, dass du schnell die DNA analysierst bekommst und dann mit Würthe und so vergleichen.«

»Klar, mach ich, könnten ja aber auch Spuren vom Kaminbauer sein.«

»Ja natürlich, oder von der Mitarbeiterin der Fabrik, die die Wattestäbchen herstellte, mit denen unsere Kollegen die Spuren nehmen. Ich weiß, das hatten wir ja alles schon. Trotzdem, vielleicht ist ja Würthe ein Treffer – oder lieber noch Thaler!«

»Wovon träumst du sonst?«

Reiber lachte. »Von dir.«

»Trink weniger, und gute Fahrt.« Britta hatte wieder ihre schnippische Tonlage gefunden. Reiber war erleichtert.

»Kurt! Du wolltest morgen kommen.« Die Stimme von Ehab klang vorwurfsvoll.

»Ja, ich weiß, aber ich war gerade in der Gegend.«

Ehab unterbrach ihn. »Ihr Deutschen seid manchmal zu schnell, ihr müsst euch konzentrieren auf das, was ihr macht, euch Zeit lassen dabei. Du springst hin und her wie ein Hase, aber du solltest stattdessen der erfahrene Jäger sein, einer, der warten kann.«

Einerseits fand es Reiber immer wieder schön, von Ehab so poetisch begrüßt zu werden, andererseits nervte ihn dieses Pseudophilosophische, weil er wusste, es war nur eine Masche, ein Markenzeichen, so wie andere Turnschuhe einer gewissen Marke aus einer bestimmten Retro-Serie trugen. Reiber ließ sich seine Nervosität nicht anmerken.

»Du hast ja so recht, lieber Ehab. Aber wer kann schon aus seiner Haut.«

»Für manche wäre es gut, sie würden probieren, ob sie können. Magst du einen Tee mit uns trinken?« Ehab machte eine einladende Handbewegung und zeigte auf die beiden freien Stühle, die noch an seinem Tisch standen. Er saß lediglich mit dem Mann am Tisch, der am Nachmittag noch sein Kellner gewesen war. Also doch der Leibwächter, dachte Reiber. Er nickte zur Begrüßung und setzte sich.

»Ja, gern trink ich einen Tee.« Reiber wusste, dass es hier, in diesem Lokal an der Sonnenallee, kein Bier gab, überhaupt keinen Alkohol gab es hier. »Und, hast du nachgedacht«, fragte er Ehab.

»Ich denke immer. Ich denke viel.«

»Das ist gut.«

»Ja. Aber du willst nicht wissen, ob ich gedacht habe. Du willst wissen, ob ich jemanden verpfeifen kann. Du bist Polizist, kein Philosoph.«

»Was du nicht alles weißt.«

Nun musste selbst Ehab lächeln.

»Also?«, fragte Reiber und nippte an dem Tee, der ihm von einer jungen Bedienung mit großem Ausschnitt gebracht worden war. Wenn man schon Bier verbot, dachte er, warum dann nicht auch solche Dekolletés verbieten in dieser nicht gerade Genuss fördernden Religion. »Hast du was rausbekommen wegen der …« Reiber sprach nicht weiter. Ehab hatte seinen Finger vor den Mund gelegt, um zu signalisieren, er möge das Wort nicht aussprechen.

»Ich habe mich umgehört für dich, mein Freund.«

»Da bin ich dir sehr verbunden.« Reiber versuchte, sich auf diese Art des Gesprächs einzulassen.

»Gut. Viel kann ich nicht berichten.«

»Das bedeutet aber, du kannst mir *etwas* berichten.«

»Was glaubst du, natürlich, ich kenne mich schließlich aus.«

»Ich weiß, deshalb bin ich dir ja auch so sehr zu Dank verpflichtet.«

»Also das Gerät, dessen Besitzer du suchst, das stammt wohl aus dem ehemaligen Ostblock, wie ihr sagt.« Ehab sprach nicht weiter, wartete einen Moment, bis Reiber genickt hatte, dann erst fuhr er fort. »Es wurde nach dem Balkankrieg von alten Seilschaften – du weißt, was ich meine – angeboten.« Reiber nickte wieder. »Angeboten zum Kauf, du verstehst, an skrupellose Händler, mit denen ich nichts zu tun habe.«

»Natürlich nicht«

Ehab fuhr fort. »Dann wurden die alten Kriegswaffen weiterverkauft. An jeden, in alle Welt.«

»Na das hilft mir ja richtig weiter.«

»Nun sei nicht schon wieder ungeduldig, höre erst einmal zu!«

»Natürlich, entschuldige, ich bin wirklich ungeduldig.«

»Das ist eine deutsche Untugend. Aber wie auch immer. Diese Seilschaften verkauften diese Waffen. Du verstehst. Sie kauften nicht, sie verkauften.«

»Ja und?«

»Nichts und. Niemand hat an solchen Waffen Interesse bei uns. Es waren mal so rechte Wehrgruppen interessiert, aber eigentlich will die Dinger niemand haben. Du kannst deine Tochter damit nicht beschützen.«

»Ach so!« Reibers Ironie war nicht zu überhören.

»Mach dich ruhig lustig, ich weiß, was du meinst, aber du kannst mit diesen Dingern auch keine Bank überfallen, keinen Supermarkt ausrauben. Das sind Langwaffen, Dinger für Profis. Und die echten, die von der Mafia, egal ob Russen oder Italiener, kaufen lieber deutsche Produkte oder von mir aus welche aus den USA. Die mit weniger Geld kaufen so was. Aber nicht hier – in Afrika, in Asien, in Afghanistan, da sind die Dinger beliebt.«

»Ja ich weiß, aber was heißt das?«

»Also, Klartext noch mal. Keiner wusste, dass es von diesen Dingern, die ja in den Export gingen, sozusagen, hier noch welche gibt. Das heißt, fast keiner wusste das.«

»Du meinst, die alten Seilschaften, die das Zeug verkauften, und deren Freunde wussten das noch.«

»Siehst du. Ohne Grund bist du doch nicht bei der Polizei.« Ehab lächelte. »Nur wer weiß, dass es so etwas hier noch gibt, der fragt auch danach. Wer nach einem Scharfschützengewehr fragt, bekommt üblicherweise ein anderes angeboten, ein moderneres, westliches. Aber einer offenbar wollte genauso ein Ding, hab ich gehört zumindest, der kannte sich wohl aus damit von früher. Das ist dein Mann.«

Reiber war beeindruckt. Dieses eine Gespräch hatte die Ermittlungen weiter vorangetrieben als die ganzen Wohnungsdurchsuchungen und Überwachungen. Wenn stimmte, was Ehab sagte, war der Täter einer aus dem Osten. Und kein junger, sondern einer, der schon vor der Wende Verbindungen hatte zur Stasi oder zur Nationalen Volksarmee. Einer von diesen Seilschaften eben. Reiber dachte sofort an Thaler. Nun gab es ein erstes Indiz, das auf ihn als Täter hindeutete.

»Es ist ein älterer Mann, nicht wahr?«, fragte er Ehab.

»Ich weiß nicht. Ich kenne ihn nicht. Aber du kombinierst gut. Ein junger kann es nicht gewesen sein, stimmt.«

»Was weißt du über ihn?«

»Nichts. Mehr, als ich gesagt habe, weiß ich nicht. Aber es dürfte dir helfen, oder?«

»Sicher, sicher. Ich bin dir zu Dank verpflichtet.«

»Ich weiß. Und du weißt, dass uns diese Albaner ein Dorn im Auge sind. Nicht wegen der Mädchen. Aber die verkaufen auch anderes. Und es wäre schön, naja, wenn die mal Probleme bekämen.«

»Du willst deinen Drogenhändlern einen größeren Absatzmarkt verschaffen.«

»Aber wer sagt denn so was, ich möchte dir eines Tages mal einen Tipp geben und ich würde mich freuen, du würdest diesen Tipp von einem rechtschaffenen Bürger an die richtige Stelle weiterleiten und die entsprechenden Maßnahmen einleiten.«

»Ich verstehe.«

»Ich weiß, du bist ein kluger Polizist.«

»Danke.«

»Nun hab ich noch zu tun«, sagte Ehab und verabschiedete Reiber recht abrupt.

Reiber war zufrieden. Zwar konnte er Ehabs Hinweis nicht verwenden, weder in den Ermittlungsakten noch vor Gericht.

Aber dass Würthe nicht der Mörder war, wovon er ja sowieso ausgegangen war, war für ihn nun so gut wie sicher. Und außer Thaler war keiner aus der ehemaligen DDR in diesem Alter verdächtig. Wenngleich, das musste Reiber dann doch zugeben, es womöglich einen ganz anderen Täter geben könnte, auch einen aus der DDR, auch einen Ex-Stasi-Mitarbeiter. Zudem konnte Reiber nicht ausschließen, dass der Waffenkäufer das Gewehr weiterverkauft hat. Dann wäre Ehabs Hinweis fast nutzlos, und wieder käme jeder infrage. Auch musste er damit rechnen, dass Ehab angelogen worden war, oder dass dieser ihn angelogen hatte. Sein Bauchgefühl aber sagte ihm, dass Ehab die Wahrheit sagte. Und dass der Gewehrkäufer auch der Mörder war. Aber vielleicht, gestand Reiber sich ein, wollte er auch nur, dass es so war, weil er damit einen ersten vagen Verdachtsmoment gegen Thaler in der Hand hatte.

Reiber entschloss sich, wie ein Täter zum Tatort zurückzukehren und mit Juliane nochmals eine Runde über den Helmholtzplatz zu spazieren. Noch immer standen dort Blumen, Fotos und rote Grabkerzen an den Orten, an denen die drei Kinder ermordet worden waren. Auch mit Wasserfarben gemalte Bilder lagen auf dem Boden. Reiber blieb stehen. Vor jedem Einzelnen der drei Gedenkorte. Wie unendlich traurig musste es sein, sein Kind zu verlieren. Er selbst hatte keine Kinder, aber er mochte Kinder. Und womöglich würde er eines Tages auch ein Kind haben. Diese strahlenden Augen, diese unbedarften Fragen, diese Neugierde, diese Lebensfreude, die Kinder haben und die ihn immer wieder erfreuten, wenn er mit dem Nachwuchs von Freunden spielte, dies alles hatte der Mörder ausgelöscht. Ob der wusste, was er anrichtete? Reiber fragte sich, welcher Hass einen Menschen treiben musste, um so etwas tun zu können. Zum ersten Mal bei der Ermittlung in diesen Mordfällen hatte er Zeit und war in der Stimmung, einen Moment in sich zu gehen. Und Zeit, einfach nur da zu stehen und traurig zu sein. Bislang hatte er im Hamsterrad der Ermittlungen gestrampelt, hatte keine Gefühle zulassen dürfen, keine Schwäche. Nun wollte er nur mit seinen traurigen Gedanken, die er gar nicht so klar benennen konnte, alleine sein. Juliane verstand ihn. Sie hatte sich neben ihn gesetzt, als er vor dem dritten Gedächtnisaltar stehen geblieben war, und keine Anstalten mehr machte, weiterzugehen. Sie stupste ihn nicht an. Sie schaute nur traurig. Das fiel ihr nicht schwer.

Sein Handy vibrierte und holte Reiber aus seinen Gedanken. Eine SMS von Sandra.

»Na, Herr Kommissar? Alles klar? Jagd zu Ende? Mörder geschnappt? Belohnung verdient? Jedenfalls 'nen schönen Abend.«

Kein »Deine Sandra« stand am Ende, kein Gruß des Sohnes war enthalten, es war, wie Reiber bemerkte, eine schnell getippte SMS, so eine, wie er sie auch gerne versendete, wenn er an jemanden dachte und den Eindruck hatte, er müsse sich mal wieder melden. Trotzdem freute er sich. Er wusste nicht so recht, was er antworten sollte. Er ging erst einmal weiter. Es war nun einer der ersten echten lauen Sommerabende. Außer den Grabkerzen und Blumen erinnerte nichts in dem Kiez an die schrecklichen Taten. Die Menschen, die hier alle jünger waren als in Wilmersdorf oder Charlottenburg, schlenderten durch die Straßen, lachten in den Cafés oder betranken sich in den Cocktailbars. Auch wenn er diesen Gedanken nicht gezielt fasste, so war doch klar, dass es das war, was nun auch er machen wollte. Er war in dieser traurigen Stimmung, in der man sich alleine in eine Bar setzte und einen Manhattan nach dem anderen orderte. Nach einem längeren Spaziergang tat dies Reiber in einer Bar im

Bötzowviertel – in dem Teil des Prenzlauer Bergs, in dem seinem Empfinden nach im Verhältnis zur Einwohnerzahl noch mehr junge Familien wohnten und noch mehr verzogene Kinder auf ein Leben in der neuen urban-bürgerlichen Oberschicht vorbereitet wurden.

Nach seinem vierten Drink, es war längst nach Mitternacht, tippte er Sandra eine Antwort-SMS:

»Der Kommissar nimmer ruht. Gibt ne Ermittlungsflut. Der Mörder ist noch frei. Doch bald machen wir ihn zu Brei. Und dann feiern wier. Mit einem Bier.«

Er erwartete keine Antwort. Nicht um diese Uhrzeit. Außerdem hatte er zu tun. Er schrieb auf Papierservietten, was er als Nächstes unternehmen wollte.

WOHNZIMMER-GEDANKEN VI

Die letzten zwei Tage war er nicht in seiner Stammkneipe »Wohnzimmer« gewesen. Er hatte sich zwar nach dem Streifschuss auf das Kind, nachdem man sein Gewehr gefunden und diesen Obdachlosen festgenommen hatte, vorgenommen weiterzuleben, als sei nichts geschehen. Aber das hatte nicht so ganz geklappt. Er war nervös geworden, fahrig, er hatte ungehalten auf die kleinste Unfreundlichkeit im Supermarkt reagiert, er war gereizt, wenn ihn nur jemand nach dem Weg fragte. Er hatte sich dann erst einmal gepflegt betrunken mit ein paar Flaschen Zweigelt vom Neusiedler See, danach hat er sich selbst ein Alkoholverbot verordnet. Um wieder einen klaren Kopf zu bekommen. Aber auch an dem einen Abend mit klarem Kopf wusste er nicht, was er tun sollte, oder was er hätte besser machen können. Deshalb hatte er beschlossen, das selbst auferlegte Verbot wieder abzulegen.

Nun also holt er sich einen Grauburgunder. Er will trinken. Und das tut er, schnell in hastigen Zügen. Bald schon muss er wieder aufstehen, Nachschub holen. Die zwei Frauen, die einzeln an je einem Nachbartisch sitzen, die eine vor ihrem IPad, die andere vor einer Ausgabe des Wallpaper Magazin, schauen fast synchron auf. Sie missbilligen den frühmittäglichen Alkoholgenuss, er merkt es. Sie führen sicher ein gesünderes Leben, denkt er. Die Sojamilch, die tagtäglich ihren fair gehandelten und koffeinfreien Kaffee zum Cappuccino macht, wird sicher aus Bohnen hergestellt, die zuvor in selbstbestimmten Wohngemeinschaften herumkullern durften und sich dann in einem freien Entscheidungsprozess basisdemokratisch zur Milchherstellung meldeten, malt er sich aus. Trotzdem, ansehnlich sind die beiden Mittdreißigerinnen durchaus. Individueller gekleidet als in München oder Hamburg, Zehlendorf oder Steglitz, stellt er fest, und stilvoller als in Kreuzberg und sicher auch finanziell besser gestellt als ihre artverwandten Kreuzberger Gesinnungsschwestern. Deshalb ist es schon von Vorteil, hier zu leben, denkt er, und prostet sich selbst zu.

Die Tage nach dem Schuss auf die kleine Italienerin waren für ihn alles andere als entspannt gewesen, weil er fürchtete, das gefundene Gewehr könnte trotz all seiner Vorsicht zu ihm führen. Obwohl er ein Verdrängungsmeister war, hatte er davor noch immer Angst. Doch so dilettantisch dieser Penner auch geschossen hatte, und so sehr er sich vor einer Entdeckung fürchtete, so schlecht war der Schuss für ihn dann doch gar nicht gewesen. Er war als Tröster erst in Nicoles Armen und dann in ihrem Bett gelandet. Etwas, das er schon länger wollte. Und etwas, das nach diesem Schuss funktionierte. Warum auch immer. Sie war nach der Tat des Penners so richtig in Panik geraten. Sie hatte eine Schulter zum Anlehnen gesucht – und mehr.

Gerade jetzt musste er daran denken, weil die Frau, die mit dem Rücken zu ihm sitzt, ihren BH-Träger auf der schmalen, leicht milchkaffeebraunen Schulter unter ihrem schwarzen ärmellosen Oberteil zurechtrückte. Es war ein breiter Träger mit maschinell aufgestickten Verzierungen, glänzend schwarzes Garn auf matt schwarzem Untergrund. Genauso einen BH hatte auch Nicole, er hatte ihn gesehen, von ganz nah, als sie ihn umarmte, als sie ihr Gesicht zwischen seinem Hals und seinem Kinn verbarg, er hatte diesen Träger dann zur Seite geschoben, um sie genau auf dieser Stelle ihrer Schulter sanft küssen zu können. Er stellte sich vor, wie die Frau am Nachbartisch wohl reagierte, wenn er das hier täte. Er nahm noch einen Schluck.

Ohne den Schuss des Penners wäre er Nicole nicht so nah gekommen. Aber wie hatte diese nur sein Gewehrversteck finden können? Sicher hatte er es an die Polizei verraten. Ob die inzwischen dort trotz all seiner Vorsichtsmaßnahmen seine DNA isolieren konnte? Er wusste es nicht. Aber wenn ja, beruhigte er sich, wie sollte die Polizei auf ihn kommen? Seine DNA war nirgends gespeichert, zumindest nicht, soweit er wusste. Und als verdächtig galt er ja wohl nicht. Er musste jetzt einfach nur so weiterleben, einfach weitermachen wie immer. Jetzt nur nichts ändern, dachte er. Jede Veränderung könnte die Polizei hellhörig werden lassen.

Andererseits muss er sich nun damit abfinden, dass es vorbei ist. Noch mal wird er sich so ein Gewehr nicht besorgen können. Sein alter Kumpel Dimitrij, den er ja schon seit Armeetagen kennt, würde da wohl auch kein zweites Mal mitmachen. Außerdem hat er sein eigentliches Ziel ja erreicht. Dass er schließlich merkte, wie man durch so eine kleine Bewegung am Abzug richtig Macht spüren kann. Er hätte es nicht geglaubt, wenn es ihm jemand vorher gesagt hätte. Er hätte so jemanden als Spinner bezeichnet. Aber vielleicht war er ja selbst einer. Vielleicht war er ja süchtig geworden nach dieser Macht, diesem Gefühl, die Polizei, den Kiez, die ganze Welt nach seiner Pfeife tanzen lassen zu können. Nun wird sich sein Leben wieder verändern, er wird sich nun keinen Kick mehr durch einen Mord verschaffen können. Nun ist er wieder einer von vielen hier im Kiez, wo alle denken, sie seien etwas Besonderes. Aber die anderen sind es nicht. Er weiß das. Er aber war etwas Besonderes, auch wenn er vor keinem damit hat prahlen können. Nun ist es vorbei.

Er spürt eine Leere in sich, eine Leere, die sich nicht mit Grauburgunder füllen lässt, eine, die danach verlangt, es wieder zu tun. Aber er wird lernen müssen, ohne das zu leben, was ihm zuletzt den größten Kick verschafft hat. Pädophile, das hat er mal in der Zeitung gelesen, müssen auch genau das lernen. Sie können sich nicht umpolen, ihre Neigung nicht negieren, sie können sich selbst nur daran hindern, diese Neigung auszuleben. Zumindest in der Realität. In seinen Träumen könnte auch er weiter morden. Andererseits muss er ja froh sein, überhaupt so davonzukommen, andere Mörder werden geschnappt, lebenslang eingesperrt. Er war da cleverer, ihn haben sie nicht bekommen. Und sie werden ihn auch nicht kriegen. Davon ist er überzeugt.

Er will sich noch einen Grauburgunder holen. Doch die blonde Tresenkraft meint, der sei aus. Aus! Nun ist es auch mit Grauburgunder aus! Es gebe noch Müller-Thurgau, sagt die junge Frau. Sie lächelt ihn an. Unter ihrem engen blauweiß quer gestreiften Shirt sieht man ihr gepunktetes Bikinioberteil durchscheinen. Es wird Sommer in Berlin, denkt er. Das ist schön. Er nimmt nun eben ein Glas Müller-Thurgau. Aber ein schlechtes Omen ist es doch, dass es nun keinen Grauburgunder mehr gibt. Irgendwie fühlt er sich nicht so richtig wohl.

EITLER ALLEINGANG

»Bring den Mörder hinter Schloss und Riegel, dann trinken wir ein Bier – das geb ich dir mit Siegel. Freu mich drauf – nun lass dem Tag seinen Lauf. Ein gutes Mantra – deine Sandra.«

Die SMS wirkte besser als die drei Aspirin, die er bereits geschluckt hatte. Es war spät geworden in der Bar, und es waren zu viele Manhattans gewesen. Er war mit Juliane Taxi gefahren und versuchte, sich gerade daran zu erinnern, wo sein Auto stand. Sein Magen rebellierte. Selbst der Espresso schmeckte ihm nicht. Dann aber war diese SMS gekommen! Von Sandra! Sie versetzte ihm regelrecht einen Energieschub. Er suchte das neu gekaufte schwarze Hemd aus dem Schrank und zog es zu den Jeans an, von denen Anna immer behauptet hatte, sein Po sehe darin sexy aus. Dann schlüpfte er in die saubersten schwarzen Schuhe, die er fand. Vielleicht, dachte er, könnte der Tag ja bei einem spontanen Feierabendbier mit Sandra ausklingen. Er würde jedenfalls einiges dafür tun. Dabei war er schon lange genug Kommissar, um zu wissen, dass das vollkommen unrealistisch war.

In der Sokobesprechung erwähnte Reiber, dass es Hinweise gebe – anonyme, wie er es formulierte – dass ein ehemaliger Stasi-Mitarbeiter ein Scharfschützengewehr vom Typ Dragunow gekauft haben soll.

»Glaubst du jetzt, alte Seilschaften stecken dahinter, die sich an der westlichen Welt rächen wollen, so wie das diese Paranoikerin Scheible-Meinhorst vermutet hat?«, fragte Muschwitz verwundert.

Reiber ließ sich nicht provozieren. »Wir haben diesen Hinweis, mehr habe ich nicht gesagt. Wir werden diesem Hinweis nachgehen wie jedem anderen auch. Wir können es uns in der derzeitigen Lage nicht erlauben, ihn etwas einfach zu ignorieren.«

»Würthe war ja sicher nicht bei der Stasi gewesen. Wie geht es ihm eigentlich?«, wollte Britta wissen.

»Der Festgenommene hat sein Bewusstsein wieder erlangt, allerdings bestreitet er, wie uns Gerd übermittelte, die Tötungsdelikte begangen zu haben. Lediglich was die Erpressung angeht, zeigt sich Würthe geständig. Sobald ihm die Ärzte Transportfähigkeit bescheinigen, werden wir die Überstellung nach Berlin vornehmen«, sagte Dieter.

»Naja, glauben muss man das ja nicht, dass er mit den Morden nichts zu tun hat«, warf Britta ein.

»Das nicht, aber es wird schwer sein, ihm einen Mord zu beweisen«, sagte Reiber.

»Wer weiß, wir warten schon auf die Kuriersendung mit der Speichelprobe von Würthe aus La Palma, damit wir diese mit der DNA aus dem Kamin vergleichen können.«

»Und was ist mit der anderen Spur?«

»Womit?«, fragte Britta

»Na das Papiertaschentuch!«, sagte Reiber.

»Ach so, sorry, das sagte ich noch nicht, da kam heute Morgen das Ergebnis. Es ist DNA von Allwein dran an dem Tempo. Der hat sich wohl auf dem Dachboden mal einen von der Palme gewedelt, war ja wohl öfter dort.«

»Okay, das können wir also vergessen«, meinte Reiber. »Dann überprüfen wir mal alle, die irgendetwas mit den Morden zu tun haben könnten, nach irgendwelchen Stasi- oder NVA-Kontakten in ihrer Vergangenheit.«

»Du wolltest damit sagen, das ist der Arbeitsauftrag für uns, wenn ich das richtig verstehe. Und du?«, präzisierte Dieter.

»Ich werde heute mal Herrn Thaler besuchen«, erwiderte Reiber.

»Aber du glaubst doch nicht im Ernst …«, warf Muschwitz ein.

»Glauben nicht, aber ich denke, es ist angesichts der neuen Hinweise an der Zeit, mal mit ihm zu reden. Alt genug wäre er ja, um so eine Vergangenheit zu haben.«

Dass er bereits mit ziemlicher Sicherheit wusste, dass Thaler bei der Stasi gewesen war, erwähnte Reiber nicht. Es waren genau diese Alleingänge, die früher oder später immer bekannt wurden und die ihm Ärger im Kollegenkreis einbrachten. Aber Reiber änderte sich nicht mehr. Er war eben einer, der vieles lieber alleine machte und mit keinem teilte.

Er hatte sie sich anders vorgestellt. Reiber hätte nicht gedacht, dass die Wohnung von Thaler so geschmackvoll eingerichtet war. Er hätte einen Wohnzimmerschrank, dunkelbraun, erwartet. Oder auch geblümte Sessel. Und dazu gemusterte Tapeten. Und Familienfotos an den Wänden. Aber so war es nicht. Zumindest der Teil der Wohnung, den Reiber sah, nachdem Thaler ihn hereingebeten hatte, war das genaue Gegenteil davon. Möbel, Teppiche und Bilder sahen aus, als stammten sie aus dem Katalog eines nicht gerade billigen Möbelhauses. Womöglich, überlegte Reiber, hatte Thaler tatsächlich die Einrichtung einem Innenarchitekten überlassen. Er selber, da war sich Reiber sicher, hatte gewiss nicht so einen guten Geschmack.

»Sie haben es schön hier, sehr geschmackvoll eingerichtet«, sagte Reiber, nachdem ihm Thaler einen Platz auf der cremefarbenen Ledercouch angeboten hatte.

»Danke, freut mich, dass es Ihnen gefällt«, Thaler blieb in Körperhaltung und Tonlage distanziert.

»Ja, Sie gehen mit der Zeit, das sieht man.«

»Wie meinen Sie?«

»Naja, die Möbel hier, also wenn ich das so formulieren darf, sind ja nicht gerade das, was man von einem alleinlebenden Mann in Ihrem Alter erwartet.«

»Sie meinen, ein alter Sack darf keinen Geschmack haben, was?«

»Nein, so war das nicht gemeint. Ich finde das super.«

»Super«, wiederholte Thaler in verächtlichem Ton, und Reiber merkte, was Thaler von solch einer Ausdrucksweise und wohl auch von ihm hielt. »Aber Sie sind sicher nicht gekommen, weil Sie sich für Innenarchitektur interessieren.«

»Stimmt«, gab Reiber zu und sprach erst mal nicht weiter. Er wusste nicht so recht, wie er anfangen sollte, zumal er sich gar keine Strategie zurecht gelegt hatte. Er ging oft so vor. Einfach mal mit Verdächtigen oder Zeugen reden, mal schauen, wo das Gespräch so hinführte, und ob man es in die gewünschte Richtung steuern konnte.

»Und?«, fragte Thaler in die Gesprächspause hinein, »warum sind Sie nun da? Ich habe nicht ewig Zeit.«

»Sie sind immer noch sehr engagiert für die Bürgerinitiative?«, fragte Reiber.

»Haben Sie was dagegen? Sie sind es ja, der mich dazu bringt, weil Sie den Mörder noch immer nicht haben. Oder etwa doch? Und würden Ihre Beamten besser aufpassen, und hätten Sie rechtzeitig den Platz gesperrt, könnten zwei Kinder noch leben.« Thaler war in seinem Element, er sprach immer aufgeregter, bis ihn Reiber unterbrach.

»Herr Thaler, das mögen Sie so sehen. Ich sehe das anders. Und mit Ihnen möchte ich nicht darüber diskutieren.«

»Wenn man die Arbeit der Polizei kritisiert, lassen Sie einen nicht ausreden, und darüber sprechen möchten Sie nicht. Eine interessante Auffassung von Demokratie haben Sie, das muss ich schon sagen.«

Reiber und Thaler saßen sich auf den beiden cremefarbenen Ledersofas wie Kontrahenten gegenüber.

»Das sagen gerade Sie?« Reiber war übermüdet, und an solchen Tagen büßte er meist ein gehöriges Stück der ihm sonst eigenen Gelassenheit ein. Außerdem mochte er Thaler nicht, das führte bei ihm regelmäßig zu Überreaktionen. »Sie berufen sich auf unsere Demokratie und unseren Rechtsstaat – gerade Sie? Herr Thaler, waren Sie es nicht, der für die Stasi arbeitete? Waren Sie es nicht, der für die DDR schnüffelte? Für diesen Unrechtsstaat mit all seinen Spitzeln und Mauerschützen, mit Bautzen und Hohenschönhausen?«

Das saß. Thaler verschlug es einen Moment lang die Sprache. Dann aber holte er mit gewählten Worten zum Gegenschlag aus: »Herr Reiber, das muss ich mir nicht bieten lassen. Wie kommen Sie überhaupt darauf? Ich warne Sie, ich werde juristisch gegen Sie vorgehen. Sie haben nicht den geringsten Beweis für diese haltlose ehrenrührige Behauptung, die eine üble Nachrede darstellt. Das wird Sie teuer zu stehen kommen!«

»Kein Wort werde ich zurücknehmen, Herr Thaler«, Reiber echauffierte sich, das war nicht gut, »Sie bauen sich hier mit schicken Möbeln und mit was weiß ich was für Geld eine neue Existenz auf und wollen sich von der Vergangenheit freikaufen, aber so einfach ist das nicht. Ich werde mir den Mund nicht verbieten lassen.«

»Wie Sie meinen.« Thaler kochte innerlich. Da war sich Reiber sicher. Immerhin ein Punktsieg für ihn. Äußerlich aber war er ruhig.

»Ich meine, es wäre an der Zeit, dass Sie Ihren Vorsitz der Bürgerinitiative abgeben, zu Ihrer Vergangenheit stehen und reinen Tisch machen.«

»Ha, genau das würde ich Ihnen empfehlen. –Treten Sie ab! Grund haben Sie ja genug. Nach all den Ermittlungspannen, einem erschossenen Unschuldigen und drei toten Kindern wagen Sie es, mir Ratschläge zu geben. Hier unter vier Augen greifen Sie mich an. Das ist auch noch feige. Trauen Sie sich doch, sagen Sie es mir in der Öffentlichkeit, vor Publikum. Aber dann müssen Sie auch die Reaktionen aushalten. Dazu fehlt Ihnen der Schneid. Deshalb kommen Sie hier so heimlich, still und leise zu mir! Sagen Sie doch öffentlich, was Sie gegen mich und gegen die BI haben! Stehen Sie zu Ihrem Wort! Dann müssen Sie aber auch ertragen, was ich zu sagen habe – über Sie, über die Polizei und Ihr Versagen! Und dann werden Sie ganz klein werden, weil Sie mir nichts, aber auch gar nichts werden nachweisen können! Nie war ich bei der Stasi. Und wer etwas anderes behauptet, der wird platt gemacht. Verstehen Sie? Da können Sie einpacken, sag ich Ihnen!«

Desto mehr sich Thaler in Rage redete, desto mehr gewann Reiber seine Gelassenheit zurück.

»Ganz wie Sie wollen«, sagte Reiber. Er merkte, dass er Thaler erfolgreich provoziert hatte. Das war gut. Einer, der aufbrauste, machte Fehler.

»Wollen Sie denn? Wollen Sie wirklich?« Thaler schrie die Frage fast.

Was genau er damit meinte, verstand Reiber nicht so ganz, aber er antwortete dennoch: »Gerne, Herr Thaler, gerne, ganz wie Sie wollen.«

»Ha! Wenn Sie wüssten, was Sie sich da antun. Aber gut! Wissen Sie, ich bin morgen bei ›Tacheles‹ eingeladen, dieser Talkshow im Fernsehen. Kennen Sie ja, oder? Kommen Sie doch einfach mit, trauen Sie sich mal was! Vertreten Sie doch die Polizei, erklären Sie den trauernden Müttern und Vätern, weshalb ihre Kinder haben sterben müssen!« Thaler schien außer sich vor Erregung.

Reiber gefiel das. Er kannte die Sendung, mochte sie aber

nicht. Mirjam war die Moderatorin, sie hatte mal mit ihm studiert. Die würde ihm sicher helfen. Dann könnte er Thaler weiter in die Enge treiben, ihn irgendwie zu fassen kriegen. Wie genau, wusste er noch nicht. Aber dafür war ja noch ein bisschen Zeit, jetzt musste er erst einmal Thaler in dessen Plan bestärken.

»Gut, wenn Sie wollen, machen wir das so. Kümmern Sie sich freundlicherweise darum, dass ich eingeladen werde. Ich kümmere mich um die Genehmigung des Polizeipräsidenten, dass ich an der Sendung teilnehmen darf«, sagte Reiber so konziliant er konnte.

»Aber gerne mach ich das. Dann können Sie Ihrem Chef gleich mal sagen, dass er sich 'nen neuen Kommissar suchen kann. Diese Sendung wird Ihre Karriere beenden. Das Publikum wird kein gutes Haar an Ihnen lassen.«

Reiber unterdrückte den Impuls zu sagen, dass die Sendung womöglich weniger das Ende seiner Karriere sein werde, sondern wohl eher das Ende von Thalers Leben in Freiheit – wenn er es denn schaffen sollte, Thaler dranzukriegen. »Gut, gut«, war aber alles, was Reiber sagte.

»Einverstanden. Aber sagen Sie, warum kamen Sie nun eigentlich zu mir?« Thaler hatte sich wieder einigermaßen beruhigt, sprach etwas leiser.

»Ach, das hat sich sozusagen erledigt, ich wollte nur mal schauen, wie es so geht mit der Bürgerinitiative.«

»Das muss ich aber jetzt nicht glauben, oder? Danach haben Sie ja gar nicht gefragt.

»Doch, doch …«, Reiber versuchte dagegen zu halten, wurde aber von Thaler unterbrochen.

»Ist ja egal.« Thaler fühlte sich auf der Gewinnerseite, und das war Reiber nur recht. »Wir können ja morgen darüber reden. Vor laufenden Fernsehkameras.«

»Ja klar, gern.« Mit diesen Worten stand Reiber auf, gab

Thaler seine Visitenkarte. »Der Sender kann sich dann ja bei mir melden, wann und wo die Talkshow beginnt.«

Reiber war ein wenig verwirrt. So genau wusste er gar nicht, wie es dazu gekommen war, dass er sich nun mit Thaler vor laufenden Fernsehkameras einen Schlagabtausch liefern sollte. Ein Wort hatte das andere ergeben. Noch wusste er auch nicht, was das für die Ermittlungen bringen sollte. Aber er hatte so ein Bauchgefühl, dass es dabei wohl gelingen könnte, den eitlen Fatzke Thaler in die Enge zu treiben, er musste nur noch überlegen, wie. Und er brauchte erst mal eine Genehmigung, damit er in dieser Talkshow auftreten durfte. Etwas, was er noch nie gewollt und auch noch nie gemacht hatte.

Er hatte direkt vor Thalers Haus geparkt, wollte aber noch nicht gleich zurück ins Kommissariat. Er befreite zunächst die im Fußraum vor dem Vordersitz zusammengerollte Juliane, schlenderte mit ihr ein bisschen durch den Kiez und arbeitete gedanklich an der Strategie für die Talkshow. Eine Idee hatte er schnell. Aber ob die funktionieren würde? Er musste mal testen, wie diese Idee ankam. Er wählte Brittas Nummer. Sie könnte seinen Plan beurteilen. Außerdem musste er sich bei ihr noch entschuldigen für all seine Alleingänge.

»Na, schön in der Sonne?« Reiber hörte schon an Brittas Tonfall, dass sie noch immer nicht allzu gut auf ihn zu sprechen war.

»Ja super, ich wollte fragen, ob du mir ’nen Sixpack Rothaus und Sonnencreme vorbeibringen kannst.«

»Sehr lustig! Wir wühlen uns hier durch die Namen aller, die wir je vernommen haben und aller Mieter und Wohnungseigentümer am Helmholtzplatz, um auf irgendeine Stasi-Verbindung zu kommen, und du machst wie immer dumme Witze.«

»Okay, okay. Nun mal im Ernst. Ich war gerade bei Thaler.«

»Und, hast du DNA mitgebracht von ihm?« Reiber fiel es in diesem Moment wieder ein, dass sie ihm das aufgetragen hatte. Er hatte es vergessen. Gerichtsverwertbar wäre so eine heimlich genommene Probe sowieso nicht gewesen. Trotzdem, er hätte es tun sollen.

»Nein …«

»Na super.«

»Aber was Besseres hab ich mitgebracht. Hab sozusagen ein Duell ausgemacht.«

»Wer mit wem?«

»Er mit mir.«

»Und wer wählt die Waffen?«

»Du. Ich hätte gern, dass du mein Sekundant bist.«

»Kurt bitte, hast du was getrunken?«

»Nein, im Ernst. Ich erklär dir das. Das könnte eine Chance sein. Ich hab da so eine Idee. Ich lad dich auch ein. Wollen wir uns im ›Prater‹ treffen?«

»Im ›Prater‹?«

»Ja, ich hab jetzt keine Lust auf Büro. Und wir müssen ein bisschen kreativ sein.«

»Und du meinst, das geht bei Bier besser?«

»Ja. Und es ist ja schon Viertel vor zwölf. Bis du da bist, haben die offen. Also?«

»Okay.«

Als er in die Kastanienallee einbog, sah er schon, dass Britta leicht verbotswidrig den Dienstpassat schräg in eine Lücke vor dem Fahrradladen gequetscht hatte, sodass die Straßenbahn gerade noch vorbeikam. Sie hatte dunkelblaue kurze Hosen mit Nadelstreifen und Bügelfalte an, darunter Nylonstrümpfe, dazu ein weißes tailliertes Oberteil. Solche Kleidung war ungewohnt an ihr, das war ihm schon bei der Besprechung am Morgen aufgefallen.

»Schick, schick«, mit diesen Worten kam Reiber auf sie zu.

»Sehr lustig. Ich muss nachher noch zur Bank.«

Reiber verkniff sich eine weitere blöde Bemerkung und fragte nicht, ob sie dort ein Vorstellungsgespräch hatte.

»Danke, dass du gekommen bist.«

Britta nickte. Sie gingen die paar Schritte zum »Prater« schweigend nebeneinander her und teilten sich dann vor den Ständen auf – Reiber stand für Kristallweizen an, das auch Britta mochte, und Britta organisierte Krakauer mit Brötchen. Nach dem zweiten Bissen und dritten Schluck kam Reiber zur Sache und berichtete kurz von dem Gespräch mit Thaler.

»Und wie kamt ihr auf die Idee mit der Talkshow?«, wollte Britta wissen.

»Weiß auch nicht so recht. Hab ich mir im Nachhinein auch überlegt. Irgendwie gerieten wir aneinander.«

»Ist bei dir ja kein Problem…«

»… und dann kam er mit der Idee, sich in der Show zu streiten, keine Ahnung, ob er schon vorher vorhatte, das zu sagen. Aber ich fand die Idee spontan irgendwie gut, vor allem, weil mir ja einfiel, dass ich ja Mirjam kenne.«

»Wen?«

»Na die Moderatorin der Sendung. Die hat mit mir studiert.«

»Und jetzt willst du der imponieren?«

»Ach was.«

»Was dann? Etwa Thaler vor laufenden Kameras zur Strecke bringen? Denkst du denn wirklich, dass er es war?«.

»Also Würthe war es ja wohl nicht, oder was sagt die DNA?«

»Das Ergebnis haben wir noch nicht«, erklärte Britta.

»Okay. Ich glaub jedenfalls nicht, dass der es war. Und die anderen Verdächtigen, die Väter oder Freunde oder wer auch immer was mit den anderen Opfern zu tun hatte, die können wir doch vergessen, oder seid ihr auf etwas gestoßen heute?«

Britta schüttelte den Kopf.

»Und einen anderen haben wir nicht. Außerdem«, Reiber machte eine Pause, »war Thaler bei der Stasi. Vor allem aber mag ich den nicht. Der ist nicht astrein.«

»Das alleine genügt nicht. Kurt bitte, verrenn dich nicht. Es könnte immer noch einen ganz anderen Täter geben, den wir gar nicht auf dem Schirm haben. Und warum soll denn ausgerechnet Thaler die Kinder umgebracht haben?«

»Naja, den Felix, denk ich, den hat er vielleicht wegen der Erpressung umgebracht. Er wollte es dem Kühle heimzahlen.«

»Das ist aber schon ein bisschen verquer gedacht, findest du nicht?«

»Naja, normal ist es nie, jemanden umzubringen.«

»Hast du Thaler gesagt, dass du von der Erpressung weißt?«

»Nein, das sollten wir uns aufheben bis zum Schluss.«

»Okay. Aber er hat ja, falls er es war, nicht nur Felix umgebracht«, warf Britta ein.

»Stimmt. Durch den Tod der anderen Kinder hatte er keinen ersichtlichen Vorteil. Da ist es ihm womöglich einfach zu Kopf gestiegen, hat ihm Spaß gemacht, vielleicht hat er da noch mal seinen Hass auf die Gesellschaft ausgelebt oder so …«

»Kurt! Bitte, Spaß gemacht! Was redest du denn da!«

»Kann doch sein, oder?«

»Aber in seiner Wohnung haben wir nichts gefunden, die wurde nach jedem Mord routinemäßig durchsucht …«

»… und die ist schick eingerichtet«, fügte Reiber mit vollem Mund an.

»Stimmt, ist mir auch aufgefallen.«

»Also was hast du nun vor?«, fragte Britta. Sie nahm den letzten Schluck aus ihrem Glas.

»Ich hol noch eines, dann sag ich es dir.«

Reiber stand, ohne auf eine Antwort von Britta zu warten, auf und kam mit zwei frischen Kristallweizen zurück. Er nahm sofort das Gespräch wieder auf.

»Wir müssen Thaler in eine Falle tappen lassen. Der ist total eitel, für den ist das wie Ostern und Weihnachten zusammen, mir in der Öffentlichkeit eins auswischen zu können. Da denkt der nicht mehr klar, da bin ich mir sicher, so wie ich den heute erlebt habe. Der ist nur drauf aus, gut da zu stehen. Ein schrecklicher Besserwisser.«

»Stimmt, ein Besserossi, das haben wir ja bei seinen Interviews als BI-Typ gesehen«, bestätigte Britta. »Hast du was mit der Stasi-Vergangenheit vor? Da solltest du aufpassen, der Schuss könnte nach hinten losgehen. Dieter sagt, da ist nichts zu belegen.«

»Ja, das mit der Stasi ist keine gute Idee, das kann schnell vor Gericht enden. Und ich muss mir den Talkshow-Auftritt ja eh noch genehmigen lassen. Ich denk eher, wir kriegen ihn mit seiner Besserwisserei.«

»Wenn wir ihn da packen können, gute Idee ... Also wenn wir ihn dazu bringen können, dass er Täterwissen preisgibt, weil er was besser wissen will, dann haben wir ihn. Hast recht, 'ne coole Strategie«, meinte Britta.

Reiber war einerseits überrascht, dass sie so schnell seinen Plan durchschaute, andererseits freute er sich. »Ganz deiner Meinung, Britta, so machen wir das.«

»Nun müssen wir nur noch überlegen, was allein der Täter gewusst haben kann außer dem Versteck?«

»Das ist die Frage«, sagte Reiber und Britta merkte, dass er längst wusste, auf was er hinaus wollte. »Das Versteck, das haben wir zwar nicht veröffentlichen lassen, aber Allwein hat es gewusst, bei der Spurensicherung waren einige dabei, dann diese Rettungsaktion, das weiß jetzt sicher die ganze Feuerwehr, und alle Polizeireporter wissen es auch.«

»Stimmt. Aber das Gewehr?«, fragte Britta.

»Ich glaube, das ist auch längst rum. Das ist zu unsicher, selbst Würthe hat ja das Kaliber gekannt, wahrscheinlich weil sich einer von uns bei der Wagenburg-Durchsuchung verquatscht hat. Das könnte genauso gut auch Thaler als BI-Chef von irgendeinem Kollegen erzählt bekommen haben.«

»Also verrate mir halt deine Idee, ich weiß ja längst, dass du auf was Bestimmtes abzielst«, sagte Britta, die nun langsam ungeduldig wurde.

»Du hast recht, ich hab mir etwas überlegt, ich weiß ja nicht, ob es Quatsch ist, aber es ist das Einzige, was mir zu Täterwissen eingefallen ist.«

»Schieß los!«

»Anton, unser drittes Opfer, der hatte so ein komisches T-Shirt an.«

»Weiß ich nicht mehr.«

»Ist mir aufgefallen, weil da so eine französische Bulldogge draufgedruckt war.«

»Der Mops-Liebhaber!« Britta lachte.

Fast hätte Reiber wie Dieter »Bingo« gesagt. »Genau das. Das isses. Ich sag Bulldogge, du denkst Mops.«

»Wie jetzt?«

»Also der Reihe nach. Das T-Shirt bekam Anton von seinem Vater geschenkt. Der hatte es machen lassen – hatte die Fotos selbst aufgenommen. Dann ließ er den Kopf der Bulldogge auf den Rücken drucken und das Hinterteil vorne aufs T-Shirt.«

»Komisch.«

»Ja, aber das ist nicht der Punkt. Der Täter hat Anton ja in den Rücken geschossen. Also muss er das Gesicht der Bulldogge ganz groß im Zielfernrohr gesehen haben. Das dachte ich damals schon, hab noch mit Cordula überlegt, ob es wohl ein Hundehasser war.«

»Du und dein Humor …«

»Egal, aber versteh doch, der Täter hatte beim Schießen die Bulldogge direkt vor Augen. Ganz groß. Das kann der nicht vergessen haben.«

»Schon, aber was ist nun mit Mops und Bulldogge? Und dass Anton so ein komisches T-Shirt anhatte, wusste doch sicher jeder. Das ist ja nicht gerade das Täterwissen, das wir brauchen.«

»Doch, eben schon.«

»Warum?«

»Ach so, hab ich noch gar nicht gesagt, entschuldige. Das mit Mops und Bulldogge erklär ich gleich. Erst mal das Wichtigste: Der Vater hatte Anton das T-Shirt am Abend vor dem Mord geschenkt. Anton hat es dann an dem Vormittag, als er mit seiner Mutter zum Einkaufen ging, zum ersten Mal angezogen. Und er hatte zunächst eine Jacke darüber. Und diese Jacke hat er erst kurz vor dem Schuss ausgezogen.«

»Naja, aber irgendwelche Passanten auf der Straße könnten das Shirt trotzdem gesehen haben.«

»Ach komm«, unterbrach Reiber Britta, »jetzt mach es nicht noch komplizierter. Wenn Thaler sagt, er hat das Bild gesehen, dann ist er unser Mann, ist doch klar.«

»Und du willst in der Sendung nun fragen: Herr Thaler, erinnern Sie sich an das Motiv auf dem T-Shirt des dritten Mordopfers?«

»Blödsinn, so nicht. Aber vielleicht tappt er in die Falle, wenn man es geschickt anstellt.«

»Und dann lässt du ihn vor laufender Kamera festnehmen?«

»Nee, das nicht. Das alleine reicht ja nicht aus.«

»Immerhin wäre es ein begründeter dringender Tatverdacht, wir könnten ihn festnehmen und dann offiziell eine Speichelprobe anordnen.«

»Du kennst mich doch«, warf Reiber ein.

Britta nickte, sie wusste genau, Reiber war als Kommissionschef einer, der, wenn irgend möglich, den Täter mit der guten alten Kombinationsgabe stellen und dann zu einem Geständnis bringen wollte. Jemanden alleine mit einer DNA-Spur zu überführen, war seine Sache nicht, das war für ihn nur der letzte Ausweg.

»Du bist einfach unverbesserlich. Willst ja doch ein Duell.«

»Nee, wenn ich ihn in der Sendung dazu bringe zu sagen, er kennt das T-Shirt, genügt mir das. Dann haben wir ihn doch in der Tasche. Nur für Einschaltquoten müssen wir da nicht Verhör spielen. Das schaffen wir hinterher eleganter.«

»Wenn du meinst – und was hat es nun mit Mops und Bulldogge auf sich?«

»Genau, das ist der Knackpunkt. Der Thaler ist doch so ein Besserwisser, und die französischen Bulldoggen werden ja immer wieder mit Möpsen verwechselt und wenn ich da drauf rum reite, müsste das klappen, mit Mirjams Hilfe.«

»Ach, die Ex-Kommilitonin, da schuldest du mir eh noch ein paar Erklärungen zu deinem Soziologiestudium, zu deinem großen Geheimnis. Hast ja sicher nicht nur gemacht, um Mädels kennenzulernen, die jetzt beim Fernsehen sind.«

»Komm, jetzt geht es erst mal um Thaler. Wenn ich Mirjam dazu bringe, viel über den toten Anton zu erzählen … Also wenn wir sagen, seine große Liebe waren Möpse und so, vielleicht sagt Thaler dann ja, dass er doch keine Möpse, sondern Bulldoggen liebte, weil er so eine auf dem T-Shirt gesehen hat.«

»Ist ja superduper einfach. Müssen jetzt nur alle brav mitspielen wie im ersten Semester der Fachhochschule der Polizei. Du glaubst ja nicht im Ernst, dass das klappt. Woher willst wissen, dass der Thaler diese Viecher unterscheiden kann?«

»Wir müssen es probieren. Außerdem hab ich vorhin bei ihm zu Hause dieses Loriot-Buch im Regal gesehen: »Möpse und Menschen« oder so.«

»Ich sag's noch mal: Du willst dich doch duellieren!«

»Ach was«, sagte Reiber, aber es klang nicht sehr überzeugend.

»Männer eben«, Britta lachte.

»Das ist das passende Stichwort. Männer werden ja auch weich, wenn es um ihre Enkel geht. Der Thaler hat eine Enkelin, aber in der ganzen Wohnung hab ich kein einziges Foto von ihr gesehen. Du etwa?«

»Nee, ist mir keines aufgefallen.«

»Der Kühle sagte, dass Thalers Tochter mit ihm gebrochen hat und er noch nie seine Enkelin sehen durfte.«

»Ach?«

»Ja, hab ich wohl vergessen, dir zu sagen. Jedenfalls sollten wir schleunigst mit der Tochter reden, bevor ich morgen vor der Kamera stehe.«

»Du bist ja wirklich ein ganz prima Teamspieler, erst alles allein machen wollen, dann die Hälfte vergessen und schließlich um Hilfe betteln.«

»Naja.« Reiber hob sein Glas, sie stießen an. Britta lächelte versöhnt. Juliane, für die Reiber zuvor noch ein Schälchen Wasser mitgebracht hatte, stupste ihn gegen das Schienbein. In solchen Situation liebte Reiber seinen Job. Er hatte ein gutes Gefühl. Er würde Thaler in die Ecke drängen und drankriegen. Aber vielleicht waren ja auch nur die zwei Kristall an seiner guten Laune schuld.

Reiber hatte Britta vor dem »Prater« verabschiedet und ihr aufgetragen, doch gleich nach Thalers Tochter zu forschen. Er war mit Juliane auf dem Weg zurück zur Raumerstraße, wo sein Auto parkte, als sein Handy mitten auf der Schönhauser Allee vibrierte. Es war Mirjam.

»Dass du zu uns in die Sendung willst, Mensch Kurt, das is ja was. Als mir das gerade eine Redakteurin sagte, sagte ich gleich, ich ruf den selber an. Wir haben uns ja ewig nicht gesehen. Immer wieder will ich jemanden von eurem Verein einladen. Und jetzt klappt es endlich mal, Mensch, ich find das klasse. Den Thaler, den haben wir ja schon längst eingeladen. Und nun kommst du auch noch. Prima. Ihr steht ja auf einer Seite und könnt euch sicher unterstützen.«

Mirjam hörte gar nicht mehr auf zu reden. Sie hatte den richtigen Beruf ergriffen, dachte Reiber, vielleicht ein bisschen weniger »Mensch« als Füllwort und ab und an dem Gesprächspartner Zeit für eine Antwort lassen, sonst aber machte sie ihre Sache ganz gut.

»Mirjam, ich freu mich auch. Ich kann dir auch alles erklären.«

»Musst du nicht, musst mir doch nichts erklären, freu mich doch, wenn du kommst. Wir sehen uns morgen, die Aufzeichnung beginnt um zehn. Wir machen das im ›Prater‹. Ach Mensch, kennst ja sicher, muss ich dir nicht erklären. Klar, um zehn ist die Gaststätte noch zu, aber die Location hat eine bessere Atmo als ein Studio, du weißt, ach Mensch, Kurt, wir können ja hinterher vielleicht noch, was meinst du …«

»Halt, halt«, er unterbrach Mirjam, »nicht so schnell!«

»Was ist?«

»Also ehrlich gesagt, so einfach ist das nicht. Klar komm ich. Und Thaler auch. Aber wir haben da was vor. Also wir würden gern die Talkshow nutzen für unsere Arbeit.«

»Wie jetzt, willst du den Mörder vor laufender Kamera überführen? Wow, kann ich das schon rausgeben, Mensch, das bringt Quote.«

»Um Gottes willen nein, Mirjam, so hab ich das nicht gemeint. Und du darfst gar nichts rausgeben, nichts sagen. Sonst geht alles schief. Wir sollten uns besser schon vorher sprechen. Auf jeden Fall.«

»Aber Kurt, die Aufzeichnung ist morgen, Mensch, wie soll ich denn, wann denn …«

»Wann du willst. Morgen früh, heute Abend. Egal, aber es ist verdammt wichtig.«

»Morgen früh, nein, das geht gar nicht, und heute Abend, da muss ich zu einem Empfang, also weißt du, Kurt, Mensch, ich freu mich ja, aber …«

»Es ist wichtig, Mirjam. Wenn es klappt, hast du bei der Lösung des Falls geholfen.«

»Ehrlich, Mensch … Und du erwähnst dann unsere Sendung, und also, da können wir doch was draus machen?«

»Ja, aber erst mal müssen wir alles planen. Heute nach deinem Empfang. Okay?«

»Aber das wird spät. Na gut, weil du es bist. Der Termin geht bis neun oder so. Wenn möglich, dann in der Nähe von zu Hause. Wir sind ja umgezogen.«

»Nicht mehr gutes altes Charlottenburg?«

»Aber nein, ich sag dir, das hat ja selbst Rüdiger eingesehen, dass das dort nichts mehr ist. Alte Leute, gestrige Makler und Anwälte und Russen und so. Nein Kurt, wir wohnen jetzt im Kollebelle, kennst du sicher, an der Kollwitzstraße.«

Reiber kannte das ambitionierte und vor allem kostspielige Bauprojekt sehr wohl, er hatte sich während der Bauphase spaßeshalber eine 188 Quadratmeter große Dachgeschosswohnung an der Kollwitzstraße 28 angeschaut, allerdings nur im Internet, und sich gefragt, wer dafür so viel Geld ausgeben mochte. Nun wusste er es.

»Klar kenn ich das. Dann können wir uns ja halb zehn im ›Metzer Eck‹ treffen.«

»Wo?«

»Im ›Metzer Eck‹, diese Eckkneipe, ist bei dir gleich nebenan.« Reiber wunderte sich nicht, dass Mirjam das Alt-Berliner Lokal nicht kannte. Das war ihr sicher nicht »in« genug, obwohl es in fast jedem Reiseführer stand.

»Ach, die Eckkneipe. Mensch, kann man da hingehen, hab ich nur mal von außen gesehen?«

»Kann man«, unterbrach Reiber sie, »und da können wir reden, vielleicht sogar noch draußen.«

Reiber ahnte, einfach würde es nicht werden, seinen Plan Mirjam zu verklickern.

Als Reiber in der Keithstraße auf dem Weg zum Eingang des Kommissariats war und wegen Juliane noch kurz stehen blieb, weil sie schnuppern wollte, kam ihm Britta entgegen.

»Na, junge Frau, wo wollen Sie denn hin?«, fragte er gut gelaunt.

»Ermitteln.«

»Aha?«

»Ich hab rausgefunden, wo Thalers Tochter ist.«

»Und da wolltest du jetzt ohne mich hinfahren?« Reiber war ernsthaft verärgert, versuchte, das aber zu verbergen.

»Bin eben auch eine super Teamspielerin wie du.«

»Aber …«

»Nee, Kurt, keine Angst, so isses nicht. Ich muss nur schnell zur Bank, hab ich doch gesagt, du musst es nicht an die große Glocke hängen, ist ja während der Dienstzeit, in einer halben Stunde bin ich zurück, versprochen. Dann können wir gemeinsam fahren.«

»Okay, gern«, Reiber war erleichtert. »Und wo wohnt sie?«

»Das sag ich dir dann im Auto, okay?« Britta lachte und hatte sich schon wieder zum Gehen umgedreht.

RISKANTE TAKTIK

Reiber hatte in seiner Gedankenwelt so eine Art Apothekerschrank. So einen mit ganz vielen Schubladen und Schublädchen. Jede einzelne davon war bei ihm für einen Frauentyp reserviert. Er pflegte eine feine Unterscheidung, hatte nicht nur Fächer für ehrgeizige Karrierefrauen des Typs Nachwende-West-Berlin mit den Unterkategorien »Burberry-Hüfttuch« oder »Drykornkleid«, er hatte auch welche für den Typ »Irgendwas mit Medien« und einige Fächer für die verschiedenen Ausprägungen von Grundschullehrerinnen und Sozialpädagoginnen und natürlich drei reservierte Reihen für Frauen des Typs »schwierig« in jeglicher Hinsicht. Auch gab es bevorzugte Schubladen, zum Beispiel für Frauen des Typs »Strahleauge, vorwiegend naiv« oder »Leichtfüßin, selbstfinanzierend« oder aber »Liebesuchend, genügsam«.

Hätte er jedoch für Silke Thaler ein Schublädchen suchen müssen, selbst bei seinem ausgeklügelten Ordnungssystem wäre er nicht fündig geworden. Die Frau, die mit ihrem mädchenhaft-schlanken Körper und ihren kindlich großen Augen gerade mal aussah wie Mitte 20, laut den Recherchen von Britta aber 33 war, entzog sich Reibers Kategoriensystem auf charmante Art und Weise. Er konnte nur ahnen, wie vielschichtig ihr Leben verlief. Sie wartete auf Britta und Reiber in ihrer Kanzlei an der Markgrafenstraße am Gendarmenmarkt. Am Empfang saß ein junger Mann, der, je nach Sichtweise, ihr Geliebter oder aber der Sohn ihres besten schwulen Freundes aus dessen erster Ehe hätte sein können. Silke Thaler trat den Polizisten als erfolgreiche Anwältin entgegen. Alles passte in dieses Bild, ihr souveränes Auftreten, ihre sonore Stimme, ihr fester Händedruck, ihre Eloquenz und nicht zuletzt ihr zurückhaltender Charme. Allerdings waren all diese Eigenschaften in heftigem Widerstreit mit einigen Details ihres Aussehens: mit ihren beiden Lippenpiercings zum Beispiel und dem Tattoo, das durch ihre Nylonstrümpfe unter dem kurzen, aber sehr wohl businessgeeigneten schwarzen Naturseidenkleid hervor lugte. Es zeigte ganz offensichtlich die behaarten Beine eines Mannes, die in klobigen schwarzen Springerstiefeln mit roten Schnürsenkeln steckten. Reiber überlegte kurz, wo sie sonst noch eine Körperbemalung tragen könnte und was diese wohl darstellen würde, schob diesen Gedanken aber sofort beiseite. Schließlich sollte er sich aufs Gespräch konzentrieren.

»Frau Dr. Thaler«, eigentlich ließ Reiber ja regelmäßig den Doktortitel in der Anrede weg, in diesem Fall aber dachte er, es könnte von Vorteil sein, sich so überkorrekt zu verhalten, »meine Kollegin hat Ihnen ja bereits am Telefon gesagt, um was es uns geht.«

»Sie möchten über meinen Vater sprechen.«

»Genau.« Weiter kam Reiber nicht, dann übernahm sie wieder das Gespräch.

»Das möchte ich aber nicht. Sie werden von mir nichts zu meinem Vater hören.«

»Aber Frau Dr. Thaler, wie ich Ihnen ja schon sagte, wir interessieren uns nicht für den Streit, den Sie mit ihrem Vater haben«, sagte nun Britta.

»Sie unterstellen also, ich hätte mit meinem Vater Streit. Das bestreite ich. Und zwar aufs Heftigste. Sie haben dafür nicht den geringsten Beweis, und ich bitte Sie deshalb, solche Behauptungen zu unterlassen.«

Reiber stellte fest, dass Vater und Tochter sehr ähnlich formulierten. Ob das an den Genen lag? Jedenfalls fürchtete er schon, dass dieser Besuch ein Schlag ins Wasser werden würde, wenn Thalers Tochter weiterhin als erfolgreiche Anwältin zu ihnen sprach und nicht als lebenslustiges Tattoo-Mädchen, das sie wahrscheinlich auch war.

»Selbstverständlich, Frau Dr. Thaler, diese Behauptung werden wir nicht wiederholen«, schaltete sich nun Reiber ein, was ihm einen bösen Blick von Britta einbrachte, »aber darum geht es uns auch gar nicht. Wir wollen gar nichts behaupten, und vor allem wollen wir von Ihrem Privatleben nichts wissen. Und, was Ihnen sicherlich wichtig ist, alles, was wir hier sprechen, bleibt in diesen vier Wänden, wir werden kein Protokoll anfertigen.«

»Ich verstehe nicht? Was haben Sie dann davon? Sie können dann doch nichts für Ihr Ermittlungsverfahren verwenden.«

»Ganz recht, wir ermitteln, wie soll ich sagen, etwas unkonventionell.«

»Verraten Sie mir lieber nicht zu viel. Es wäre nicht meine erste erfolgreiche Klage gegen die Polizei.«

»Sie meinen den Prozess gegen die beiden 1.Mai.-Demonstranten, die einen Molotowcocktail in die Richtung von Polizisten geworfen haben sollen, die dann wegen versuchten Mordes angeklagt, aber schließlich freigesprochen worden waren? Ich weiß, Sie haben diese beiden vertreten.« Das war ein Punkt für Britta, die sich informiert hatte.

»Sie sind auf dem Laufenden«, stellte Silke Thaler anerkennend fest.

»Ist mein Job.«

»Und Sie vertreten wohl auch eher Linke, sonst würde der Typ auf Ihrem Oberschenkel ja auch kein Red Skin sein mit roten Schnürsenkeln.« Das war gewagt. Aber Reiber dachte jetzt, entweder ganz oder gar nicht. Zu verlieren hatten sie nichts.

Silke Thaler hielt kurz inne und verzog keine Miene. Einen Moment lang dachte Reiber, dass sie ihn und Britta nun gleich wegen ungebührlichen Verhaltens hinauswerfen und eine Dienstaufsichtsbeschwerde gegen sie beide stellen werde. Aber er unterdrückte eine Entschuldigung, die ihm bereits auf der Zunge lag. Auch Britta sagte nichts. Silke Thaler durchbrach die Stille – mit einem plötzlich einsetzenden herzlichen Lachen.

»Sie sind ja ein Typ, das muss ich schon sagen. Sie schauen ganz schön genau hin. Und Sie trauen sich was. Noch niemand, noch gar niemand, hat mich darauf hier in diesen Räumen angesprochen.«

»Also …«, Reiber räusperte sich.

»Ich find das jedenfalls super«, fuhr Silke Thaler fort, »ich glaub, ich ahne, was Sie unter unkonventionellen Ermittlungsmethoden verstehen. Sie sind einfach frech. Sie provozieren wohl auch Ihre Verdächtigen, was? Und Sie drängen die dann in die Ecke. Aber ich warne Sie, machen Sie das nicht mit meinen Mandanten.«

»Das würde ich niemals tun, nicht mit Ihren Mandanten«, sagte Reiber und lachte. Er war froh, nun einen Zugang zu ihr gefunden zu haben.

»Und was hat das alles mit meinem Vater zu tun?« Silke Thaler klang nun lockerer. »Ich weiß, er ist schwierig. Ich weiß, er ist in dieser Bürgerwehr-BI. Das ist alles nicht mein Ding. Aber ich habe damit, glauben Sie mir, nicht das Geringste zu tun.«

»Sie haben Ihren Vater seit Jahren nicht gesehen«, sagte nun Britta.

Silke Thalers Lächeln verschwand aus ihrem Gesicht. Sie nickte.

»Und ihre Tochter durfte ihren Opa nie kennenlernen. Er hat seine Enkelin also nie gesehen«, schloss nun Reiber an.

»Stimmt. Sie haben recherchiert. Aber ich versteh trotzdem nicht. Will er nun ein Umgangsrecht einklagen?«

»Nein, nein. Nur als Hintergrundinfo.«

»Nur als Hintergrund – das können Sie mir nicht erzählen. Sie beide arbeiten bei der Mordkommission. Sie kommen nicht einfach so auf einen Plausch vorbei. Nicht, wenn dieser Kindermörder noch frei rumläuft.«

»Stimmt.« Mehr sagte Reiber nicht.

»Mögen Sie Ihren Vater?«, fragte Britta. Sie war eine gute Partnerin in dem Gespräch, stellte Reiber fest.

»Wären wir in einem amerikanischen Film und Sie wären zwei Detectives in einem fensterlosen Verhörraum in Brooklyn, dann würde ich sagen, ich habe keinen Vater.«

»Sie hassen ihn«, fasste Reiber zusammen.

»Ja.« Diese Antworten kamen nun nicht von der Anwältin, nun sprach die Tochter, das Tattoo-Mädchen, die Aufbegehrende.

»Ich will jetzt nicht fragen, warum«, meinte Reiber.

»Das ist auch besser so«, kam es prompt zurück.

»Würden Sie uns helfen, den Kindermörder zu überführen?«

»Weiß nicht.«

»Niemand würde auf so eine Frage Nein sagen«, meinte Britta.

»Ich bin nicht Niemand. Ich kann …«, Silke Thaler stockte, »aber wie könnte ich helfen? Was habe ich damit zu tun? Und was mein Vater?«

»Das können wir Ihnen jetzt, verstehen Sie das bitte, nicht sagen.«

»Was müsste ich tun?«

»Ihrem Vater seine Enkelin zeigen.« Reiber war direkt.

»Nein.«

»Überlegen Sie es sich.«

»Warum sollte ich?«

»Es gibt zwei gute Gründe dafür. Ich nenne Ihnen beide.«

»Ich höre?«

»Ich nenne Ihnen die Gründe morgen Mittag um 12.30 Uhr. Wenn Sie die Gründe dann anerkennen und mitmachen, müssten Sie am Nachmittag mit Ihrer Tochter nach Prenzlauer Berg kommen.« Reiber wusste, dass spätestens um zwölf Uhr die Aufzeichnung der Talkshow vorbei sein würde, danach wüsste er, ob es Sinn machte, Thaler mit seiner Enkelin zu konfrontieren, um ihn weich zu kriegen.

»Das klingt ja wirklich wie im Drehbuch eines amerikanischen Films.«

»Und«, fragte Reiber, »spielen Sie mit?«

Silke Thaler schaute zu Britta und dann wieder zurück zu Reiber.

»Sie sind schon komische Käuze. Aber okay. Ich bin dabei.«

Auf dem Gendarmenmarkt, als sie ein paar Schritte von dem noblen Hauseingang entfernt waren, blieben Britta und Reiber erst einmal stehen, schauten sich an und mussten dann beide lachen.

»Was war denn das für eine? Die ist ja drauf!«

»Und dann noch mit einem FDP-Politiker verheiratet, wie mir Kühle sagte. Ich kann es gar nicht glauben.«

»Aber die macht mit.«

»Du warst ja auch große Klasse, Danke, Britta.«

»Du auch, du großer Teamspieler.«

»Aber zum nächsten Termin geh ich allein.«

»Du triffst dich mit der Moderatorin?«

»Genau.«

»Hattet ihr mal was miteinander?«, wollte Britta wissen.

»Wir haben studiert gemeinsam.«

»Und, sag schon?

»Naja, einmal sind wir abgestürzt nach so einer Instituts-Party.«

Eigentlich schade, dass damals aus dem One-Night-Stand mit Mirjam nichts Festeres geworden war, dachte Reiber, als er ihr in dem kleinen Biergarten des »Metzer Ecks« gegenüber saß und sie ihre hochgesteckten schwarzen Haare öffnete, erst mit ausgiebigen Handbewegungen lockerte und dann fallen ließ. Sie war noch immer attraktiv. Aber inzwischen wäre sie, das musste Reiber sich eingestehen, zu anstrengend für ihn, allein das Telefonat heute war ein Beleg dafür gewesen. Diese Überschwänglichkeit, die mindestens zur Hälfte nur gespielt war, das wäre nichts für ihn auf Dauer. Nein, nicht mal mehr für eine Nacht. Er war anspruchsvoller geworden oder empfindlicher oder einfach nur älter und bequemer. Wer wollte schon mit so einem aufgekratzten Huhn so viel reden. Immerhin, für solche Frauen hatte er, anders als für Silke Thaler, eine klar bezeichnete Schublade: »Westküstenmädel«. Er hatte dieses Schubfach vor ein paar Jahren eingerichtet, gleich nachdem er von einem Kalifornienurlaub zurück gekommen war.

Reiber schilderte Mirjam kurz die einzelnen Taten, weil sie sich – obwohl sie tags darauf eine Sendung zu diesem Thema moderieren sollte – noch nicht so wirklich mit den Fällen beschäftigt hatte, wie er merkte. Eigentlich, dachte Reiber, wusste sie sogar weniger als ein durchschnittliche Boulevardzeitungsleser. Umso erfreuter war sie über seine Erklärungen, immer wieder sagte sie Dinge, wie »nein, wie furchtbar« oder »dies emotional zu verarbeiten, muss ein Horrortrip sein« oder »das Böse in Menschengestalt, hier unter uns«. Reiber ahnte, welches Niveau die Talkshow hatte.

Als er ihr nun seinen Plan vorstellte, Thaler in die Enge zu treiben und ihr nach der Abnahme mehrerer Schwüre mit niemandem, auch nicht mit ihrem Goldfisch, darüber zu reden, erklärte, dass er glaubte, Thaler könnte etwas mit den Morden zu tun haben, kriegte sie sich gar nicht mehr ein. Sie kommentierte jeden seiner Sätze leiser oder lauter mit Worten wie »das ist ja total spannend« oder »dass ich das erleben darf, das ist die Sternstunde unserer Sendung« oder »Aug in Aug mit einem Kindermörder, nein, nein, das ist der krasseste Wahnsinn ever«, oder sie sagte nur »Waaaahnsinn« oder »wow« oder »superkrass«. Nur »Mensch« sagte sie nicht. Das war wohl ihr Füllwort für Telefonate, dachte Reiber.

Jedenfalls war sie »total begeistert« von dem Plan. Er wiederum war davon begeistert, dass sie Nicole Legrande, die Mutter von Anton, ebenfalls zu ihrer Sendung eingeladen hatte. Das war perfekt. Mirjam versprach, die Mutter zu briefen, damit diese am besten zu der ganzen T-Shirt-Problematik nichts sagte. Auch erklärte sich Mirjam einverstanden, das Wasserglas, das Thaler bekommen würde, nach der Sendung sofort und ungespült ihm zu überreichen. Darum zu bitten, hatte Reiber Britta versprochen.

»Dann bin ich ja quasi eine verdeckte Ermittlerin – wow, dann helfen wir, einen Serienkiller zu überführen, Mensch«, nun sagte sie doch wieder »Mensch«, stellte Reiber fest, »Mensch, das ist ein Ding, dass du mir das bietest, da kommen wir ganz groß raus. Dafür hast du einen dicken fetten Kuss verdient.«

Gleich nachdem sie das gesagt hatte erhob sie sich und beugte sich über den Tisch zu ihm herüber und hinunter, noch bevor er mit seinem Stuhl zurückrutschen und selbst aufstehen hatte können. Er blickte direkt in ihr Dekolleté. Als er nach ihrem feuchten Kuss aufschaute, sah er auf der gegenüberliegenden Seite der Straßburger Straße Sandra. Sandra Faller! Sie war mit ihrem Fahrrad stehen geblieben.

Offenbar, weil sie ihn erkannt hatte. Sicher hatte sie gesehen, wie er geküsst worden war. Als er sie nun ansah, trafen sich ihre Blicke. Nur ganz kurz. Sandra drehte sich sofort weg und trat kräftig in die Pedale. Reiber sprang auf. Was Mirjam irritierte. Ihm war das egal. Er stieg über das kleine Zäunchen, das den Biergarten umgrenzte und rief mitten auf der Straßburger Straße laut: »Sandra!«. Das machte es nicht besser. Er hätte es wissen müssen.

»Was war das denn?«, wollte Mirjam wissen, als Reiber zurückgekehrt war.

»Ach, eine Freundin, ich dachte, die hört mich noch.«

»Mensch, Kurt, die hat dich auch gehört, die hat aber trotzdem schneller getreten. Wenn es an mir lag, sag Bescheid, dann bring ich das in Ordnung, dann lad sie in die Sendung ein oder so. Kein Ding. Bist doch verknallt?«

Tatsächlich war Reiber im Gesicht etwas röter geworden, als es der abendlichen Frühsommerhitze geschuldet gewesen wäre.

»Nee, danke, lass mal, schon okay. So ist es nicht.«

Er trank noch zwei Kristall, sie noch zwei Riesling, und dann verabschiedeten sie sich brav mit Küsschen auf die Wange.

»Ich kann alles erklären. Es ist nicht so, wie du denkst.« Diese SMS schickte Reiber noch von unterwegs, gleich nachdem er sich von Mirjam verabschiedet hatte, an Sandra. Klug war das sicher nicht und originell schon gar nicht. Das dachte er schon beim Tippen, aber er schickte sie trotzdem ab. Und er tippte gleich eine weitere hinterher:

»Schau dir Tacheles an. Die Talkshow morgen Abend. Das erklärt einiges. Nicht alles. Den Rest erklär ich Dier – beim Bier. Gruß an Jannik. Kurt.« Das war immerhin etwas verbindlicher und persönlicher. Dennoch ärgerte sich Reiber, dass er aus einer defensiven Haltung heraus argumentierte und sich zu rechtfertigen versuchte. Das war nicht souverän. Und nicht cool. Das war einfach nur doof. Aber nun war es zu spät. Nein, noch nicht ganz. Er tippte noch eine dritte Textmitteilung:

»Meine SMS klang nach Rechtfertigung. Das ist doof. Gibt nichts zu rechtfertigen. Gar nichts. Nur etwas zu feiern. Vielleicht. Hoffentlich. Bald. Dann mit dir.« Die SMS schickte er hinterher. Vielleicht konnte er damit etwas gerade rücken.

Mindestens 20 Mal schaute Reiber an diesem Abend noch auf sein Handy, ob eine SMS von Sandra gekommen war. Aber nichts. Er ärgerte sich. Erst musste sie ihn in dieser blöden Situation mit Mirjam sehen, und dann musste er ihr auch noch so ungeschickte Nachrichten senden wie ein ertappter Tölpel. Er sollte lieber schnell einschlafen vor dem Showdown. Um neun Uhr musste er in der Maske sein. Er wollte davor noch einen Spaziergang mit Juliane durch den Mauerpark machen, so etwas beruhigte ihn immer. Bevor er Mirjam traf, hatte er Wischnewski angerufen und ihm die Lage erklärt. Erstaunlicherweise war dieser leicht zu überzeugen gewesen. Er gab ihm sofort die Genehmigung, an der Talkshow teilzunehmen, und sicherte ihm zu, das Okay des Präsidenten einzuholen. Er bezeichnete Reibers Plan nicht als »Granatenscheiße«, sondern als »innovativ«.

ACHTUNG AUFNAHME

Reiber erschien kurz vor neun in schwarzem Hemd – es war das dritte, das er an dem Morgen vor dem Spiegel anprobiert hatte, denn in den ersten beiden hatte er sich nicht ausreichend wohl gefühlt – und in schwarzen Jeans am »Prater«-Eingang. Ein junger Assistent bat ihn in den Maskenwagen. Mirjam Haller hatte – das sah er nun an den Hinweisschildern, die überall hingen – ihre eigene Produktionsfirma, die »MiHa GmbH«. Sicher ein lukratives Geschäft, dieses Dampfgeplauder, dachte Reiber, während er schwitzend vor einem Spiegel saß und sich von einem Mittzwanziger, Typ magersüchtiger Friseur, die Stirn pudern ließ. Er musste sich von ihm auch noch anhören, dass sich nicht zu genieren brauche, das gehe allen Neulingen so. Na super. Dabei war er ja mindestens zur Hälfte nur deshalb so nervös, weil sich Sandra noch immer nicht gemeldet hatte, und er mit sich rang, ob er ihr erneut schreiben sollte. Als er gerade überlegte, sah er im Spiegel, wie Thaler in den Wagen gebeten wurde. Er trug einen anthrazitfarbenen Anzug, dem man ansah, dass er teuer gewesen war, ein blütenweißes Hemd mit Manschettenknöpfen und eine nicht ganz so geschmackvolle silber-schwarz gestreifte Krawatte. Kurz grüßte er mit einem Kopfnicken in Reibers Richtung. Reiber sagte nichts. Thaler wirkte so arrogant, dass es Reiber aggressiv machte. Genau diesen Impuls, das hatte er sich zuvor im Mauerpark vorgenommen, musste er unterdrücken. Sonst hätte er gleich verloren.

Außer Thaler und ihm kamen zu der Diskussion noch eine Psychologin und, wie angekündigt, die Mutter von Anton. Die beiden Frauen hatten in dem Maskenwagen eine extra

Kabine, Reiber sah sie also erst in dem zum Fernsehstudio umgebauten Gastraum des »Praters«. Die Psychologin, Frau Dr. Langer-Schönfeld, sah aus, wie man in Fernsehspielen gemeinhin die Rolle einer Psychologin besetzt: Leinenkleid in der Farbe Sonnenuntergangsorange, zum Pagenkopf geschnittene schwarz-grau melierte Haare, ein wuchtiger Kupferanhänger undefinierbarer Form an einer schwarzen Gummikette, Gesundheitsschuhe und ein Gesichtsausdruck, der nicht von Lebensfreude zeugte. Die Mutter von Anton sah, trotz ihrer Trauer, im Gegensatz dazu fast fröhlich aus. Sie hatte sich bewusst nicht in Schwarz gekleidet, sondern hatte ein schickes, geblümtes Sommerkleid an, das ihre Figur betonte und Reiber im ersten Moment an Kittelschürzen seiner Oma erinnerte. An einem Ärmel war eine schwarze Binde befestigt. Auf diese Weise fiel ihre Trauer mehr ins Auge, als wenn sie schwarz getragen hätte.

Die Begrüßung fiel zwischen allen Teilnehmern der Runde, außer zwischen Thaler und Nicole Legrande, eher kühl aus. Mirjam Haller, auch das hatten sie am Abend zuvor ausgemacht, ließ sich nicht anmerken, dass sie Reiber kannte.

Den ersten Teil der Diskussion erlebte Reiber wie durch eine Art Schleier. Er war nicht ganz bei der Sache. Freilich erklärte er einigermaßen eloquent die Arbeit der Polizei, berichtete davon, dass die größte Sonderkommission in Berlin seit der Wende eingerichtet worden war, um den Täter zu fassen, und parierte die aggressiven Wortmeldungen von Thaler so gut es ging: sei es den Vorwurf, dass die Polizei den Helmholtzplatz zu spät gesperrt und zu früh wieder geöffnet hätte, oder die pauschale Anschuldigung, schlecht zu ermitteln. Für Thaler war es, das merkte Reiber, ein Heimspiel. Die Psychologin kritisierte erst einmal die kinderfeindliche Gesellschaft, um Applaus zu ernten, und dann die zu geringen Strafen für

Kinderschänder. Mirjam störte sich nicht an dieser populistischen Abschweifung. Im Gegenteil, sie ermunterte die Dame sogar weiterzureden. Hauptsache Emotion. Hauptsache Beifall. Reiber präsentierte seine korrekten Antworten, wie man es von einem Beamten erwartete, ohne damit einen Blumentopf gewinnen zu können bei dem hauptsächlich von BI-Mitglieder, Müttern und Rentnern gestellten Publikum.

Als dann die trauernde Nicole Legrande schluchzte und Thaler ihr tröstend die Hand auf ihren Unterarm legte, hatten die in Fünf-Minuten-Schritten gemessenen Einschaltquoten wohl ihren Höhepunkt erreicht. Die Psychologin sprach davon, dass professionelle Trauerarbeit von den Krankenkassen nicht bezahlt werde. Und endlich sprach Mirjam den verabredeten Satz aus, der zu Anton, zu dem T-Shirt und zu Reibers geplantem Showdown überleiten sollte.

»Anton Legrande, der kleine fröhliche Junge. Lassen Sie uns einen Moment in Gedanken bei ihm verweilen. Stellvertretend für alle Opfer auf dem Helmholtzplatz, stellvertretend für alle Kinder, die zu Opfern wurden.«

Dieser predigtartige Satz bildete eine Zäsur in dem bislang sehr kontrovers verlaufenden Gespräch. Mirjam erhob sich. Mit ihr auch die Talkgäste und die Zuschauer im Prater. Nicole Legrande schnäuzte sich. Ein paar Sekunden herrschte Stille, alle standen da – eher unbeholfen als trauernd. Dann sprach Mirjam weiter, während sie sich wieder hinsetzte.

»Frau Legrande, haben Sie die Kraft, uns etwas über Ihren wunderbaren Jungen zu erzählen, der so jäh aus seinem jungen Leben gerissen wurde?«

»Anton war mein Ein und Alles …«, weiter kam sie nicht. Sie musste sich die Tränen abwischen, dann fuhr sie fort. »Ein aufgewecktes, lebendiges Kind. Mein Anton, mein Anton war, was soll ich sagen …« Sie hielt inne. Reiber hoffte inständig, dass sie, wie ausgemacht, nicht von Hunden und nicht von dem T-Shirt sprechen würde. »Was soll ich sagen, er war ein Engel«, sagte sie schließlich.

»Und das ist er nun auch, um den Faden aufgreifen zu dürfen«, mischte sich die Psychologin ein, »ein Engel, der für das büßen muss, was unsere anonymisierte, auf monetäre Ziele ausgerichtete Gesellschaft nicht geregelt bekommt. Ein friedliches Miteinander, eine Welt ohne Hass und Missgunst. Der Täter ist doch letztendlich auch ein Produkt dieser Gesellschaft. Ein Opfer, sozusagen.«

Reiber fiel Wischnewskis Lieblingswort ein: Granatenscheiße. Gerade hatte sie noch höhere Strafen für Täter gefordert. Und jetzt sagte sie, diese seien auch Opfer der Gesellschaft? Reiber hätte viel entgegnen können. Aber er hielt den Mund.

»Ich mag ja verstehen, was Sie meinen, Frau Dr. Langer-Schönfeld, aber lassen Sie uns noch kurz im Gedenken bei Anton verweilen«, fing Mirjam Haller wieder an.

»Er war der Sonnenschein des Kiezes«, wurde sie von Thaler unterbrochen, der seine Hand erneut auf Nicole Legrands Unterarm gelegt hatte. »Diese kleine Sonne musste für immer untergehen, weil die Polizei, weil Sie, Herr Reiber, nicht in der Lage waren, nach zwei fürchterlichen vorangegangenen Morden unsere Kinder zu schützen. Schämen Sie sich!«

Der Applaus hielt länger an, als Reiber befürchtet hatte. Es vernahm sogar ein, zwei »Jawoll«-Rufe. Er hatte Zeit, sich seine Antwort zu überlegen. Er fand trotzdem nichts Passendes und sagte schließlich: »Sie haben recht, es ist furchtbar. Aber glauben Sie mir, alle Kollegen haben ihr Möglichstes getan, um so eine Tat zu verhindern – es ist ihnen leider nicht gelungen.«

»Es wäre möglich gewesen, wenn Sie nicht nur an Ihr eigenes Fortkommen, an Ihr Auskommen, an Zulagen und Überstunden, an Pensionszahlungen und Kantinenessen gedacht hätten. Das ist doch das eigentliche Übel unseres Landes: diese Beamten, diese unverantwortlich faulen …« Thalers Stimme ging in Applaus unter.

Mirjam Haller hob die Hände zur Beruhigung. »Ich muss Sie doch bitten, Herr Thaler, bei allem Verständnis für Ihre Erregung«, sagte sie, bei dem Wort Erregung zog Thaler seine Hand von Nicole Legrands Arm zurück. »Diese Äußerung geht dann wohl doch ein Stück zu weit. Herr Reiber, was meinen Sie?«

»Wir sind es gewohnt«, er war stolz auf sich, so cool zu bleiben, das würde Thaler noch mehr in Rage bringen, »die Prügelknaben der Nation zu sein. Es ist immer schwer, keinen Schuldigen ausfindig machen zu können, wenn im Privatleben oder in der Gesellschaft etwas schief läuft.« Weiter kam er nicht, Thaler brüllte nun in sein Mikrofon am Revers.

»*Schief läuft*? Ha! Haben Sie das gehört, der Kommissar spricht davon, dass etwas *schief läuft*, wenn er drei tote Kinder und ein schwerverletztes Kind meint, das ist der blanke Hohn!«

»Herr Thaler«, rief Mirjam in den Beifall hinein, »so kommen wir nicht weiter. Herr Thaler, lassen Sie den Soko-Chef, Herrn Hauptkommissar Reiber, doch ausreden!«

»Hauptkommissar, dass ich nicht lache«, brummelte Thaler vor sich hin.

Reiber überhörte das souverän. »Jedenfalls, wie ich sagte«, fuhr Reiber fort, »werden im Privaten wie in sozialen Gruppen, Gesellschaften oder Nationen für Unerklärliches gerne Sündenböcke als Schuldige gesucht. Und in diesem Fall, bei diesen Kindermorden, sind wir, sind die Polizisten in den Augen von vielen eben die Schuldigen.«

»Jawoll, das sind Sie«, bellte Thaler.

»Dabei haben wir nicht geschossen, und tragen keine Schuld an gesellschaftlichen Fehlentwicklungen, die Täter jedweder Couleur hervorbringen mögen, wie gerade Frau, Frau Lange-Schön, äh Schönfließ … Wir können lediglich Straftaten aufklären.«

»Schön wär's ja, wenn Sie das könnten. Nicht mal das können Sie, oder haben Sie vielleicht den Täter schon gefasst?« Der Beifall war wieder auf der Seite von Thaler.

»Wir sind dem Täter auf der Spur, Herr Thaler. Das kann ich ihnen sagen. Wir werden ihn bald haben.« Diese von Reiber leise und ruhig gesprochenen Worte gingen im Applaus fast unter. Aber Reiber, der Thaler nicht aus den Augen ließ, glaubte zu bemerken, dass dieser kurz zuckte, dass seine Backenmuskeln sich anspannten und in seinem Blick, das bildete sich Reiber zumindest ein, kurz Angst und Unsicherheit aufflackerten.

In Thalers Worten war davon freilich nichts zu bemerken. »Schön wäre es ja, wenn Sie recht hätten. Aber das glaubt Ihnen hier keiner. Wenn Sie so weitermachen, kriegen Sie den Mörder nie.«

»Aber, aber, wir wollten uns doch gemeinsam an Anton erinnern, stattdessen streiten Sie hier. Meine Herren, bitte! Lassen Sie uns unsere Aufmerksamkeit nochmals auf den Jungen lenken, auf denjenigen, dem keiner mehr helfen kann.«

Reiber war Mirjam dankbar für diesen Satz.

»Er war ja interessiert an so vielem«, sagte nun Nicole Legrande. »Und er hätte noch so viel lernen können. Er ging begeistert in die Musikschule und er liebte Tiere über alles, er hätte niemals jemanden etwas zuleide tun können.«

»Er ist ja, wie ich hörte, schon in der Kita mit seiner kleinen Gitarre aufgetreten. Und auch seine Tierliebe war bekannt. Vor allem, weil er sich für diese süßen kleinen Hunde begeisterte«, sagte Mirjam Haller nun, wie sie es mit Reiber abgesprochen hatte.

»Ja, Anton war ein Fan von Möpsen«, bestätigte Reiber, »die sind aber auch niedlich. Aber dass Kinder sie so mögen, ist selten. Dass ausgerechnet Anton diese Tiere, die ja so menschliche Regungen haben können, mochte, ist interessant, das müsste man vielleicht mal psychologisch betrachten.«

Die Psychologin äußerte sich nicht dazu, sie spielte an ihrem Kupferanhänger herum. Stattdessen ergriff der noch immer erregte Thaler das Wort.

»Das ist ja mal wieder typisch. Jetzt wollen Sie das Opfer psychologisch durchleuchten, statt sich um den Täter zu kümmern.«

»Aber, Herr Thaler, so war das nicht gemeint«, erwiderte Reiber konziliant, »ich mag halt auch diese Tiere, diese Möpse.«

»Herr Reiber, welche Möpse Sie mögen, weiß ich ja nicht. Anton jedenfalls mochte Bulldoggen«

»Ach was, Möpse mochte er. Und werden Sie nun mal nicht anzüglich, Herr Thaler!« Reiber wurde lauter.

»Finden Sie lieber den Täter, aber glauben Sie mir, Antons Lieblingshunde waren Bulldoggen, keine Möpse«, beharrte Thaler besserwisserisch.

»Meine Herren, wir sind hier ja nicht beim Tierquiz«, mischte sich Mirjam ein.

»Natürlich«, unterbrach sie Reiber. »Herr Thaler, eins noch, wenn Sie erlauben, woher wissen Sie denn so genau, dass Anton Bulldoggen mochte? Die sind doch groß.«

Thaler verschränkte die Arme vor der Brust und schwieg.

»Also lassen Sie uns zurückkommen zum Thema«, sagte Mirjam.

»Nein«, widersprach Reiber, »das ist schon interessant, das mit den Hunden.«

Er schaute Thaler an. Dieser sagte zunächst nichts, dann brummte er: »Ich meinte natürlich französische Bulldoggen. Die sind klein, aber ist ja auch egal.«

»Nein, ist es nicht«, insistierte Reiber.

Thaler schwieg wieder.

»Ich verstehe nicht ganz, Herr Reiber, worauf wollen Sie hinaus?«, fragte nun Mirjam.

»Herr Thaler sagt nicht die Wahrheit. Das ist der Punkt.« Damit traf Reiber bei Thaler ins Schwarze.

»Das ist ja die Höhe«, entrüstete sich Thaler »Also hören Sie mal, so was hat mir noch niemand vorgeworfen. Wenn ich sage, er mochte französische Bulldoggen, dann ist das so.«

»Sie müssen es ja wissen, trotzdem sagen Sie die Unwahrheit«, sagte Reiber gespielt eingeschnappt.

»Also meine Herren, das ist jetzt wirklich nicht unser Thema«, versuchte Mirjam zu beschwichtigen.

»Darauf kommt es nicht an. Es geht ums Prinzip. Ich lasse mich nicht der Lüge bezichtigen«, brauste Thaler auf, »das nimmt Herr Reiber zurück, dass ich nicht die Wahrheit sage, aber sofort!«

»Nichts nehme ich zurück«, sagte Reiber gelassen. »Anton mochte Möpse, ob Ihnen das passt oder nicht. Und wenn Sie was anderes behaupten, ist das die Unwahrheit.«

»Also diesen Vorwurf der Lüge lasse ich einfach nicht auf mir sitzen. Und ich bin mir sicher, Anton mochte französische Bulldoggen.«

»Bitte, nun ist es aber gut damit, Herr Thaler«, Mirjam klang genervt.

Reiber hielt innerlich die Luft an, so gespannt war er, ob sein Plan aufgehen würde. Als er sah, dass Thaler mit hochrotem Kopf wieder anfing zu sprechen, wusste er, er hatte gewonnen.

»Hab ich doch genau gesehen. Ganz genau. Der kleine hatte eine französische Bulldogge auf seinem T-Shirt gedruckt.«

»Aha«, tat nun Mirjam Haller beschwichtigend, »aber das können wir ja vielleicht später klären, vielleicht haben Sie das ja auch verwechselt.«

»Nein, ich bin mir sicher. Das war ja sogar falsch rum bedruckt. Der Hundekopf war auf dem Rücken.«

»Stimmt«, bestätigte spontan Nicole Legrande, »da haben Sie recht.«

Thaler schnaubte noch ein wenig, beruhigte sich dann aber wieder und sagte triumphierend: »Sehen Sie, Herr Reiber, ich hatte recht.«

Reiber sagte nur fast gelangweilt: »Sei's drum«, hob sein Wasserglas und hielt es einen Moment zu lange in der Luft, bevor er es zum Mund führte. Das war das mit Mirjam verabredete Zeichen dafür, dass sie das Thema nun beenden sollte.

»Jedenfalls wissen wir nun, dass Anton ein großer Hundefreund war. Also ich persönlich finde diese Hunde ja total süß, egal ob Mops oder Bulldogge«, sagte Mirjam.

»Ja, geht mir genauso«, sagte nun die Psychologin.

Das Thema war tatsächlich zu Ende, und die Gesprächsrunde kam darauf zu sprechen, ob der auf den Kanaren gefasste Erpresser der Mörder sein könnte, oder ob es sich nur um einen Trittbrettfahrer handelte. Reiber meinte, aus ermittlungstaktischen Gründen könne er dazu nichts sagen.

So wie er den Anfang der Sendung wie durch einen Schleier erlebt hatte, so schaltete er für den Rest der Show wieder seinen Aufmerksamkeitsmodus auf eine Art Standby. Nun kannte er den Mörder. Er wollte nur noch, dass die Aufzeichnung möglichst schnell vorüberging und er dann Gelegenheit haben würde, Thaler zu stellen.

»Na, nun hast du ja, was du wolltest«, sagte Britta, als dieser aus dem Maskenwagen gekommen war.

»Klar, lief doch super.«

»Dann könnten wir jetzt auch kurzen Prozess machen und 'ne Speichelprobe bei Thaler richterlich anordnen lassen. Wenn wir die Bulldoggen-Geschichte erläutern, müsste das klappen.«

»Nee, da hab ich meine Meinung nicht geändert«, sagte Reiber, der sich über Britta ein bisschen ärgerte, »erstens könnte später Thalers Anwalt abstruse aber kaum widerlegbare Theorien aufstellen, wie seine DNA in den Schornstein gekommen sein könnte. Und zweitens will ich den Täter auf meine Weise haben: mit Geständnis und Motiv. Wir sind es, die Täter überführen, nicht irgendwelche Techniker oder Chemiker.«

»Du bist manchmal wie ein Ewiggestriger, würdest am liebsten mit dem Schwert in den Krieg ziehen.«

»Ich war nicht bei der Bundeswehr!«

»Dann isses eben so, wie wenn du noch immer Rennwagen ohne ABS und ESP fahren wolltest.«

Reiber schmunzelte. Ein schöner Vergleich. Er schaute Thaler hinterher, der alleine, ohne sich zu verabschieden, aus dem Pratergelände Richtung Kastanienallee ging. Dort warteten genug Beamte in Zivil mit Autos und Fahrrädern, um Thaler nicht mehr aus dem Auge zu lassen. Reiber hatte das veranlasst. Sein Handy vibrierte. Eine SMS. Sandra! Endlich!, dachte er. Aber sie war von Muschwitz. Der dachte wohl, er säße noch vor der Kamera und schrieb deshalb, was nicht seine Art war, eine Textmitteilung.

»DNA ausgewertet. Würthe war es nicht. Rücktransport Würthe morgen. Gruß Jürgen.«

WOHNZIMMER-GEDANKEN VII

Die blonde Tresenkraft hat wieder ein Bikinioberteil an, das durch das T-Shirt durchscheint. Eigentlich freut er sich über solche kleinen alltäglichen Hingucker. Aber gerade jetzt hat er keinen Sinn dafür. Er bestellt einen halben Liter Grauburgunder. Das hat er im »Wohnzimmer« noch nie gemacht. Er hat sich immer nur ein Glas nach dem anderen genommen, schön gekühlt. Aber nach diesem Schlagabtausch mit Reiber braucht er Wein. Schnell und viel. Er muss nun überlegen, was das mit dieser Fragerei nach dem Hund sollte. Es schien zunächst nur so nebensächlich zu sein. Aber dann … Er versteht das noch immer nicht. Er schenkt sich nach. Am Nachbartisch stillt eine junge Frau mit wirren brünetten Haaren ihr Baby. Sie ist zierlich. Hübsch. Ihre großen Brüste, eine davon entblößt, fallen ihm auf. Sein Blick bleibt auf ihnen ruhen. Er denkt an Nicole Legrande, sie war ihm nicht so zugetan während und nach der Aufzeichnung. Sie hat auch eine schöne Oberweite. Er denkt an seine Tochter. Auf einmal. Er hat sie nie beim Stillen beobachten können. Womöglich wird er sie nie wieder sehen. Nicht nur, weil sie den Kontakt vermeidet, sondern weil er vielleicht weg muss. Schnell weg. Irgendwie liegt ihm Reibers Fragerei nach dem Hund im Magen. Was steckte da bloß dahinter? Auch wenn er es nicht weiß, schnell fliehen wäre eine Möglichkeit. Wenn Reiber was weiß, dann bleibt ihm nicht viel Zeit. Vielleicht ist der Wein hier schon einer zu viel. Die junge Frau schaut ihn böse an. Er merkt es erst jetzt. Er lächelt verlegen, wendet den Blick aber nicht ab. Sie zischt »alter Wichser«, leise, aber laut genug, dass er es hören kann. Er sagt nichts, schaut wei-

ter auf die Brust, das saugende Baby. Es hat einen roten Kopf, ganz klein. Und einen Haarflaum. Er fühlt sich unwohl. Wo ist seine Macht, wo ist dieses Gefühl, alles zu können. Er steht auf, wankt leicht, aber nur er merkt es. Einen halben Liter auf leeren Magen eben. Er holt sich einen zweiten. An zwei anderen Tischen sitzen Pärchen, trinken Milchkaffee, essen Erdbeerkuchen. Er bemerkt es erst jetzt. Auch zwei Männer, sicher schwul, denkt er, sitzen da. Die waren ihm vorher nicht aufgefallen. Das Baby am Tisch nebenan trinkt immer noch. Nur kurz, zum Einschenken, wendet er seinen Blick ab, dann schaut er die junge Mutter wieder an. Er trinkt, lächelt das Baby an. Er fühlt sich verfolgt. Irgendwie. Vielleicht aber macht er sich ja nur selbst verrückt. Vielleicht hat der Reiber ja nur so komisch gefragt, weil er auch so einen hässlichen Köter hat. Er sollte sich jetzt nicht aus der Ruhe bringen lassen. Aber er fühlt sich verwundbar. Unsicher. Das ist gefährlich. Er muss weg. Nicht nur von hier. Sondern aus Berlin. Es ist vorbei. Er hätte es schon längst realisieren müssen. Schon als sie das Gewehr fanden, hätte er flüchten sollen. Früher im Ministerium hätten sie auch so gehandelt – sofort weg. Neue Identität.

DIE ENKELIN

»Herr Thaler?«, Reiber stand neben Karl Thaler an dem kleinen Tisch vor dem Café »Wohnzimmer«. Er hatte ein volles Weinglas in der Hand. Thaler blickte auf. Er reagierte zunächst gar nicht. Er nahm noch einen Schluck aus seinem Glas.

»Herr Thaler«, wiederholte Reiber, »darf ich mich zu Ihnen setzen?«

»Nützt es etwas, wenn ich Nein sage?«

»Nein«, während er das sagte, saß Reiber schon. Er stellte sein Glas neben die noch ziemlich volle Weinkaraffe von Thaler.

»Sie trinken im Dienst?«

»Aus gegebenem Anlass.«

»Und der wäre?«

»Ihre Festnahme.«

»Guter Witz«, Thaler sagte das ruhig, er hatte sich im Griff.

»Es ist kein Witz.«

»Sondern?«

Reiber nahm einen Schluck Wein.

»Sie haben gesagt, Sie wussten, dass Anton französische Bulldoggen mag, und Sie haben gesagt, dass Sie das T-Shirt mit so einer Abbildung drauf gesehen haben.«

Thaler wusste nicht, worauf Reiber hinaus wollte. »Jetzt fängt das schon wieder an, was soll das denn?«

»Das kann ich Ihnen sagen, Herr Thaler. Dieses T-Shirt, diesen Aufdruck, den kannten nur Anton, sein Vater, seine Mutter, deren Freundin Sandra Faller und deren Sohn Jannik.«

»Und?«

»Merken Sie was?«

»Was soll das«, raunzte Thaler, der nun nervös wurde, »versteh nicht …«

»Ich helfe Ihnen gerne auf die Sprünge. Eine weitere Person kannte diesen T-Shirt-Aufdruck nämlich auch noch: der Mörder. Er hat den Bulldoggenkopf ganz groß im Zielfernrohr gesehen. Nur er.«

Thaler nahm einen großen Schluck, goss sich dann den Rest aus der Karaffe nach.

»Ich weiß nicht, was Sie damit sagen wollen.«

»Herr Thaler, Sie verstehen genau. Außer den zuerst genannten Personen kannte nur der Täter das T-Shirt. Und Sie haben vor laufenden Kameras gesagt, dass Sie es kennen, also …«

»Aber, aber«, nun wurde Thaler lauter. Reiber merkte, dass er ahnte, überführt zu sein. »Das konnte doch jeder gesehen haben!«

»Nein, eben nicht. Der Vater hat Anton das T-Shirt erst am Abend zuvor geschenkt«, Reiber erklärte das ganz ruhig, »und Anton trug am Tag seines Todes bis kurz vor dem Schuss eine Jacke über dem T-Shirt.«

»Und?«

»Herr Thaler, ich bin mir sicher, Sie verstehen sehr wohl, was ich damit meine.«

»Keine Ahnung. Konnte doch trotzdem jeder gesehen haben auf der Straße, dieses blöde Bild.«

»Herr Thaler, wir beide wissen, das ist Blödsinn. Wir beide wissen, es ist aus.« Reiber hielt inne. Thaler trank den letzten Rest seines Weins.

»Nichts wissen Sie! Es ist doch lächerlich, mir, dem Vorsitzenden der BI, vorwerfen zu wollen, ich sei ein Mörder.« Thaler lachte. Es klang gekünstelt. Reiber sagte nichts. »Ha, ich ein Kindermörder? Dass ich nicht lache, das können Sie nie beweisen. Ich geh mir noch einen Wein holen, da können Sie ja nichts dagegen haben.«

»Bleiben Sie sitzen, Herr Thaler«, erwiderte Reiber in Befehlston, »meine Kollegen bringen Ihnen den Wein gerne. Grauburgunder?« Er gab den beiden Männern, von denen Thaler gedacht hatte, sie seien ein schwules Pärchen, ein Zeichen.

Thaler machte keinen Versuch aufzustehen. Er nickte. Als Reibers Kollege eine neue Karaffe mit Grauburgunder auf den Tisch stellte, schenkte sich Thaler sofort ein, nahm einen großen Schluck und wandte sich wieder an Reiber.

»Sie haben nichts in der Hand gegen mich. Das T-Shirt ist Mumpitz. Den Beweis haut Ihnen jeder Richter um die Ohren«

So, als habe er Thaler gar nicht gehört, fragte Reiber nun direkt: »Warum haben Sie die Kinder umgebracht?«

Thaler musste schlucken.

»Hab ich nicht.«

»Haben Sie doch.«

»Nein.«

»Herr Thaler, ich weiß, Sie waren bei der Stasi.«

»Das verbitte ich mir, ich verbiete Ihnen, das zu sagen, da zeig ich Sie an«, nun wurde Thaler wieder laut.

Die junge Frau am Nebentisch packte die Babyutensilien und knöpfte ihre Bluse zu, stand auf und setzte sich drei Tische weiter wieder hin. Reiber merkte das und trug ihr ihren Kaffee und ihren Kuchen hinterher, damit sie nicht nochmals gehen musste.

»So, nun verbieten Sie mir, was Sie wollen«, sagte Reiber, als er zurück gekommen war. »Aber erst einmal hören Sie mir zu!«

Thaler sagte nichts, er griff nochmals zum Weinglas.

»Sie waren bei der Stasi«, Reiber hob abwehrend eine Hand und ließ sich durch Thaler nicht unterbrechen, »und Kühle sollte bei der Wende Ihre Akten vernichten, also Beweise dafür verschwinden lassen. Das hat er aber nicht getan. Er hat Sie dann, als es seiner Tochter finanziell nicht mehr so gut ging, erpresst. Sie haben gezahlt. Erst Geld, viel Geld. Und dann haben Sie es ihm heimgezahlt. Mit dem Mord an Felix.«

»So ein Blödsinn. Das war ich nicht, das können Sie nie beweisen – nie!«

»Dann, denk ich mal, ist ihnen dieses Machtgefühl in den Kopf gestiegen oder irgendetwas anderes Verqueres, oder Sie fanden es einfach geil, Kinder abzuknallen. Deshalb haben Sie weiter gemacht, nach Felix also noch Leonie und dann Anton.«

»Was reden Sie da, das ist doch totaler Mist, erfundenes Gefasel!«

»Sie haben bei der Stasi schießen gelernt. Sie kennen sich aus mit Dragunow-Gewehren.«

Thaler reagierte nicht. Er hielt das Weinglas nun mit beiden Händen fest.

»Das ist alles leicht nachzuweisen«, fuhr Reiber fort. »Wir werden Ihnen alle Morde nachweisen, alle, wir haben Ihre DNA gefunden.«

»Sie haben meine DNA gar nicht. Jedenfalls nicht offiziell. Und diese heimlich beschaffen und auswerten, das dürfen Sie gar nicht.«

»Stimmt. Ein Punkt für Sie. Aber wir haben im Versteck des Gewehrs eine DNA-Spur gefunden, ob diese mit Ihrer DNA übereinstimmt, wissen wir noch nicht. Da haben Sie recht. Das werden wir aber klären. Und ich bin mir sicher, dass es so ist. Weniger sicher bin ich mir bei der Frage Ihres Motivs. Herr Thaler, sagen Sie mir, haben Sie geschossen aus den Gründen, die ich Ihnen genannt habe, oder warum haben Sie die Kinder umgebracht? Warum?« Reiber rückte näher an ihn heran.

Thaler sagte nichts. Er schaute auf sein Weinglas. Es war fast leer.

»Hassen Sie Kinder, Herr Thaler?«

Thaler sagte noch immer nichts. Reiber merkte aber, dass er etwas sagen wollte. Er ließ ihm Zeit. Thaler zögerte. Dann sagte er leise: »Nein, ich liebe sie …«

»Herr Thaler, drehen Sie sich um!«

»Warum?«, Thaler hing über seinem Weinglas. Er hatte nicht gesehen, dass an einem Tisch hinter ihm Britta mit der kleinen Katharina, Thalers Enkelin, Platz genommen hatte. Sie stocherte in einem großen Stück Erdbeerkuchen herum.

»Schauen Sie sich einfach mal um.«

Thaler machte, was ihm Reiber gesagt hatte. Er kannte Britta schon von früheren Einsätzen.

»Ich weiß, überall sind Ihre Kollegen«, sagte Thaler, er hatte nicht auf Katharina geachtet.

»Und das Kind?«

Thaler drehte sich erneut um. »Was soll mit dem Kind sein?«

»Herr Thaler, Sie haben solche Kinder umgebracht. Unschuldige Kinder. Kinder, die das größte Glück ihrer Eltern sind.«

Thaler drehte sich ein drittes Mal um, schaute wieder Katharina an.

»Was reden Sie da. Hab ich nicht. Aber nett, die Kleine, ja und?«

»Finden Sie, ja?«

»Ja, ja, und? Sind doch alle Kinder so. Oder?«

»Nein. Nicht alle, Herr Thaler. Das ist ein besonderes Kind.«

»Ach was, sind doch alle gleich, ist doch eines wie das andere.« Reiber merkte, dass sich Thaler nicht mehr ganz unter Kontrolle hatte. Seine Stimme klang wieder aggressiv, vielleicht war es doch ein bisschen zu viel Wein gewesen.

»Herr Thaler, vielleicht hat es Sie ja sehr verletzt, dass Sie Ihre Enkelin nicht sehen durften, so sehr, dass Sie auch anderen das Glück nicht gönnen wollten. Vielleicht sind Sie ja zu einem verbitterten, hassenden Mann geworden.« Reiber merkte, wie es in Thaler kochte, wie er schon innerlich anhob, dagegen zu wettern, deshalb sprach er schnell weiter: »Herr Thaler, bevor Sie jetzt lospoltern, denken Sie darüber nach und schauen Sie sich nochmals das kleine Mädchen an. Das ist Katharina. Das ist Ihre Enkelin.«

Thaler drehte sich nun nicht mehr um, er sprang auf, wegen des Weinkonsums gingen seine Bewegungen allerdings nicht mehr ganz koordiniert vonstatten. Sein Stuhl kippte um, und Thaler war mit seinen Händen schon bei Katharina, die aber von Britta rechtzeitig zurückgezogen wurde. Thaler stand mit ausgestreckten Armen da. Er wankte, suchte das Gleichgewicht, fand es und verharrte so einen Moment lang. Reiber hätte zu gerne gewusst, was in diesem Moment in Thalers Kopf vorging. Katharina schaute den komisch vor ihr stehenden Mann mit großen Augen an. So ganz wohl war ihr nicht in den Armen von Britta. Thaler ließ seine Arme sinken und drehte sich zu Reiber zurück, er versuchte nicht mehr, Katharina zu berühren.

»Ich habe sie nie sehen dürfen. Noch nie. Gar nie. Nicht mal ein Foto. Können Sie das verstehen? Können Sie sich das vorstellen?«

»Ich weiß nicht«, sagte Reiber. »Und deshalb wollten Sie sich rächen an Eltern und Großeltern, die glücklicher waren als Sie?«

»Ich weiß auch nicht.« Thaler sprach jetzt ganz leise.

»Aber Sie haben es getan.«

Thaler schaute sich um, als würde er tatsächlich abklären wollen, ob es eine Chance zur Flucht gab. Dann blickte er zurück zu Reiber.

»Das alles hier habe ich nie gemocht. Diese fröhlichen Menschen. Diese Spaßmenschen. Diesen Kiez, es ist nicht mehr meiner. Diese Kinder, diese Mütter. Sie, Herr Reiber, habe ich auch nicht gemocht. Aber wer fragt schon danach. Was wollen Sie von mir hören? Dass ich an Kühle zahlte und es ihm heimzahlte. Geschenkt. Und die anderen Kinder …« Thaler nahm ein frisch gebügeltes Stofftaschentuch aus seiner Hosentasche. Er musste sich tatsächlich ein paar Tränen abtrocknen. Reiber hätte nicht geglaubt, dass er so einen Menschen je würde weinen sehen. »Ich weiß nicht. Die Kleinen, deren Eltern, die waren so fröhlich. Und bei mir? In meinem Leben? Nichts ist da fröhlich. Da muss man doch was tun … und dann dieses Gefühl, diese Macht …«, Thaler stockte, »ich weiß auch nicht, nehmen Sie mich fest, das haben Sie doch vorhin schon gewollt.«

Obwohl er genau diesen Ausgang des Gesprächs erhofft hatte, war Reiber überrascht, wie nah ihm das Geständnis von Thaler nun ging.

»Gut, Herr Thaler. Dann hätten wir das. Dann kommen Sie mit. Ich denke, das bekommen wir ohne Handschellen hin.« Reiber zeigte mit einer Hand auf einen in zweiter Reihe parkenden schwarzen VW-Bus mit verdunkelten Scheiben.

Reiber bestellte eine Pizza mit Pastirma. Er wusste, dass Mehmet diesen türkischen Schinken, der aus Rinderfilet und einer unglaublich farbintensiven Paprika-Tomaten-Bockshornklee-Knoblauch-Gewürzmischung hergestellt wurde, in seiner Küche auf Lager hatte. Allerdings nicht für die Gäste. Sondern nur für sich, wenn er selbst mal Rührei mit diesem

Schinken frühstücken wollte. Aber Reiber, klar, bekam den Schinken des Chefs auch auf seine Pizza. Er bat darum, man möge ihm die Pizza aufschneiden. Das Kristallweizen konnte er locker mit der linken Hand trinken und Pizzastücke würde er so auch essen können. Nur mit der rechten Hand konnte er nicht viel anfangen, die war noch bandagiert. Das Handgelenk war verstaucht.

Er hätte es ja auch besser wissen können, hätte bei einem Ex-Stasi-Mitarbeiter, trotz all dessen Gefühlsduselei, mit allem rechnen müssen. Aber dass Thaler ihn dermaßen fest in den Bauch boxen würde auf dem Weg zum VW-Bus, damit hatte er nicht gerechnet. Er war zu Boden gegangen, hatte sich beim Fallen mit der Hand abgestützt. Freilich, Thaler war nicht weit gekommen. In den Frühausgaben der Zeitungen, die in Mehmets Restaurant verkauft wurden, war ein Bild von Thaler auf der ersten Seite. Darauf sah man, wie er am Boden liegt, neben ihm zwei Rettungssanitäter. Und Muschwitz. Dieser hatte geschossen, fünf Mal auf den flüchtenden Thaler. Sie hätten ihn auch ohne Schüsse bekommen, es waren ja genug Beamten überall postiert gewesen. Trotzdem konnte Reiber Muschwitz gut verstehen. Der durchschossene Oberschenkel von Thaler würde schon wieder heilen. Die Schmerzen der Eltern, denen er die Kinder genommen hatte, nie.

Die Pizza kam, und gleichzeitig vibrierte sein Handy. Eine SMS.

»Jannik will jetzt auch Polizist werden. Will Mörder jagen wie du. Wir sehen es gerade im Fernsehen. Gut gemacht, drum wirst du auch nicht ausgelacht, Und die von gestern, die eifersüchtige Schnepfe will sich entschuldigen. Kocht was Gutes. Hast du morgen Zeit?«

Reiber tippte mit Links: »Sehr gern, alles andre läg mir fern. Freu mich sehr – sofern kein Mord mehr kommt uns quer.«

DANK

Kommissar Reiber lebt schon lange in meinen Gedanken – dass seine Geschichten den Weg zwischen zwei Buchdeckel fanden, habe ich auch Ingeborg Mues zu verdanken, der Freundin, die mich mit fachlichem Rat, Zuspruch und Geduld von Anfang an begleitete. Sie hat mehr als ein großes Dankeschön verdient. Außerdem war sie – so wie Felix Huby, dem Freund, dem ebenfalls mein Dank gilt – auch Geburtshelferin der Idee, daraus eine Reihe werden zu lassen: »Berlin 110«. Dass Reibers erster Fall nun »Blutsand« heißt, liegt nicht unwesentlich an dem guten Wein im »Mauerwinzer« – gemeinsam genossen bei der Titeldiskussion mit dem Freund Christoph Tölle.

Freilich hätte das alles nicht so gut funktioniert ohne Steffi an meiner Seite. Meine Frau hat weit mehr zum Entstehen des Buches beigetragen, als nur beim Schreiben den Espresso zu reichen, oder die Fingerchen unseres kleinen Sohnes Max im Zaun und von der Tastatur entfernt zu halten, damit er nicht dazwischen tippt. Danke!

Weitere Krimis finden Sie auf den folgenden Seiten und im Internet:

WWW.GMEINER-SPANNUNG.DE

FELIX HUBY
Der Patriarch

978-3-8392-1945-4 (Paperback)
978-3-8392-5147-8 (pdf)
978-3-8392-5146-1 (epub)

WAHRHEITSKAMPF Fünf Jahre unschuldig im Knast. Sven Hartung hat sich verändert. Abgehärtet und kampfbereit kommt er ins Berliner Leben zurück. Es ist Zeit für die Wahrheit! Doch schon seine erste Nacht in Freiheit endet in einer Katastrophe. In der Tiefgarage der Deutschen Oper wird die Leiche seiner früheren Verlobten gefunden. Zeugen haben sie noch kurz vor ihrem Tod mit ihm gesehen. Alles deutet daraufhin, dass er der Täter war. Für Kriminalhauptkommissar Peter Heiland allerdings sind die Indizien zu offensichtlich. Er vermutet einen perfiden Plan dahinter. Und diesen zerrt er hartnäckig ans Licht!

GMEINER SPANNUNG

BORIS PFEIFFER
Dunkelfeld

978-3-8392-1943-0 (Paperback)
978-3-8392-5143-0 (pdf)
978-3-8392-5142-3 (epub)

TÖDLICHE AFFÄREN Hauptkommissarin Nadja Zeughoff wird aus ihrem wohlverdienten Wochenende zu einem Mordfall nach Berlin Schöneberg gerufen. Bei dem Toten handelt es sich um ihren Kollegen Kommissar Ralf Kramer. Dieser ist erschossen und böse zugerichtet in seiner Wohnung aufgefunden worden. Aber was zunächst wie ein brutaler Rachemord aussieht, stellt sich nach und nach als eiskalt geplante Tat heraus. Und das ist erst der Anfang. Die Berliner Hauptkommissarin gerät immer tiefer in ein undurchsichtiges Intrigenspiel.

Das Neueste aus der Gmeiner-Bibliothek

Unser Lesermagazin

Bestellen Sie das kostenlose Krimi-Journal in Ihrer Buchhandlung oder unter www.gmeiner-verlag.de

Informieren Sie sich ...

www ... auf unserer Homepage: www.gmeiner-verlag.de

@ ... über unseren Newsletter: Melden Sie sich für unseren Newsletter an unter www.gmeiner-verlag.de/newsletter

f ... werden Sie Fan auf Facebook: www.facebook.com/gmeiner.verlag

Mitmachen und gewinnen!

Schicken Sie uns Ihre Meinung zu unseren Büchern per Mail an gewinnspiel@gmeiner-verlag.de und nehmen Sie automatisch an unserem Jahresgewinnspiel mit »mörderisch guten« Preisen teil!

GMEINER SPANNUNG

WWW.GMEINER-VERLAG.DE
Wir machen's spannend